Annual Report
on Confucius Institute Studies

孔子学院
研究年度报告

主　编　宁继鸣

2019

2019年·北京

图书在版编目(CIP)数据

孔子学院研究年度报告.2019/宁继鸣主编.—北京:商务印书馆,2019
ISBN 978-7-100-17925-6

Ⅰ.①孔… Ⅱ.①宁… Ⅲ.①汉语—对外汉语教学—教育组织机构—研究报告—2019 Ⅳ.①H195-40

中国版本图书馆 CIP 数据核字(2019)第 246831 号

权利保留,侵权必究。

孔子学院研究年度报告(2019)
宁继鸣 主编

商 务 印 书 馆 出 版
(北京王府井大街36号 邮政编码100710)
商 务 印 书 馆 发 行
北京艺辉伊航图文有限公司印刷
ISBN 978-7-100-17925-6

2019年12月第1版 开本787×1092 1/16
2019年12月北京第1次印刷 印张20
定价:88.00元

山东大学重点智库团队项目"孔子学院与对外文化传播"研究成果
孔子学院建设和汉语国际教育课题委托项目资助（项目批准号：18CI02D）

主　编

宁继鸣

副主编

马晓乐　王彦伟

作　者

（按音序排列）

孔　梓　马晓乐　孟　昀　宁继鸣
王　琦　王彦伟　徐丽华　张　云

语言是了解一个国家最好的钥匙，孔子学院是世界认识中国的一个重要平台。作为中外语言文化交流的窗口和桥梁，孔子学院和孔子课堂为世界各国民众学习汉语和了解中华文化发挥了积极作用，也为推进中国同世界各国人文交流、促进多元多彩的世界文明发展做出了重要贡献。希望孔子学院继续秉承"相互尊重、友好协商、平等互利"的校训，为传播文化、沟通心灵、促进世界文明多样性做出新的更大贡献。（习近平在全英孔子学院和孔子课堂年会开幕式上的致辞，2015年10月22日）

世界各国人民创造的灿烂文化，是人类共同的宝贵财富。我们应该通过交流互鉴和创造性发展，使之在当今世界焕发出新的生命力。孔子学院属于中国，也属于世界。中国政府和人民将一如既往支持孔子学院发展。让我们一起努力，推动人类文明进步，推动人民心与心的交流，共同创造人类更加美好的明天。（习近平致全球孔子学院建立十周年暨首个全球"孔子学院日"的贺信，2014年9月25日）

目 录

序 言 观念与变化：再谈孔子学院"新常态" …………………… 1

第一章 研究概述 ……………………………………………………… 1
 第一节 文献的来源与选择 ………………………………………… 1
 第二节 基于基础数据的比较与分析 ……………………………… 3
 第三节 基于研究内容的比较与分析 ……………………………… 15

第二章 教学研究 ……………………………………………………… 23
 第一节 学科与专业建设 …………………………………………… 24
 第二节 教师与人才培养 …………………………………………… 42
 第三节 教学与资源建设 …………………………………………… 55

第三章 发展研究 ……………………………………………………… 75
 第一节 合作与支撑力量 …………………………………………… 76
 第二节 环境与体制机制 …………………………………………… 87
 第三节 专题：区域与国别研究 …………………………………… 100

第四章 影响研究 ……………………………………………………… 113
 第一节 "一带一路"与语言规划 ………………………………… 114
 第二节 教育共同体与教育服务 …………………………………… 126
 第三节 话语重建与讲中国故事 …………………………………… 137

第四节　理论探索与跨学科研究 …………………………………… 150

第五章　舆情研究 …………………………………………………… 166
　　第一节　境内媒体报道与评论 …………………………………… 167
　　第二节　境外媒体报道与评论 …………………………………… 196
　　第三节　境内外舆情特征与观点分析 …………………………… 218

第六章　案例研究：非洲孔子学院 ………………………………… 234
　　第一节　非洲孔子学院概况 ……………………………………… 235
　　第二节　孔子学院与国民教育 …………………………………… 246
　　第三节　孔子学院与本土师资教育 ……………………………… 254
　　第四节　孔子学院与当地企业合作 ……………………………… 264
　　第五节　孔子学院与职业教育 …………………………………… 271

附录1　编撰说明 …………………………………………………… 283

附录2　相关概念界定 ……………………………………………… 286

后　记 ……………………………………………………………… 287

CONTENTS

Preface Concept and Changes: A Re-Discussion of Confucius Institute's New Normal ··· 1

Chapter I Study Overview ··· 1
   1. Literature Resources and Selection ··· 1
   2. Comparison and Analysis Based on Basic Data ··························· 3
   3. Comparison and Analysis Based on Research Content ···················· 15

Chapter II Studies on Teaching ··· 23
   1. Construction of Discipline and Specialty ···································· 24
   2. Cultivation of Teachers and Talents ·· 42
   3. Teaching and Resource Development ·· 55

Chapter III Studies on Development ·· 75
   1. Cooperation and Supporting Strength ·· 76
   2. Environment, System and Mechanism ······································· 87
   3. Thematic Topics: Region and Country-Specific Studies ··················· 100

Chapter IV Studies on Influence ·· 113
   1. "B & R" Initiative and Language Planning ································· 114
   2. Educational Community and Education Services ·························· 126

3. Discourse Reconstruction and Chinese Story Telling ……………… 137

4. Theory Exploration and Interdisciplinary Research ………………… 150

Chapter V Studies on Public Opinion …………………………………… 166

1. Media Coverage and Comments in China ……………………………… 167

2. Media Coverage and Comments Abroad ……………………………… 196

3. Characteristics and Analysis of Public Opinions both Home and Abroad …… 218

Chapter VI Case Study: Confucius Institutes in Africa ………………… 234

1. An Overview of Confucius Institutes in Africa ………………………… 235

2. Confucius Institute and National Education …………………………… 246

3. Confucius Institute and Training of Local Teachers …………………… 254

4. Confucius Institute and Cooperation with Local Enterprises …………… 264

5. Confucius Institute and Vocational Education ………………………… 271

Appendix 1 Compilation Arrangement ………………………………… 283

Appendix 2 Definition of Related Concepts …………………………… 286

Afterword …………………………………………………………………… 287

| 序 言 |

观念与变化：再谈孔子学院"新常态"

一个时代有一个时代的主题和特色，一个阶段有一个阶段的使命和要求。伴随孔子学院的建设与发展，无论是社会关注还是学术聚焦都渐渐发生了一些转向和变化。相对于起初对数量、规模、布局等显性指标的关切，近几年关于提质增效、能力建设、内涵建设，或者说体制改革、机制完善、结构调整等内在要素，以及孔子学院的形象塑造、供给和信任体系的构建等深层次的问题，不仅成为人们议论和研究的"热话题"，也成为决策者和建设者极为关心和正在着力解决的"大事情"。显性也好，内在也罢，不同层级与内涵问题的提出及其关切，都将成为孔子学院系统性力量建设的重要组成部分，关乎其理念、其方略，其结构、其支撑，其表征、其内理，其守正、其为新。

2017年，笔者曾提出，十多年来，孔子学院一直处于非常态的高速发展中，迄今所取得的巨大成就和社会影响，是在制度尚不健全、支撑体系薄弱、人力资源匮乏，甚至很多人不理解的情况下发展起来的。新的发展阶段，孔子学院需要在当前基础上，研究和探讨如何面对新的形势和要求，通过创新与系统完善，加强组织和力量建设，以期实现一个更好、更稳定的可持续发展之常态。[①] 新的发展状态，应该更加契合孔子学院的建设宗旨，更加符合国际社会的多元需求，有利于凝聚全球资源提升办学质量，有利于增强底蕴服务于中国担当大国责任之要求。新的发展阶段，意味着将从之前的关注发展速度与规模增长型，

---

① 宁继鸣.新常态：孔子学院的完善与创新[J].国际汉语教育（中英文），2017（03）：10-15.

转入注重发展质量与结构均衡型。新的发展理念,必将更加关注解决供给侧系统存在的结构性问题。这需要顶层设计,需要深化改革,离不开思想的解放与观念的更新。

一

秉承汉语教学与人文交流之使命,孔子学院已发展成为全球最大、最多样化的国际语言教育共同体,成为世界认识中国的一个重要平台,成为国际社会了解和评价当代中国的一个"象征符号"。"将孔子学院视为一个象征符号,理性面对,审慎探讨,深入分析并提出科学判断与实践应对,既是对社会普遍关注的回应,也是巩固和提升孔子学院的需要。"① 如果说,"未来之中国,将以更加开放包容的姿态拥抱世界,同世界形成更加良性的互动,带来更加进步和繁荣的中国和世界"。② 那么,作为一个促进中外语言文化交流的窗口和桥梁,新时代的孔子学院,必然将以更积极的态度、更主动的行为,与时俱进,稳定前行,通过加强系统力量建设,实现以更高的境界和更大的格局,为世界提供更具针对性的中文教育服务,提供更多、更优质的"全球公共产品"。

加强孔子学院的系统性力量建设,前提是更新观念,关键是提高站位,特别是政治站位。作为一个全球性教育机构,孔子学院的主要功能是在海外进行汉语教学和人文交流,其宗旨决定了坚持教育属性是其存在的社会基础与价值所在,坚持服务国家是其义不容辞的使命和责任。因此,在任何时候、在任何国家或地区,孔子学院都不可能是一个单纯的教学单位或教育机构,其属性和定位决定了其顶层设计或战略谋划应由国家做出,其体制机制或制度安排是政府及有关部门的责任,其具体建设和实践支撑不仅需要承办院校的投入和支持,还需要全社会的关照和参与。所以,孔子学院的"世界观"或曰"发展观",必然要与国家的发展同步,与政府的规划同行,与社会的需求同在。

---

① 宁继鸣.孔子学院的社会身份及其发展中的想象[A].孔子学院研究年度报告(2017)[M].北京:商务印书馆,2017.

② 国务院新闻办公室.新时代的中国与世界[M].北京:人民出版社,2019.

今天,"我国处于近代以来最好的发展时期,世界处于百年未有之大变局,两者同步交织,相互激荡"。① 面对新形势和新要求,从孔子学院的建设历程、社会预期和目标愿景看,无论是从大国责任担当还是从世界多元文化贡献的角度,我们对"走出去"之后如何存在和发展的问题,无论是思想观念,还是支撑储备抑或是合作协商等方面并未做好准备,还有很大需要改善和调整的空间,存在很多需要顶层设计和深化改革才能解决的问题。② "在孔子学院的完善与创新中,要坚持办学宗旨和任务,更要把握准时代的脉搏,其中包括中国新的发展理念,以及国际国内环境发生的深刻复杂变化。"③

相对于传统意义上的力量建设各种举措之"实",观念似是一种虚空的存在。而从中国的哲学观出发,虚实的结合、阴阳的对位是日用而不知的,虚空恰恰是其核心要义之一,它蕴含着多和无穷,孕育着希望和新的塑造,它为"实"提供了缓冲、包容的空间。英国哲学家以赛亚·柏林(Isaiah Berlin)亦谈到,"哲学家永恒不变的使命是,考察一切看似独立于科学方法和日常观察的观念,如范畴、概念、模式、思维或行动的方式,尤其是它们发生冲突的方式,以建造别的、自相矛盾不多、不易被扭曲的(尽管不可能完全做到这一点)明喻、暗喻、象征以及范畴体系"。④ 在其"两种自由概念"的演说中,柏林特意提醒,"一百多年前,德国诗人海涅警告法国人,不要低估观念的力量;教授的平静书斋里生长起来的哲学观念,能够摧毁一种文明"。⑤

从建构主义学者的视角看,观念具有两个非常重要和突出的作用。一是观念可以起到因果作用。在一个行为体身份已经确定的情况下,观念起到引导行为体选择何种政策、采取何种行动的作用。二是观念不仅是指导行动的路线图,还具有建构功能,可以建构行为体的身份,从而确定行为体的利益。也就是说,观念不仅仅是因果关系中的原因因素,而且还是建构关系中的建构因素。

---

① 习近平:努力开创中国特色大国外交新局面 [EB/OL]. http://www.gov.cn/xinwen/2018-06/23/content_5300807.htm. 检索于 2019 年 10 月 15 日。
②③ 宁继鸣. 孔子学院的社会身份及其发展中的想象 [A]. 孔子学院研究年度报告(2017)[M]. 北京:商务印书馆,2017.
④ (英)以赛亚·柏林著,胡自信等译. 观念的力量 [M]. 南京:译林出版社,2019:50.
⑤ (英)以赛亚·柏林著,胡自信等译. 观念的力量 [M]. 南京:译林出版社,2019:17.

建构主义强调的观念是共有观念，也就是文化，当观念上升为共同观念后，观念就有了巨大的力量。有学者以国际组织发挥观念的作用为案例进行了深入研究，其结论或成果证明：观念的形成和选择正在深刻影响着各个国家、地区，或者个人、组织的思想行为，影响着人类社会的发展。①

对此，丹尼·罗德里克（Dani Rodrik）在《当观念超越利益：偏好、世界观和政策创新》中表达了他的观点。他认为，观念在现代政治学模型里是缺失的。但在经济学中，则往往是把利益偏好放在首位。而"任何政治经济学模型如果不重视有组织的利益集团，就有可能流于言之无物，失之偏颇"。②他提醒人们，很多决策实际上是在某种观念下指导的行为。"我们如何评估不同社会状态，如何判断这些社会状态是否增进了我们的利益，关键取决于我们如何定义我们自己。"③但一个很重要的问题是，"观念以不同的方式进入这一问题，但却很少被意识到，实际上优化问题的每一个要件——偏好、约束和选择变量——都依赖于一系列隐含的观念"。④罗德里克指出，观念发挥着至关重要的作用。它并不是偶然现象，而是直接决定偏好，进而决定政治行为的模式。所以他倡导"将观念考虑进来，尤其是政策创新的方面，可以让我们对现行的研究方法有全新的认识。从更实证的角度来说，以观念为基础的分析视角，使得我们能够更好地理解政治体系在何种情况下可以变得更有效率"。⑤

罗德里克是当代全球发展与政治经济学领域有远见的思想家之一，他的诸多论述和观点颇具影响力。其著作《全球化的悖论》采用了累积300年来的证据，试图证明健康的全球化应该使得各国有充分选择的余地来决定自己的命运。作为一个分支机构遍布世界五大洲的"跨国组织"，孔子学院的发展规划与工作目标需要在全球化背景下，审慎考量所持有的观念是否与社会诉求和时代发展同脉共振。其中包括以怎样的理念实现提质增效的愿望，以怎样的举措强化支撑力量的建设，以怎样的方式提升服务社会效果、改善舆论环境等。进入新时代，置身于世界百年未有之大变局中，我们的偏好是什么？尽管自利是

---

① 秦亚青.国际关系理论：反思与重构[M].北京：北京大学出版社，2012：24-25.
②③④⑤（土）丹尼·罗德里克.当观念超越利益：偏好、世界观和政策创新[J].比较，2014（2）：1-22.

关于自我的观念,但是当观念超越利益,或者借用中国传统观念"无己无功无名"的表述,孔子学院之于中国是利益的"无待","有待"的是对合作、共赢、共享的期许,力量建设再出发的地方已经从中国变成了世界。很多著名的跨国组织,特别是非营利组织,都在不同阶段不同程度地经过了观念上从国家体、民族体到文化体的过渡,并开展了相应的实践。在人类命运共同体倡议的框架下,今天的孔子学院已成为在国际教育合作与人文交流领域,代表中国话语表达、极具影响力的国际实践[1],成为世界多语言和多元文化共生的参与者,以及全球文化体的建构者之一,这应该成为新时代孔子学院在新观念下的社会文化身份。

  观念,是对孔子学院的哲学思考,也是对孔子学院发展观的考量。发展观是方向问题,只有方向达成共识,才能确立政策的导向和措施的指向。这种观念的力量、共识的能量,是孔子学院系统性力量建设中的"价值取向",决定或影响整个系统的"结构性要素"。观念本身也是一种信仰,是人们对事物的主观与客观认识的系统化之集合体,是在感觉和直觉基础上形成的客观事物的外部特征在人脑中重现的形象。换句话说,只有当人们体验和认识到观念的力量,才会带来心态和行为的变化。孔子学院是参与全球语言和文化治理的一种教育服务,是落实人类命运共同体合作、共赢之内涵的综合性国际实践,面对所在地区和国家的各种不稳定、不确定因素,坚持正确的发展观和大局观,全面认识和分析当前的国际形势及其走向,十分重要。孔子学院的研究亦须在这个层面上多一些纳入和探究,结合国家战略和同类型机构的发展规律,提出孔子学院发展观可能的研究假设;通过科学的论证和验证,给予更多的哲学思考和理论贡献,形成有利于孔子学院建设的社会共识、话语体系和舆论环境;用学术的力量去影响有利于孔子学院发展的宏观政策与现实决策,把观念的力量转化为驱动的能量。

---

[1] 实践是具有社会意义的有规律的行动。作为学术概念,行动是具有意义的行为,实践则是特定类别的行动,是在有组织的社会性环境中具有规律的行动。参见(加)伊曼纽尔·阿德勒,文森特·波略特主编,秦亚青等译.国际实践[M].上海:上海人民出版社,2015:6—7.

二

　　回想走过的路,孔子学院的办学思想和工作理念曾多次策略性调整和变化,形成了不同发展阶段之特色。如 2005 年世界汉语大会所点燃的汉语国际推广星星之火,不仅转化成为 2016 年之后的年度孔子学院大会,而且带来了一段孔子学院在世界范围蓬勃发展的燃情岁月,这是一段令所有参与者心情澎湃、昂扬向上、无法忘却的荣光记忆。经过 14 年的时间,在中外合作者和建设者的共同努力下,535 所孔子学院和 1 134 个孔子课堂,已经遍布全球五大洲的 158 个国家(地区),累计培养各类学员 1 100 万人[①]。社会影响巨大,教学效果显著,文化活动丰富,民众反响积极,孔子学院成为海外汉语教学和中外人文交流领域一个极具代表性的"中国符号"。2015 年,习近平总书记在全英孔子学院和孔子课堂年会开幕式上的致辞中指出,"作为中外语言文化交流的窗口和桥梁,孔子学院和孔子课堂为世界各国民众学习汉语和了解中华文化发挥了积极作用,也为推进中国同世界各国人文交流、促进多元多彩的世界文明发展做出了重要贡献"。[②]

　　品咂这段历程,感受依然浓郁和热烈。坦率地讲,在此过程中,行业和同人们所秉持的是一种较为朴素和单纯的发展观,带着"情之所钟,正在吾辈"的执着与坚韧,在外部环境不确定的情况下,"摸着石头"践履"发展就是硬道理"的路线,并未料想今天的成就和影响,应该不属于"先知先觉"的大智慧、大安排。或许是命运总会垂青于无私无畏者,孔子学院在党和国家领导人的关心指导下,在全社会包括海外合作机构与民众的参与支持下,在经过疾风和暴雨的洗礼后,终于成长壮大起来。这是一个值得我们观察思考与探讨研究的,中外教育合作与中外社会共同存在的典型案例。

　　谈到孔子学院的发展,人们经常会提到市场化运作的建议。其实,对于

[①] 数据来源:孔子学院总部/国家汉办官网 [EB/OL]. http://www.hanban.org/. 该数据统计截至 2019 年 9 月 30 日。

[②] 习近平出席全英孔子学院和孔子课堂年会开幕式 [EB/OL]. http://politics.people.com.cn/n/2015/1022/c1024-27730120.html. 检索于 2019 年 10 月 15 日。

市场化概念的理解及其运作，现实比我们想象的更加丰富。或许没有多少人会想到，孔子学院建设初期快速的发展，恰恰是走了一条经过系列市场经验和商业验证的增长之路。基于众多创新探索以及初创企业的案例研究，里德·霍夫曼（Reid Hoffman）总结提炼出一个得到当代许多商业巨头推崇的理念：当不确定性成为新的稳定性，如何利用它创造优势并实现急速增长？答案是：闪电式扩张。霍夫曼认为，闪电式扩张是一种全新的积极增长策略，可用于推动在不确定环境中优先考虑速度而非效率的规模化扩张。① 诚如其言，孔子学院在不确定性环境下实现的"闪电式扩张"，是一种富于智慧、勇气和担当的国际实践。在前些年的文章中，也曾言及中国语言文化走向世界的舞台就像"等待戈多"，如果 2004 年孔子学院没有出发，抑或是发生了更多的判断或干扰以至于不可跨越，那么今天呈现于世人面前的这样一个社会网络或格局，我们还要等多久？回首走过的路，初期的孔子学院，的确是在一个充满不确定性的环境中起步并奋力前行的。综览当下的形势，我们完全可以自信地回应社会，宽慰自己——之前在不确定环境下极速增长的策略，是有价值、有意义、有成效的，是符合机构和事业发展需要的。然而，我们必须更加坚定和清醒地认识到，应该客观理性地接受和应对每一个发展阶段所面临的机遇、挑战和任务。众多经验和案例提醒我们，特定时期特定阶段，急速增长的策略是强有力的，但绝不会是永久性的。"就像没有一个企业可以永久增长，也没有哪个市场是无限的。"② 同时，"能力越大，责任越大"的警示同样适合当今的孔子学院。一个负责任的、成功快速成长起来的孔子学院发展至今，已不能被视为或不能被简单地视为一个可以自我完善的跨国教育机构，它实际上已经影响到了其所处社会的教育环境或教育结构。换句话说，面对海外需求侧的"波动"，追求更高质量的发展，必须解决供给侧当前的结构性问题。审时度势、解放思想、更新观念、时不我待，稳增长、调结构，改革成为新发展阶段的必然选择。

或许是在无意间，孔子学院在某种意义上俨然成为中国走向世界的一个实验，一个极富代表性的综合性国际教育实验。实践证明，这个实验是成功的。

---

①② （美）里德·霍夫曼，叶嘉新著，路蒙佳译. 闪电式扩张[M]. 北京：中信出版社，2019：111.

我们不仅增添了新知、积累了经验，还强化了自信、坚定了信念。来自一线的思想和观点，以及源于世界各地和多元文化的建议与反馈，使得我们可以具体地、针对性地思考和审视发展观念、教育理念、舆论环境，以及人才队伍、社会结构、文化建设等诸多方面的问题。这对于我们从世界范围和他者视角获取更多的"能量"，提升总览全局和整体发展的思想意识与合作能力，建构一整套体系完善、结构合理的供给系统极为有益。

十余年间，无论是国际形势还是国内环境都发生了较大变化，基于各自的立场、诉求和利益链条，国际社会关注孔子学院的视角和话语体系也迥然有别。对于一个新生事物，一个嵌入全球治理体系并快速发展的跨国机构，外界的误读，尤其是经常"被政治化"的倾向，给这个代表中国的教育组织增添了更多的不确定性。这是孔子学院需要勇于正视和善于应对的一个问题。面对新的发展阶段，科学理性、审时度势、坚定信念、稳步推进，至关重要。

时移则事异，事异则备变。孔子学院的建设不法古，不循今，一直在边探索、边修正、边推进、边完善的模式下前行。不同于之前"策略性"发展变化，在新的历史机遇和时代背景下实现高质量可持续发展，既要立足当下的国内外政治经济环境，也要遵循事物自身的发展规律。张宇燕在阐述其对"百年未有之大变局"的理解时谈到，当今国际多边体系进入瓦解与重构过程，他认为，"国家规模在国际博弈中具有独特的重要意义。大国追求的不仅是经济利益，还有政治权利。政治和经济的一个根本性区别在于，经济是大家寻求互利共赢，政治则是力争与对手差距最大"。① 换句话说，大国之间的博弈绝不仅限于交易成本或经济利益，一定会考虑政治权利，考虑其全球的主导地位。中国和美国都是大国，但各自的现状和诉求不同。美国正在通过各种手段全方位遏止中国的崛起，这绝不仅仅是出于经济的考虑，而更多是出于政治的考量，是符合其超级霸权大国利益的。与美国不同，中国是一个发展中的新兴大国，倡导并坚持和平发展道路，积极推动"人类命运共同体"建设，在追求本国利益时兼顾他国合理关切，在谋求本国发展中促进各国共同发展，秉承相互包容、共同发

---

① 张宇燕.怎样理解百年未有之大变局?[J].国际经济评论，2019（5）：9-19.

展、合作共赢、共享成果的发展理念。如何构建新型大国关系，同样是中美两国高度正视的一个时代命题，"在它们之间出现各种各样的分歧、摩擦，乃至一定程度的冲突，均属正常和自然"。①孔子学院的工作环境和主要市场在海外，必然受到宏大时局与社会背景的影响和制约，这是实现新阶段发展必须要面对、正视和适应的客观现实。

在各种国际力量纵横交织、交融博弈的大环境下，外观与内视兼顾、观念和举措到位、心态调整与舆论跟进，缺一不可。思考系统性的力量建设，要怀揣怎样心态，秉持何种观念？新时期发展的逻辑框架和具体表象又是什么？这些问题耐人寻味，确实需要集思广益提出一些想法和建设性意见，这也是笔者入思成文的起点和心系孔子学院之初心。不知道答案在哪里，但总要迈出探寻的步履。孔子学院是从中国出发的，每年的孔子学院大会，以及遍布世界各地的分支机构见证了各国教育工作者为此做出的努力，见证了全球教育共同体的渐进和发展。蓦然回首，孔子学院作为一个跨多边地域、融多元文化的国际教育组织，尽管其出生时带着浓厚的中国印记，但已悄然由"我的"变成了"我们的"，这或许是当前需要面对的观念上的转变。就像人们对全球变暖等生态与环境问题的聚焦已超越国界一样，在构建人类命运共同体的征程上，孔子学院必将成为中国分享或者奉献给世界的一个语言文化或教育领域的"公共产品"。在2017年的《孔子学院研究年度报告》序言中曾谈及孔子学院的社会身份及其发展中的想象问题，2018年亦曾围绕孔子学院的共同体意识和全球治理与区域合作问题进行过探讨，如果说当时对孔子学院全球公共性的认知尚属学术探讨范畴，时至今日，孔子学院全球共有的观念已逐渐成为一个更多人接受的事实。孔子学院的力量建设是系统性的，不仅要考虑"技术层面"如何加强和建设，更要考虑"战略层面"的若干方向性问题怎样协商和解决。要思考以怎样的理念完善孔子学院的属性和定位，以怎样的心态打造内外部空间和道路，以怎样的举措实现办学资源的汇聚、选择和配置。这是当前需要进一步强化的思想和行动，新的发展观将有助于孔子学院"新常态"的宏观思考和

---

① 张宇燕.怎样理解百年未有之大变局？[J].国际经济评论，2019（5）：9-19.

微观决策。

凝视孔子学院的分布图,油然而生很多感慨。近年来,孔子学院区域发展、特色发展、层级发展、分类发展、合作发展的特质愈发明显,在全球发展整体稳步推进的基础上,我们对局部问题的认识、心态和处理方式都愈发理性、平和,对问题产生的内外部归因愈发清晰,调结构、稳增长,坚定信念、转型升级的发展观也呼之欲出:从规模高速扩张转为稳定增长,从供给与发展结构失衡到有意识地均衡完善供需结构,从总量宽松投资驱动转向总量稳定结构优化,向创新、质量和服务要发展动力的趋势更加明显。从跨越式发展到常态化前行,是时代赋予我们的使命与要求。一个组织,特别是大型国际组织或企业,在初创阶段,以速度为引擎实现规模增长的成功案例很多,其中包括改革开放以来我国企业在不同领域创造出的"中国速度"。研究这些前车之辙,探赜索隐,有助于发散性的思考和对研究假设的推断,有利于寻求内涵发展阶段的方法和路径,有助于探寻孔子学院系统性力量建设的维度和结构,以实现更高质量的发展。

三

孔子学院的力量建设需要卓尔不群的大局意识、客观理性的唯物史观,以及广泛坚实的社会基础。全面理解和贯彻落实"五大发展理念""四个自信"的精神和实质,将其转化吸收融入孔子学院的具体改革与实践中,有助于提高站位、充实内涵、完善系统。谈力量建设,既要有勇气去揭示当前的不足或薄弱环节,更要从问题导向出发,明确重点,夯实基础,促进升级,分类发展。

孔子学院发展至今,成就卓著,影响巨大。但不可否认的是,在发展过程中也存在着许多问题、不足或挫折,社会对孔子学院的前途与命运,存在着很多疑惑和忧患,人们对改革、创新和完善的认识并不统一,对目标、责任与义务的看法众说纷纭。体制机制、支撑保障、外部环境等依旧是人们议论的热点话题。对此,必须保持客观理性、积极向前的大局观。就像习近平总书记所讲,"我们生活的世界充满希望,也充满挑战","我们不能因现实复杂而放弃梦想，不能因理想遥远而放弃追求"。① 我们"不仅要看到现象和细节怎么样，而且要把握本质和全局，抓住主要矛盾和矛盾的主要方面，避免在林林总总、纷纭多变的国际乱象中迷失方向、舍本逐末"。②

展望新时期孔子学院的发展，有几个问题需要引起关注和厘清。

第一，转型升级、提质增效的前提是在当前取得成就的基础上，目标对应新发展理念的再出发。问题导向、总结剖析的目的和"诊断"是为了更好的发展，是为了更加契合时代和社会的更高要求。"转向高质量发展不能简单以为过去的发展是低质量的。有了过去的高速增长才有今天的转向高质量发展，这符合量变到质变的发展规律。"③孔子学院是一项开创性的国际教育实践。既然是开创，就需要担当、智慧、成本和代价；既然是实践，就需要总结、反思、理论和方法。一定要理性客观地看到，孔子学院发展的良好态势是主流，这毋庸置疑。成绩是成绩，问题是问题，要用发展的眼光，用历史唯物主义和辩证唯物主义的观点和方法，看待和分析成长中的新生事物。特别是像孔子学院这样一个综合性的国际教育机构，不能因为一点杂音、一点噪音就以偏概全，这既不符合实事求是的原则，也会影响发展的定力和支撑的韧性。要坚定不移地坚持开创初心和道路自信。十几年取得的成就，应该历练出了健康理性的建设心态；致力于互惠共赢教育服务的理念应该涵养了从容与淡定，不能被"花边新闻"乱了心智，不能被"舆论轰炸"乱了阵脚。要理解不同立场和利益出发点的言论和行为，要有兼容并包、宽容并举、以须弥纳万千的气魄；要有用智慧廓清真相、揭示内涵、探究成因、维护宗旨和正义的勇气。面对当前已经建构的格局，放眼今后充满想象的愿景，我们应该有足够的信心和胆识，要有清醒的认识和坚定的信念。

第二，当谈到新时期孔子学院力量建设时，要特别关照和强调其"系统性"

---

① 习近平在中国共产党第十九次全国代表大会上的报告 [N]. 人民日报，2017-10-18.
② 习近平在中央外事工作会议上强调坚持以新时代中国特色社会主义外交思想为指导努力开创中国特色大国外交新局面 [N]. 人民日报，2018-6-24.
③ 洪银兴. 改革开放以来发展理念和相应的经济发展理论的演进——兼论高质量发展的理论渊源 [J]. 经济学动态，2019（8）：10-20.

要求之特点。这是因为，当观念一旦转化为组织的行动理念，则必须构建一个"顶层设计"与"底层设计"配套结合的、具有完整逻辑框架的支撑体系，否则观念和理念大概只能停留在"思想意识"和"理论规范"的层面。孔子学院未来的发展，顶层设计很重要，但从目前情况看，主要问题还是出于底层设计。亟待解决的矛盾，主要来自或源于"供给侧结构性"失衡。"顶层设计既要从上面考虑目标，也要看下面每一个具体行业的具体情况，包括不同行业之间的相互关系。这是一个系统性的工程，需要建立一系列的政策制度。"① "顶层和底层要结合起来，因为实际上这是一个整体的系统性的问题，而且各个系统之间都有很多区别和关联。"②

　　世界在持续快速地变化发展，而且伴随着复杂性和不确定性，系统思考的思维模式有助于发现问题并找到问题的根本原因，有助于探及解决问题的多种可能性。面对庞大的办学系统、复杂多元的办学环境与合作主体，"新常态的关键之一在于'制度信任'，在于办学主体对办学资源的'计划性安排'，在于资源配置的主观能动性"。③ 在确保顶层设计科学有效的基础上，孔子学院的办学支撑力量，特别是供给侧结构方面的均衡和完善应该得到制度关照和社会保障，需要考虑纳入体制内进行考量和设计。鉴于此，孔子学院的办学体制和机制则要更加开放、灵活、包容，以利于形成激励社会力量广泛参与的内外部环境。

　　第三，新时期的孔子学院，一定要根据办学宗旨决定业务范畴和功能定位，既要坚持服务国家、与时俱进的办学思想，又要坚持"有所为有所不为"的基本原则。不能承担"无限责任"，更不能毫无原则——"啥都想往里装"。坦诚地讲，孔子学院的责任和业务主要体现在汉语教学、人文交流、学术交流与合作三个方面。其中，汉语教学是第一位的，是基础和主要业务。学术合作、科学研究主要体现在部分"研究型孔院"以及由孔院搭建的学术交流平台。实事求是、理性客观，不是一句空话。当前办学的主要矛盾是供需不均衡造成的

---

①② 朱云来. 新常态下的中国发展之路 [EB/OL]. http://www.chinavalue.net/Finance/Blog/2017-8-11/1438049.aspx. 检索于 2019 年 10 月 15 日。

③ 宁继鸣. 新常态：孔子学院的完善与创新 [J]. 国际汉语教育（中英文），2017（03）：10–15.

结构性问题,而矛盾的主要方面在于供给侧,在于高水平汉语教师多层级、多元化的储备和厚度。换句话说,提质增效的前提是坚持办学方向和办学主业,坚持以汉语教师为核心的资源配置,坚持以供给侧结构性改革为主线的发展。

想做事、能做事、做成事,是好事。特别是孔子学院,作为当代中国扎根于海外的一个综合性国际化教育平台,一个中外语言文化交流的重要桥梁和窗口,其出色的表现、卓越的成就、日益增强的社会影响,使得人们(包括一些政府部门和相关机构)对其寄予太多的期盼和功能定位,尤其表现在"中国软实力"或"政治影响力"等方面。但任何事情当偏离了主线、混淆了边界、忘记了"有限责任",那就一定会动摇根基、分散注意,继而影响到"基本业务"。此外,由于宣传和报道方面(也包括一些学术文章)的某些"夸大或误读",孔子学院的"政治功能或作用"被无限放大,以至于被某些别有用心的机构、团体和个人所利用。将孔子学院与国家"软实力"建设联系在一起,是有根据、有道理的,是无可厚非的。但应该注意的是,孔子学院的意义、作用和影响,不能无时空、无原则地解读,尤其是当这个问题处于某种语境,或与某些较强意识形态话语"假设"联系在一起的时候,容易引起一些人的联想和误解,继而影响孔子学院的存在与发展。从这个意义上讲,我们的话语表达或媒体宣传还是应该注意区分语境,把握叙事效果,坚持"内外有别"的原则。

第四,面对复杂性挑战,要牢固树立正确的大局观,坚持"四个自信"。最近几年,海外不时传来孔子学院被关闭的消息,尤其是在美国,"孔院关闭"事件成为媒体报道的热点,引起社会各界广泛关注。2017年以来,美国学者联盟、政府问责局,以及参议院国土安全与政府事务委员会常设调查小组,以不同的名义,分别发布了三个与孔子学院相关的专题调查报告。由于这是美国具有政策影响力、立法引导力和决策力的机构或组织公开参与的调查,其提出的一系列针对孔子学院发展的问题引起美国各界普遍关注。"报告"出台之后,若干孔子学院被迫关闭,所涉学校特别是学生和教师(包括志愿者教师)受到不同程度的影响。关于此类事件的议论、报道和分析很多,这里不再赘述。笔者认为,对于这三个报告所涉内容和观点,以及由此带来的各种风险和挑战,要认真对待、客观分析、妥善处理和理性回应,但大可不必"过度解读"。对

于孔子学院这样一个超大型的国际教育合作组织，既要观其全局，也要察其系统。一是按照《孔子学院章程》，自主申办与合规退出均属正常现象、合理操作；二是以美国为代表的个别国家以所谓"学术自由""国家安全""政府操纵"等理由或手段，打击迫害、诬陷逼退竞争对手的行为和做法已经成为"地球人都知道的常识"，如我国的华为公司等企业、个人或产品的遭遇。

孔子学院是一个巨大的社会网络、一个系统的教育工程，局部的挫折、个别国家或地区出现问题和挑战是不可避免的。我们要有充分的思想准备，既要有理有据审慎处理，也不能把挫折和问题无限夸大。换言之，对孔子学院整个系统来讲，发生在美国的"关闭事件"，还是属于非系统性或局部风险。毕竟在美国国内对此也有很多不同的声音，更有绝大多数孔子学院仍在正常运作，而且朝气蓬勃，深受欢迎，但美方"逼退"孔子学院的理由和手段需要引起高度关注和严肃应对。不仅要剖析对方的意图和做法，也要借此审视和调整我们自己通过汉语教学、人文交流、学术交流与合作等活动参与全球治理、区域合作的办学理念与规划安排。面对挑战，深入思考，依法依规，坚持做好自己的事情；面对困难，不卑不亢，淡然应对，审慎做好宣传解释工作。

第五，孔子学院与汉语国际教育事业的建设与发展道路是漫长的，是一项需要长期坚持和逐步推进的系统工程，对此要有充分的思想和心理准备。"发展理念是发展思路、发展方向、发展着力点的集中体现。发展理念是否对头，直接决定着发展成效乃至成败。"①

习近平总书记在党的十八届五中全会上提出的创新、协调、绿色、开放、共享的新发展理念，对于孔子学院与汉语国际教育事业具有深刻的指导意义和极高的实践遵循。简言之，创新是"提质增效"的第一动力。对于孔子学院来讲，创新不仅包括体制和机制的创新，还意味着观念和理念的创新，只有实现观念的突破和理念的创建，才可能树立正确的大局观和发展观，才会有政策资源、人力资源、教学资源、社会资源等系统性力量建设资源的凝聚。协调意味着平衡发展、质量发展与可持续发展。"协调既是发展手段又是发展目标，同

---

① 高培勇.理解、把握和推动经济高质量发展[J].经济学动态，2019（8）：3-9.

时还是评价发展的标准和尺度。"① 对于孔子学院和汉语国际教育事业来讲，进入新的发展阶段，面对使命和社会需求，必须更加"沉稳和成熟"，既要考虑"需求侧"，更要强化"供给侧"，否则积羽沉舟，一旦失衡，后果难料。绿色象征着和谐共生。孔子学院的工作目标和环境在海外，资源供给和支撑保障主要在国内，绿色不仅要求其与当地和谐共生，更要求其同时与国人和谐、与院校和谐、与媒体和谐，与所有的支撑力量和谐。一个和谐共生的外部环境，是孔子学院与汉语国际教育事业最可靠的"金山银山"。开放展现出自信和担当。如果说 15 年前，我们开启孔子学院建设航程、加快汉语走出去的步伐，更多的是"勇气和责任"，进入新时代，我们应该有了更加自信的资本和担当的智慧。开放，不仅要向承办院校放权，更要向国内外所有的社会力量开放。"向其他文化开放可以加深掌握和理解自己的文化，因为开放像一面镜子，它使人们能更清楚地看到自己和自己的文化，而且是在更深和更高的分析层次上看到"。② 共享是体现语言和文化"社会效益"的根本目的，是参与感、获得感、成就感的统一。语言的力量和文化的价值是人类文明的共同财富。共有、共建、共享的过程，将会在一个更高的层面上，加强、丰富和扩散情感共鸣和思想共识，进一步焕发这一人类共同财富的生机和活力。汉语教学、人文交流、学术交流与合作之成果不仅是孔子学院和汉语国际教育事业参与者、决策者、建设者的使命和担当，更应该成为国人和全社会的共同关注与共同成就。

进入新时代，孔子学院的"新常态"，既要从观念更新出发，亦须在制度建设和机制完善中汇聚能量，在需求侧市场导向到供给侧结构性的改革中，调整和改善需求与供给侧结构，以利于提供更高质量的社会服务和公共产品。面对世界百年未有之大变局，"新常态显然不只是一个针对经济发展状态的术语，而是一个总体定位当下中国发展处境与态势的概念。换言之，新常态敦促人们意识到，中国的发展处境与政策筹划，已经进入一个全新的阶段，惯性发展的思维与行为必须终止，重新寻求出路的共识必须形成。……或许这才是新

---

① 中共中央文献研究室. 习近平关于社会主义经济建设论述摘编[M]. 北京：中央文献出版社，2017：35.
② （加）D. 保罗·谢弗著，许春山等译. 文化引导未来[M]. 北京：社会科学文献出版社，2008：101.

常态这一提法富有教益的地方"。① 孔子学院是当代中国主动参与全球事务的一项国际实践。经验和研究表明，"参与实践是奠定全球治理合法性基础的必要条件，是克服异化感的有效途径。……这种参与过程不是要建立同质性身份，不是要用一种话语替代、征服、消除其他话语。它是一个共同进化的过程：自我和他者相互学习和借鉴、互为生成条件、互为变化条件、形成新的生命合体的过程。这是共同进化的根本意义，而这种意义只有通过以真正多元主义的理念参与全球秩序和全球治理实践并形成伙伴关系才能够体悟到"。② 上述观点或论断，对新时期孔子学院以及汉语国际教育事业的发展理念与具体实践，应该有重要的启发和借鉴意义。

结　语

笔随情走，文顺心行。从观念的力量到阶段性发展，从发展观到实践论，从力量建设的维度到举措政策的想象，宏观微观兼有，执着前行的信念和针对问题的思考兼顾。孔子学院和汉语国际教育是由中国主导并将持续实施的一项参与国际中文教育体系的实践活动，"根据实践的定义，这些活动是有组织、有纪律、有社会意义的，其中还有最关键的一点，这就是中国的起始实践活动是合作性的，是以参与现有国际体系为导向的"③，这是一项国际教育实践活动，是一个现实意义与长远发展兼具的命题，需要见仁见智的不同观点、建议和主张。2019 年 12 月，首届国际中文教育大会将在中国湖南省长沙市召开。会议的主题是：新时代国际中文教育的创新与发展。这将意味着，凝聚全球中文教育力量的机制更加完善，为新时期孔子学院更好地服务于国际中文教育再次注入新的发展动力。

拙文自初秋起笔，掩卷已逾重阳。恰逢孔子诞辰 2 570 周年，不由也有些

---

① 任剑涛. 常态、新常态与非常态：2012—2017 年中国的政治发展素描 [J]. 武汉大学学报（人文科学版），2017（04）：16-25.
② 秦亚青. 全球治理：多元世界的秩序重建 [M]. 北京：世界知识出版社，2019：260-261.
③ 秦亚青. 实践与变迁：中国参与国际体系进程研究 [M]. 北京：世界知识出版社，2016：6.

许感慨。所谓"逝者如斯、不舍昼夜",十几年的历程若白驹过隙,光阴的故事里留下了无数"汉推人"的思想、智慧与坚实的足迹。2005年参加世界汉语大会的情境还历历在目。很庆幸生活在这样一个改革奋进、自强不息又蒸蒸日上的时代。孔子学院的产生与发展是中国改革开放四十年中的壮举之一,为世界多语言和多元文化的共生与交流做出了集约化、集成式的贡献,产生了令世人瞩目的汉语发展景观,是中国方案、中国实践、中国智慧在全球治理体系中的真实体现,是当代中国故事的一部分。中国作为一个新兴大国,在诸多领域都彰显着大国的责任与担当,向世界输送了一个教育公共品和公共属性极为强烈的国际组织。特别是即将召开的国际中文教育大会,对如何进一步加强和拓展孔子学院的功能以及更好地服务于全球中文教育,将会提出更具针对性的规划和设想。伴随时代的步伐、观念的更新与理念的变化,孔子学院的社会身份、组织架构、运行机制等也将会产生新的变化和新的方案。新的历史阶段,孔子学院的"新常态"必将展现出新的智慧和新的实践,以更高的站位、更稳健的步伐,践履时代赋予的使命和职责。

宁继鸣
2019年金秋

第一章

研究概述

第一节 文献的来源与选择

《孔子学院研究年度报告（2019）》（以下简称报告）是对2018年研究文献进行系统考察、综合梳理、整体判断的成果。为了更好地呈现年度孔子学院研究的整体态势，本报告将孔子学院研究文献分为专题研究和相关研究。专题研究是指，以孔子学院为核心内容的研究。相关研究是指，将孔子学院与汉语国际教育领域相关话题视为重要的概念、案例、举证等展开的研究。据此，报告确定了专题研究和相关研究的文献检索关键词和检索条件。

为了确保文献的客观与全面，本报告制定了跨数据库检索、多数据库文献合并、重复项筛除的文献采集流程。文献来源主要为国内外较为通用的中外文数据库。其中，中文期刊文献来源于知网和维普，外文期刊文献来源于Ebsco、Elsevier、Jstor、ProQuest、Scopus以及Web of Science，中文学位论文来源于知网和万方，外文学位论文来源于ProQuest和谷歌学术。其他文献，如中义会议文献、辑刊文献来源于知网；中文图书文献主要来源于读秀，并以标准书目网[①]等网站作为补充；外文图书文献主要来源于Summon、谷歌学术，并参考亚马逊等购书网站。

[①] 标准书目网为"开卷标准书目分享计划"的主要平台。网站功能集中于新书书目信息的查询和下载，包含300多万条历史书目。参考网址：http://www.openbookdata.com.cn/.

根据专题研究和相关研究文献的定义与分类,报告确定了研究文献的检索关键词和专业检索公式,分别对不同类型文献进行跨库精确检索,采集并本地化各类文献的信息,利用 NoteExpress 等软件工具进行重复文献的筛查。在此基础上进行了必要的人工干预,以保证报告分析文献的准确性和科学性:第一,剔除无效文献。根据文献内容和学术规范进行无效文献的筛查,剔除包括通讯类文献、无作者文献、内容与孔子学院无关的文献,以及不符合基本学术写作规范的文献等。第二,补充重要文献。对本领域学术研究较为活跃的专家进行专项检索,对本领域刊发相关文献但未收录于数据库中的辑刊进行专项补充。遵循上述规则,对检索结果统一信息格式,并进行统计和分析。

需要说明的是,鉴于舆情研究和案例研究的特殊性,该部分采用独立检索方式。其中,舆情研究的文献来源主要包括:报纸文献、网络新闻和学术论文。案例研究的文献来源也包括三项:一是浙江师范大学提供的工作与调研材料,二是孔子学院工作报告、会议材料和访谈资料,三是学术论文、网络新闻等。为了便于读者阅读,关于舆情研究和案例研究的文献来源及其相关说明详见对应章节。

根据前述文献检索和筛选标准,本报告最终确定 1 729 篇/部中外文文献作为研究对象进行总体概述、框架设计、择要摘录和探究分析。其中,中文文献 1 692 篇/部,外文文献 37 篇/部,基本反映了 2018 年孔子学院研究文献的概貌,涵盖了跨学科视域下孔子学院研究的代表性成果。为清晰呈现 2018 年孔子学院研究的发展概况及变迁,报告分别从数量和内容两个方面,对 2018 年与 2015 至 2017 年的文献情况进行了对比分析。如无特殊说明,下文相关数据参考 2016 至 2018 年出版的三部《孔子学院研究年度报告》,以及孔子学院全球学术资讯数据库。①

---

① 孔子学院全球学术资讯数据库是山东大学孔子学院研究中心自主开发的,集学术研究与海内外舆情搜索、整合为一体的共享平台。参考网址:http://www.ccis.sdu.edu.cn/.

第二节 基于基础数据的比较与分析

美国统计学家约翰·图基（John Tukey）提出了"探索性数据分析"的概念和方法[1]，主张利用标准统计学算法，以及图形、图表、数字等显示数据中的规律性及其特征，进一步提炼数据隐含的信息。报告借鉴这一概念，将其作为分析孔子学院研究的一种思路，即通过基础数据的分析，来挖掘不同类型文献的特征信息。在进行文献数据总体分析的基础上，报告分别对核心期刊文献数量比重、学位论文所属院校和博士论文选题、相关会议与会议文献发表情况，以及图书文献的类型等进行分析，以期反映孔子学院研究的年度特征与发展变化。

从文献数量看，在 2018 年的 1 729 篇/部孔子学院研究文献中：期刊文献 996 篇，包括中文期刊 964 篇、外文期刊 32 篇；学位论文 658 篇[2]，包括中文学位论文 655 篇、外文学位论文 3 篇；图书文献 21 部，包括中文图书 19 部、外文图书 2 部；中文会议文献 18 篇；中文辑刊文献 36 篇。从文献类型上看，期刊文献与学位论文的数量相对较多。2015 至 2018 年各类文献的具体情况如图 1-1、表 1-1。

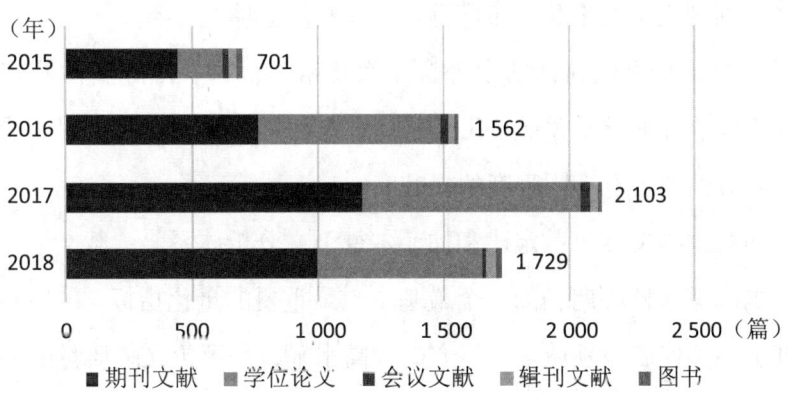

图 1-1 2015—2018 年孔子学院研究各类文献数量统计图

---

[1]（瑞典）胡森，（德）波斯尔斯维特主编，张斌贤等译.教育研究方法（下）[M].重庆：西南师范大学出版社，2007：85.
[2] 中国部分高校学位论文尚未录入相关数据库，同时也有高校开始陆续取消在数据库的学位论文共享。未来学位论文文献数据可能采用其他检索路径。

表1-1 2015—2018年孔子学院研究各类文献数量统计表

年度	期刊文献		学位论文		会议文献		辑刊文献		图书文献		总计	
	篇数	占比	篇数	占比	篇数	占比	篇数	占比	篇数	占比	篇数	占比
2015	442	63.1%	182	26.0%	22	3.1%	34	4.8%	21	3.0%	701	100%
2016	761	48.7%	732	46.9%	27	1.7%	26	1.7%	16	1.0%	1 562	100%
2017	1 178	55.3%	865	40.6%	39	1.8%	32	1.5%	16	0.8%	2 130	100%
2018	996	57.6%	658	38.1%	18	1.0%	36	2.1%	21	1.2%	1 729	100%

通过对四年文献数量的比较可以发现，2018年的文献总量和各类型文献数量总体呈上升趋势，虽然相对于2017年有不同程度的回落，但在2015至2018年的研究文献样本中，仍具有比较强的数量优势。期刊文献数量占比从2017年的55.3%上升到57.6%，学位论文和会议文献的数量及占比都有不同程度下降，会议文献的数量和占比下降更为显著。

为进一步了解、分析和呈现孔子学院各类文献的特征，报告分别对期刊文献、学位论文、会议文献、辑刊文献和图书文献的几组基础数据和信息进行统计与分析，发现各类研究文献分别具有以下特征：

第一，期刊文献：来源分布广泛，跨学科属性明显。

孔子学院是具有创新性的中外合作教育组织，这一国际属性使其获得多个国家和不同语种的学术关照。孔子学院研究已历经近15年的路程，在"量"与"质"两方面都具有不同程度的提升。

基于布拉德福文献离散定律和加菲尔德引文分析体系，"载文量"和"被引率"是国际遴选核心期刊的两个最基本、最重要的量化指标。[1]核心期刊在一定程度上能够代表该领域学术研究的较高水平，是评价文献质量的一项可参考标准。一般而言，核心期刊所收录的研究文献，学科专业知识扎实、行文和表达严谨规范、选题具有一定的创新性。鉴于此，报告对核心期刊刊载孔子学院研究文献的有关情况进行了比较与分析。由于孔子学院中外文期刊文献总量

---

[1] 钱荣贵.核心期刊与期刊评价[M].北京：中国传媒大学出版社，2006：3.

差异较大，不适合直接进行数量对比，因此，报告尝试通过核心期刊发文数量的占比分别呈现中外文期刊文献的情况。2015 至 2018 年孔子学院研究中外文核心期刊发文数量及占比的变化趋势分别见表 1-2 和表 1-3。

表 1-2　2015—2018 年孔子学院研究中文核心期刊发文数量统计表

文献来源	2015 年		2016 年		2017 年		2018 年		合计	
	篇数	占比	篇数	占比	篇数	占比	篇数	占比	篇数	占比
核心期刊①	79	19.4%	266	35.9%	265	23.3%	151	15.7%	761	23.4%
普通期刊	329	80.6%	474	64.1%	870	76.7%	813	84.3%	2 486	76.6%
总计	408	100%	740	100%	1 135	100%	964	100%	3 247	100%

表 1-3　2015—2018 年孔子学院研究外文核心期刊发文数量统计表

文献来源	2015 年		2016 年		2017 年		2018 年		合计	
	篇数	占比	篇数	占比	篇数	占比	篇数	占比	篇数	占比
核心期刊②	11	29.7%	6	28.6%	16	37.2%	12	37.5%	45	33.8%
普通期刊	26	70.3%	15	71.4%	27	62.8%	20	62.5%	88	66.2%
总计	37	100%	21	100%	43	100%	32	100%	133	100%

数据显示，中文核心期刊发文数量和占比无明显优势，2018 年中文核心期刊文献共 151 篇，较 2016 和 2017 年分别下降 100 篇左右，所占期刊文献总量比例仅为 15.7%，为四年来最低值。外文核心期刊发文数量的比例优势较为明显，2018 年共 12 篇，超过外文期刊文献总量的三分之一，2015 至 2018 年核心期刊发文数量的平均占比达 33.8%。未来孔子学院研究应拓展理论研究范畴，引入多学科研究方法，提升核心期刊发表频次，增强孔子学院研究学术影响力。

---

① 包括中文社会科学引文索引（CSSCI）、中文核心期刊要目总览（北大核心期刊）、中国科技期刊及其扩展版等。

② 包括 SCI、SSCI、AHCI、EI 等。

"跨学科研究是一项回答、解决或提出某个问题的过程,该问题涉及面和复杂度都超过了某个单一学科或行业所能处理的范围,跨学科研究借鉴各学科的视角,并通过构筑一个更加综合的视角来整合各学科视角下的见解。"① 孔子学院自诞生以来就是一个跨学科的研究话题,包括语言学、教育学、经济学、传播学、政治学和管理学等在内的各学科正逐渐介入或深度参与孔子学院研究。在不同学科视角中,孔子学院或是汉语作为第二语言的教育场域,或是文化公共产品的供给者,或是国际多方主体参与的非营利服务类合作组织,或是中国对外传播的新型路径和国际传播话语体系构建的重要载体,或是国际关系变迁、国家能力与实力发展的具体呈现。从所载期刊的学科分类来看,孔子学院研究已经形成了跨学科研究态势,2015至2018年刊载孔子学院研究较多的中外核心期刊见表1-4和表1-5。

表1-4 2015—2018年刊载孔子学院研究较多的中文核心期刊(前十位)

2015年		2016年	
期刊名称	论文数量(篇)	期刊名称	论文数量(篇)
东北师范大学学报(哲学社会科学版)	3	比较教育研究	7
贵州民族研究	3	民族教育研究	6
语文建设	3	华文教学与研究	5
中华文化论坛	3	现代传播(中国传媒大学学报)	5
广西社会科学	2	新疆师范大学学报(哲学社会科学版)	5
黑龙江高教研究	2	云南师范大学学报(哲学与社会科学版)	5
民族教育研究	2	广西社会科学	4
华文教学与研究	2	学位与研究生教育	4
人民论坛	2	中国出版	4
山东社会科学	2	人民论坛	3

---

① 唐磊.理解跨学科研究:从概念到进路[J].国外社会科学,2011(03):89-98.

（续表）

2017 年		2018 年	
期刊名称	论文数量（篇）	期刊名称	论文数量（篇）
大学教育科学	6	世界汉语教学	6
广西社会科学	5	福建茶叶	5
华文教学与研究	5	高校教育管理	5
人民论坛	5	体育文化导刊	5
中国高等教育	5	传媒	4
东南亚研究	5	比较教育研究	3
华南师范大学学报（社会科学版）	4	人民论坛	3
新疆师范大学学报（哲学社会科学版）	4	新疆社会科学	3
中国高等教育研究	4	中国出版	3
比较教育研究	3	中国高等教育	3

表 1-5　2015—2018 年刊载孔子学院研究较多的外文核心期刊（2 篇及以上）

期刊名称	论文数量（篇）	发文年度	国家（地区）	学科
American Quarterly	4	2017	美国	综合性①
Applied Economics	2	2016/2017	美国	经济学
English Today	2	2017	英国	语言学
Higher Education	2	2017/2018	荷兰	教育学
Journal for East European Management Studies	2	2015	德国	社会学
Journal of Language and Politics	2	2015/2018	荷兰	语言学与传播学

从发表孔子学院研究中文文献数量较多的期刊来看，孔子学院研究在教育学、社会学、语言学、传播学、政治学、经济学等领域都具有扩散性。中文文献在教育学和语言学领域有更高的出镜率，例如《比较教育研究》《华文教学与研究》《世界汉语教学》《中国高等教育》等刊载的文献相对较多。此外，《福建茶叶》《中国出版》和《体育文化导刊》等文化传媒类期刊也刊载了一些研究文献，这也从一个侧面体现出孔子学院在文化传播中的作用与影响力。

---

① 《美国研究季刊》旨在探讨美国文化与历史、政治与经济等问题，支持跨学科研究。

与中文期刊相比，外文期刊数量相对较少，学科差异表现不明显。《应用经济学》（Applied Economics）、《高等教育》（Higher Education）和《语言与政策研究》（Journal of Language and Politics）分别在两个年度刊发了孔子学院研究文献。从文献作者背景看，华裔学者的参与度逐年提升，美国、中国香港、中国澳门等地的高校华裔学者话语活跃度较高，而中国大陆学者的可见度和话语权相比而言较低，这可能与外文期刊的研究议题设置偏好、大陆学者学术外语能力以及人文社科研究范式等有关。未来应提升中国学者孔子学院研究的国际传播能力，多发声、发响声，推动孔子学院研究与国际学术研究主流接轨，增进孔子学院学术价值的国际共识。

第二，学位论文①：授予单位以"双一流"与师范类院校为主，博士选题未来可能增加。

为推进汉语国际传播与孔子学院事业的发展，2007年国务院学位委员会通过了设置汉语国际教育专业硕士学位的方案，截至2018年，全国已有397所高校具有汉语国际教育本科学位授予权，147所高校或科研院所具有汉语国际教育硕士（专业）学位授予权，21所高校（试点）设置汉语国际教育专业博士学位或博士研究方向。②该专业的设置在学科建设与发展层面的直接影响之一，就是促进了相关领域和专业学位论文数量的提升，进而也在一定程度上促进孔子学院专题研究数量的递增。

孔子学院作为汉语国际教育的主要实践平台，为相关专业学生提供了学术研究的主题内容与引证案例，丰富了相关专业学生论文选题的视角与范围，成为高校建设孔子学院的重要附加与衍生价值之一。高校对孔子学院建设与发展的支撑，促使高校师生提高了对孔子学院研究的重视程度，与此同时，高校层面的孔子学院研究，使得孔子学院实践不断转化为经验知识，对孔子学院发展具有积极的反哺作用。从学位论文授予单位的类别来看，"双一流"高校以及

---

① 由于海外孔子学院研究学位论文数量较少，暂不做统计与分析。

② 数据来源：中华人民共和国教育部网站 [EB/OL]. http://www.moe.gov.cn/jyb_xxgk/xxgk_jyta/jyta_gjhb/201812/t20181214_363645.html. 检索于2019年8月6日；全国汉语国际教育专业学位研究生教育指导委员会网站 [EB/OL]. http://jzw.ecnucpp.com/detail/56. 检索于2019年8月6日；同时以各高校招生网站信息作为补充。

师范类和外语类院校对孔子学院研究学位论文的产出具有较高的贡献率。2015至2018年孔子学院专题研究学位论文来源高校前十位见表1-6。

表1-6 2015—2018年孔子学院专题研究学位论文来源高校①（前十位）

2015年		2016年	
高校名称（论文篇数）	属性	高校名称（论文篇数）	属性
北京外国语大学（12）	211，"双一流"	广东外语外贸大学（14）	—
山东大学（9）	211，985，"双一流"	北京体育大学（13）	211，"双一流"
华中师范大学（6）	211，"双一流"	渤海大学（5）	—
天津师范大学（6）	—	山东大学（5）	211，985，"双一流"
吉林大学（5）	211，985，"双一流"	哈尔滨师范大学（4）	—
重庆大学（4）	211，985，"双一流"	华中师范大学（4）	211，"双一流"
北京体育大学（4）	211，"双一流"	天津师范大学（4）	—
四川师范大学（4）	—	新疆师范大学（4）	—
西北师范大学（4）	—	云南大学（4）	211，"双一流"
暨南大学（3）	211，"双一流"	中央民族大学（3）	211，985，"双一流"

2017年		2018年	
高校名称（论文篇数）	属性	高校名称（论文篇数）	属性
山东大学（14）	211，985，"双一流"	华南理工大学（7）	211.985，"双一流"
北京外国语大学（13）	211，"双一流"	广东外语外贸大学（6）	—
哈尔滨师范大学（10）	—	哈尔滨师范大学（6）	—
上海外国语大学（9）	211，"双一流"	吉林大学（6）	211，985，"双一流"
广西师范大学（7）	—	大连外国语大学（5）	—
渤海大学（7）	—	辽宁师范大学（4）	—
天津师范大学（5）	—	西北师范大学（4）	—
上海师范大学（4）	—	广西师范大学（3）	—
四川师范大学（4）	—	山东大学（3）	211，985，"双一流"
新疆师范大学（4）	—	西北大学（3）	211，"双一流"

---

① "双一流"包括一流大学和一流学科两项指标，包括其中一项即被纳入"双一流"统计范围内。

2018年学位论文数量前十位的高校中,有40%属于"双一流"高校,40%属于师范类院校。此外,部分高校在学位论文方面对孔子学院进行了持续关注,北京外国语大学、山东大学、华中师范大学、广西师范大学等均连续4年位居学位论文发文量的前十位,上述高校也是前3批设置汉语国际教育专业硕士学位的院校。

博士论文具有创新性、探究性和科学性。将孔子学院作为研究对象的第一篇博士论文是2006年山东大学宁继鸣发表的《汉语国际推广:关于孔子学院的经济学分析与建议》。第一篇外文博士论文则是2013年澳大利亚昆士兰科技大学Falk Hartig发表的《孔子学院与中国的崛起:中国如何借助海外文化传播机构与世界交流》(Confucius Institutes and the Rise of China: How the People's Republic of China Uses Its Cultural Institutions Abroad to Communicate with the World)。两位研究者分别从经济学、传播学以及跨学科视角对孔子学院开展持续研究,并陆续发表多篇孔子学院专题研究文章。孔子学院研究博士论文虽出现时间较早,但此后专题研究并未形成规模,截至2018年,专题研究博士学位论文仅有14篇(包括外文博士论文1篇),硕士研究生依然是学位论文的主要作者群体。2015至2018年孔子学院研究博、硕士学位论文的有关数量情况见表1-7。

表1-7 2015—2018年孔子学院研究博、硕士学位论文统计表[①]

文献来源		2015年		2016年		2017年		2018年	
		篇数	占比	篇数	占比	篇数	占比	篇数	占比
博士论文	相关研究	0	0	15	2.1%	20	2.3%	30	4.6%
	专题研究	2	1.1%	4	0.5%	1	0.1%	3	0.4%
硕士论文	相关研究	82	45.1%	576	79.0%	701	81.8%	512	78.2%
	专题研究	98	53.8%	134	18.4%	135	15.8%	110	16.8%
总计		182	100%	729	100%	857	100%	655	100%

① 由于数据库数据更新,因此在研究报告数据的基础上进行了部分修订。

2018年655篇学位论文中,博士论文共33篇,占比5%,其中专题研究3篇,分别是中央民族大学《基于数据库的东南亚孔子学院比较与评估研究》、上海外国语大学《儒家人文精神范式下孔子学院中方院长跨文化能力研究》和华南理工大学《文化软实力思想与弘扬中国传统文化——基于孔子学院的文化传播工作》。

孔子学院在不同学科领域所获得的理解和阐释实际上并不充分,虽然目前已有多学科介入,但仍未形成与孔子学院影响力相匹配的研究格局。孔子学院学位论文的作者群体背景相对集中,主要是语言学和教育学。他们开展孔子学院研究,不仅可以发挥专业背景优势,也可以从海外教学实践中得到支撑。但跨学科的研究群体在数据收集、海外实践等诸多方面还存在困难,对开展孔子学院研究带来影响。

以目前发表孔子学院研究博士论文数量最多的山东大学为例,该校自2010年开始招收语言与文化传播专业学术型博士生,是汉语国际教育领域较早招生的院校之一,形成了一批具有跨学科研究属性的博士论文,例如《孔子学院的教育功能》《孔子学院:国际理解教育的实践研究》《孔子学院社会资本研究》《作为媒介的孔子学院——基于媒介环境学的视角》《孔子学院的品牌成长——基于服务导向的实证研究》。此外还形成两篇博士后出站报告,《孔子学院的治理功能研究》和《孔子新汉学计划的形成与影响》。

截至2018年,已有北京语言大学、北京外国语大学、华中师范大学、厦门大学、北京大学等21所高校招收汉语国际教育专业或汉语国际教育(对外汉语)研究方向的博士生。2019年起,浙江师范大学、华南师范大学等院校新增汉语国际教育专业博士学位,这都是汉语国际教育专业发展的重要体现,相关博士专业的设置也预期促进未来几年孔子学院专题及相关研究学位论文的产出。

第三,会议文献:孔子学院进入多领域会议议程,成果发布形式多样。

学术会议具有较强的灵活性,为研究者提供了交流思想与信息分享的平台,受到学术研究人员的认可、支持和广泛参与。但在孔子学院研究领域,学术会议尤其是专题性会议仍然相对缺乏。2018年之前,以孔子学院为专题的会议主要由孔子学院总部或地方政府机构为主召开,例如每年举办一次的全球孔子学院大会,已经成为孔子学院管理者进行实践经验共享与交流的重要平台。2018年,以高等院校为主的研究机构开始主办孔子学院专题学术会议,成为孔子学院研究发展的一个重要节点,有关信息见表1-8。

表1-8 2018年孔子学院专题会议统计表

时间	会议名称	主办单位	会议设置
2018-11	首届孔子学院研究与智库建设高峰论坛	山东大学	主旨演讲/圆桌论坛
2018-12	首届孔子学院小型研讨会	华南理工大学	主题发言

上述会议是孔子学院研究团队的重要尝试和探索,也是促进孔子学院研究团队间合作的重要契机。两次会议的主题发言和论坛讨论都涉及教育学、传播学、政治学、经济学、社会学、管理学等多学科视角,探讨孔子学院在人类命运共同体语境下的自身发展与国际影响问题,例如"国际舆论中的孔子学院与中国文化国际影响力""孔子学院跨文化传播能力建设""关于孔子学院研究的思考和建议""新时期孔子学院智库建设与理论支撑"等,涵盖国家治理、全球公共产品、品牌塑造、海外舆情等视角的研究,以及基于大数据的孔子学院研究等。

除孔子学院专题学术会议外,孔子学院也成为汉语国际教育、语言政策与语言战略、"一带一路"建设、中国对外传播等专题学术会议中的重要分议题,见表1-9。

表1-9 2018年孔子学院相关会议统计表[①]

时间	会议名称	会议主题	议题名称
2018-03	第二届中国全球传播与公共外交学术年会	跨学科视野中的全球传播研究	孔子学院跨文化传播理论与实践
2018-09	第二届中华文化海外传播大连论坛	人类命运共同体与中华文化海外传播	孔子学院等海外文化机构的可持续发展研究

---

① 由于会议发布的信息较为分散,可能会存在遗漏,敬请补充指正。

（续表）

时间	会议名称	会议主题	议题名称
2018-10	第二届国家话语生态研究高峰论坛	语言传播·国际理解·周边国家命运共同体	周边国家孔子学院发展现状与问题

目前，将孔子学院设为议题的会议主要分布在传播学、政治学和语言学领域。除此之外，第十三届中国管理学年会、第四届中国语言政策与语言规划学术研讨会、2018广东21世纪海上丝绸之路国际博览会主题论坛、2018年对外汉语博士生论坛等学术会议或研讨会虽未正式设置孔子学院研究分议题，但也有不少与会代表宣读孔子学院研究相关成果。会议期间，孔子学院研究者与其他参会学者进行的信息共享和成果交流，也在一定程度上推动了孔子学院作为一个案例或对象被相关领域接受和理解。不可否认的是，虽然孔子学院的学术身份在上述会议中得以初现，但如果将其放置于整个学术研究的视野和范畴下，孔子学院研究仍具有广阔的空间。

学术会议作为学科领域研究前沿共享的平台，会议上宣读或讨论的思想观点目前主要有以下产出形式：一是期刊发表，部分文献对前期会议交流的情况进行了专门标注；二是会议论文集发表，少量论文集最终成为正式出版物；三是通过报纸、网络等媒体形式公开发表；四是以集刊形式发表，例如大连外国语大学中华文化海外传播研究中心在2018年出版了两期《中华文化海外传播研究》集刊，下设汉语传播与孔子学院研究、"一带一路"传播研究等专题，将"第二届中华文化海外传播大连论坛"的会议论文择优出版。思维是一种稀缺性资源[1]，会议上宣读或讨论的论文，不乏有价值的思想和观点，但与规范完整的学术论文相比尚有差距。孔子学院研究会议成果的分散性也使得我们经常忽略从这一角度来观察孔子学院在学术圈中的出场频率。如何将会议成果转化为系统性出版成果是值得我们关注的一个问题。

第四，图书文献：成果种类多样化，通过讲故事的方式介绍孔子学院，使其具备了获得更广泛社会认知的基础与可能性。

---

[1] （美）詹姆斯·艾尔特，玛格丽特·莱维，埃莉诺·奥斯特罗姆著，万鹏飞等译.竞争与合作：与诺贝尔经济学家谈经济学和政治学[M].北京：北京大学出版社，2011：72.

按照年度来看,孔子学院研究的图书文献成果数量不显著,但从近几年整体发展来看,具有数量稳定发展、类别不断增多、重点学者突出等几项主要特征。2018年孔子学院专题研究图书共有7部,大体可分为学术研究、实践指导、纪实读物、系列报告四个类别,见表1-10。

表1-10 2018年孔子学院专题研究图书统计表①

书名	作者	出版社	学科②	类别
我的孔子学院:北京大学孔子学院中方院长访谈实录	北京大学汉语国际推广工作室	北京大学出版社	社科	纪实读物
非洲孔子学院——回视与前瞻	徐丽华	上海交通大学出版社	社科	学术研究
中华文化元素环境设计:中国海外孔子学院中华文化场所	吕勤智 胡梦丹	浙江大学出版社	科技	实践指导
孔子学院社会资本研究	孔梓	山东大学出版社	社科	学术研究
全球化语境下的英美孔子学院本土汉语教学项目研究	(美)连大祥	外语教学与研究出版社	语言	学术研究
语言管理与影响:孔子学院的政策与实践③	(英)李明芳	Routledge	语言	学术研究
孔子学院研究年度报告(2018)	宁继鸣等	商务印书馆	语言	系列报告
孔子学院汉语教育与海外语言教育体系研究书系	(法)白乐桑等	北京语言大学出版社	语言	学术研究

2012年以来,孔子学院学术研究型著作每年以稳定的数量出版,从孔子学院文化传播、孔子学院与中国语言文化外交、孔子学院与华文教育到孔子学院的经贸效果、孔子学院空间布局、孔子学院品牌发展和孔子学院社会资本等,孔子学院研究话题不断拓展。从孔子学院研究文献类别的总体情况来看,期刊文献仍是主要形式,集成性的专著成果还不丰硕。专著成果反映出目前一些学者对孔子学院的持续研究与积累,中央民族大学吴应辉、山东大学宁继鸣、华南理工大学安然、美国德克萨斯大学连大祥、德国法兰克福大学Falk Hartig等,是专著类文献的主要作者群体。他们在长期开展孔子学院研究中分别形成了较

---

① 图书列表按出版时间排序。
② 学科分类参考标准书目网的分类。
③ 英文书名:Language Management and Its Impact—The Policies and Practices of Confucius Institutes。

为稳定的研究合作圈。

从图书文献的类型上看，学术专著是目前最主要的形式，2018年学术专著占图书文献整体的71.5%。与此同时，不拘泥于学术研究思路，符合图书出版发行的一般规范、以目标读者需求为导向的普及读物、对话访谈实录甚至少儿绘本等都陆续出版，例如《行走英伦：孔子学院中方院长日志》（2017）、《问答孔子学院》（2017）、《文化传播使者：孔子学院院长故事》（2017）以及《我的孔子学院：北京大学孔子学院中方院长访谈实录》（2018）等，都从亲身经历者的视角来介绍真实的、生活化的孔子学院。

2018年孔子学院研究图书文献还有两个特点：一是《孔子学院研究年度报告》稳定持续推出，二是《孔子学院汉语教育与海外语言教育体系研究书系》面世。其中，《孔子学院研究年度报告》是基于孔子学院研究文献所编撰的学术成果集成与学术研究融合的特色系列报告，自2016年起由商务印书馆每年出版1部，是孔子学院研究成果一种新的形式；《孔子学院汉语教育与海外语言教育体系研究书系》是由北京语言大学牵头，汇集国际语言教育尤其是汉语教育相关专家学者系统研究成果的系列学术专著。2018年底出版的8部著作从本土语言教育领域专家的视角，对所在国外语及汉语教学政策法规、教材教法、评估测试等方面资料的详细解读，一方面有利于国内系统了解海外情况，另一方面为推动汉语融入海外主流教育体系提供了理论依据。

第三节　基于研究内容的比较与分析

为呈现2018年孔子学院研究主题内容的重点与变化，本节将分别对孔子学院教学研究、发展研究、影响研究和舆情研究[①]四个维度下研究内容的转变与发展进行概述，以期反映孔子学院研究的动向。

2018年正值中国改革开放40周年，对前一阶段发展演进与历史经验的回

---

① 此处是指狭义的舆情研究，即与孔子学院舆情分析相关的学术研究文献，不涉及传统媒体、网络媒体或新媒体的舆情分析。教学研究、发展研究、影响研究、舆情研究维度划分的标准，详见附录2。

顾与反思，是推进下一阶段转型发展行之有效的路径和方法。孔子学院的建立与发展是中国对外开放以来的重要成就之一，是中国对外交流交往、教育国际合作的重要媒介，是中国主动参与全球治理所供给的文化服务类公共产品，也是我国教育逐渐融入世界教育治理体系①的有效实践。可以说，孔子学院的发展是全球文化治理的积极探索与重要实践，是世界文明生态化的重要推动力量。

从2005年第一所孔子学院建立以来，我们在官方表达、社会舆论和舆情话语中见证了她的诞生与成长，在学术话语中审视了她的收获与烦恼。仅以"孔子学院"（Confucius Institute）为主题词检索2005至2017年的中外文报纸文献就达33 308篇②，中外文学术期刊文献达1 807篇③，与孔子学院相关联的报道、以孔子学院为举证的学术研究更是远高于以上数字。④整体而言，孔子学院的学术价值日益明晰并被接纳，研究成果呈现出螺旋上升的态势，越来越多的学者从旁观者向参与者转变，在孔子学院研究领域表达自己的见地与展望。

孔子学院研究在发展的十余年中，初步形成了具有自身特色的"知识地图"，多学科、多层级研究群体参与，发挥了各自不可替代的作用，不同学者及团队的持续性学术探究也在不断勘探孔子学院研究新的边界和领域。不断引入和介入的新研究视角与方法也为我们了解、理解孔子学院提供了学术路径。按照教学、发展、影响和舆情四个维度对文献进行分类，2015至2018年孔子学院研究各类文献数量及所占比例如图1-2，可以发现，除2015年教学研究更为突出外，四年研究主题分布均较为平衡。为更清晰地呈现各类文献主题的发展情况，历年统计数量及比例见表1-11。

---

① 陈婧，范国睿.改革开放40年来我国教育对外开放政策变迁研究——基于国家角色观念视角[J].中国高教研究，2018（09）：20-24.

② 阎嘯.孔子学院发展的舆论环境变迁——基于2005—2014年中外报纸对孔子学院报道的分析[J].中华文化海外传播研究，2018（02）：219-226；宁继鸣主编.孔子学院研究年度报告（2016，2017，2018）[M].北京：商务印书馆，2016，2017，2018.

③ 王琦.2005—2017年孔子学院研究的关键话题及学科跨度——基于CiteSpace可视化图谱的分析[J].语言战略研究，2018，3（06）：44-57.

④《孔子学院研究年度报告》的检索策略不局限于主题词检索，因此获取并筛选文献后的数量要高于参考数据。

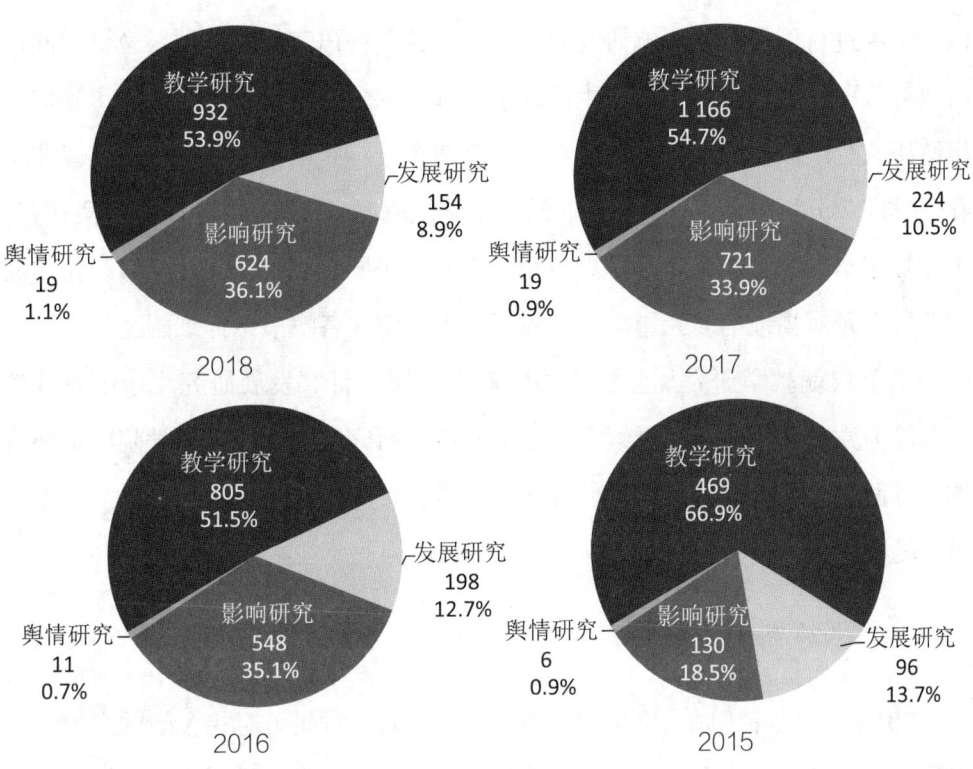

图 1-2　2015—2018 年孔子学院研究文献主题分布图

表 1-11　2015—2018 年孔子学院研究文献主题统计表

研究主题	2015 年		2016 年		2017 年		2018 年	
	篇数	占比	篇数	占比	篇数	占比	篇数	占比
教学研究	469	66.9%	805	51.5%	1 166	54.7%	932	53.9%
发展研究	96	13.7%	198	12.7%	224	10.5%	154	8.9%
影响研究	130	18.5%	548	35.1%	721	33.9%	624	36.1%
舆情研究	6	0.9%	11	0.7%	19	0.9%	19	1.1%
总计	701	100%	1 562	100%	2 130	100%	1 729	100%

从数量上看，2018 年孔子学院研究在主题分布上与往年变化不大，教学研究和影响研究的关注度高，发展研究的基数稳定，舆情研究热度提升。从研究内容来看，2018 年教学研究对学科与专业建设、教师与人才培养、教学与资源建设进行了深化；发展研究对合作与支撑力量、环境与体制机制、区域与

国别研究进行了拓展；影响研究对"一带一路"与语言战略规划、教育共同体与教育服务、话语重建与讲好中国故事、理论探索与跨学科研究进行了延伸；舆情研究延续以往方法，丰富了相关文献成果。本年度报告的案例研究以非洲孔子学院为分析对象，通过梳理非洲孔子学院概况，归纳孔子学院与国民教育、本土师资培养、当地企业合作以及职业教育的协同发展，呈现孔子学院在非洲的发展以及对当地的多元影响。具体研究内容将在各章节中详细阐述。

本节仅就教学研究加强汉语国际教育顶层设计、发展研究注重中方院校支撑能力建设、影响研究延续多类主题、舆情研究聚焦欧美孔子学院舆论环境四个方面进行简要评述。案例研究作为本报告一个特殊的组成部分，与学术文献中的案例研究具有概念和定义上的差异①，因此不在本节进行讨论。

一、教学研究

2018年，学者们在中国改革开放40周年的大背景下对相关问题进行了纵向回顾，对这一国家事业和学科专业教学等的现状和研究进行了阶段性反思，包括（国际）汉语教材编写发展的历程与特征②、汉语作为第二语言的教学法研究的变化与创新③、汉语作为第二语言的标准与大纲研究发展的主题与难题④、国际汉语教师教育发展轨迹的探究⑤以及汉语国际教育硕士研究与对外汉语教师研究的综述与建议。⑥

汉语国际教育专业建设和人才培养不是一个新的研究话题，但一直处在

---

① 学术文献中，案例研究是一种研究方法，本报告的案例研究则指对海外孔子学院建设与发展过程中的个案呈现与分析。

② 周小兵，张哲，孙荣等. 国际汉语教材四十年发展概述 [J]. 国际汉语教育（中英文），2018，3（04）：76-91；姜丽萍. 汉语教材编写的继承、发展与创新 [J]. 华文教学与研究，2018（04）：12-18.

③ 吴勇毅. 汉语作为第二语言/外语教学法研究四十年之拾穗 [J]. 国际汉语教育（中英文），2018，3（04）：47-62.

④ 王佶旻. 汉语作为第二语言的标准与大纲研究十年回顾 [J]. 国际汉语教育（中英文），2018，3（02）：33-40.

⑤ 叶军. 国际汉语教师教育的发展轨迹 [J]. 国际汉语教育（中英文），2018，3（04）：36-46.

⑥ 丁安琪. 汉语国际教育硕士：专业发展十一年 [J]. 国际汉语教育（中英文），2018，3（04）：18-35；张军广. 对外汉语教师研究的历时与共时趋向——基于文献可视化的分析 [J]. 云南师范大学学报（对外汉语教学与研究版），2018，16（03）：82-92.

动态发展的语境当中。2018年,学者们对汉语国际教育属性与定位的厘清进一步深入,对其未来发展的顶层设计更为细化。从学科属性层面来看,汉语国际教育的学科属性目前仍无定论,有学者认为这种讨论是困境和价值的双重体现,应跳脱传统的学科分类[①],也有学者提出,在汉语国际教育所属学科未确定的情况下,要以"双一流"建设为目标,避免学科边缘化,注重理论学术研究,创新人才培养模式。[②] 在人才培养方面,2018年的研究问题也更加聚焦、具象。相关研究内容主要包括:在学科建设框架下的课程设置研究、汉语国际教育专业的评估体系构建[③]、汉语国际教育硕士培养中国学生与留学生的区别研究、汉语国际教育教师资格认证制度探究[④]以及海外汉语教师培训[⑤]与汉语教师培训师研究[⑥]等。

二、发展研究

孔子学院经过十余年时间发展,进入了"立足与扎根"结合、"守正与创新"协同的发展新阶段,质量提升与内涵建设是这一阶段的重点内容和关键话题。2018年的研究文献有两个关注重点:一是"一带一路"沿线孔子学院的建设发展,二是孔子学院中方合作院校支撑能力建设。

在"一带一路"沿线孔子学院建设方面,2018年文献增加了对俄罗斯、哈萨克斯坦、菲律宾等国以及非洲地区孔子学院的发展现状与未来路径的关照,与"一带一路"高合作度及高合作潜力国家和区域紧密呼应。同时,国内研究

---

① 胡范铸,陈佳璇,张虹倩.目标设定、路径选择、队伍建设:新时代汉语国际教育的重新认识[J].世界汉语教学,2018,32(01):3-11.

② 汲传波."双一流"视阈下的汉语国际教育学科建设[J].国际汉语教学研究,2018(04):67-74;宁继鸣.汉语国际教育:"事业"与"学科"双重属性的反思[J].语言战略研究,2018,3(06):6-16.

③ 郭晶,吴应辉.汉语国际教育硕士专业学位水平评估指标体系初探[J].教育研究,2018,39(11):99-104.

④ 王添淼,李周振.国际汉语教师与对外韩语教师资格认证制度的比较研究[J].云南师范大学学报(对外汉语教学与研究版),2018,16(06):1-11.

⑤ 李惠文,庞晖.海外孔子学院汉语教师深度培训模式建构及实践——以克利夫兰州立大学孔子学院为例[J].云南师范大学学报(对外汉语教学与研究版),2018,16(05):27-34.

⑥ 丁安琪.学员视角的优秀国际汉语教师培训师特征分析[J].辽宁师范大学学报(社会科学版),2018,41(04):31-37.

视角也开始关注新疆、西藏等"一带一路"重点规划省市或地区。有学者指出，孔子学院作为人文交流的重要平台，下一阶段应注重西部地区，例如西藏高校在建设和发展中的特殊作用。① 在推进孔子学院中方合作主体的责任与能力方面，作为孔子学院合作办学的主体之一，中方合作院校的支撑能力成为孔子学院发展的重要影响因素，这也成为一个重要的学术研究的切入口。2017 年的研究文献就较为集中地研究了孔子学院中方合作院校支撑能力，提出中方院校主要在制度规划、人力资本、教学资源、学术研究等层面提供支撑②；2018 年有学者进一步补充中方院校应对孔子学院提供组织支撑和品牌支撑③，指出了孔子学院发展与学校整体规划间关系统一的重要性。

三、影响研究

孔子学院影响研究的跨学科属性体现在经济、传播、教育、政治等多领域研究视角中，包括孔子学院对合作国家或当地经贸的影响、对中国高等教育国际化推进和国际教育合作的影响、对中国对外传播和国家形象的影响、对国际社会文化交流与理解的影响等。2018 年的研究依然对上述主题进行了延续与延伸，对新时代孔子学院的影响与意义进一步探索：在中国的国际传播影响力方面，有学者对 1981 至 2016 年的文献进行统计时发现，孔子学院已经进入了高频关键词的前十位④；在中国公共外交与形象塑造方面，有学者指出孔子学院文化内容的选择是国际形象塑造的路径之一⑤，也有学者指出孔子学院中

---

① 高全孝.西藏创建海外孔子学院（课堂）刍议[J].西部学刊，2018（01）：69-71.

② 张晓慧.论中国大学对孔子学院发展的支撑能力建设[J].国际汉语教育（中英文），2017，2（03）：5-9；李凡，安然，高航.加强中方院校支撑能力，促进孔子学院持续发展——以大连外国语大学为案例分析[J].国际汉语教育（中英文），2017，2（03）：21-24；徐丽华，包亮.整合优势资源 构建支撑能力 探索双赢之路——以浙江师范大学为案例分析[J].国际汉语教育（中英文），2017，2（03）：25-28.

③ 俞苏洋.孔子学院中方合作院校支撑能力初探[J].武汉科技大学学报（社会科学版），2018，20（04）：461-464.

④ 相德宝，张弛.议题、变迁与网络：中国国际传播研究三十年知识图谱分析[J].现代传播（中国传媒大学学报），2018，40（08）：73-77.

⑤ F. Hartig. China's Global Image Management: Paper Cutting and the Omission of Politics[J]. *Asian Studies Review*, 2018（42）：701-720.

方院长、汉语教师和志愿者在中国形象塑造与提升主动性方面的积极作用①；在对高等教育发展的影响方面，有学者基于中方合作院校的相关数据证明孔子学院对中国高等教育出口的影响。②

2018年的研究文献还对以下主题进行了讨论：一是孔子学院在教育服务中的功能以及如何促进教育共同体的建立，二是孔子学院在讲好中国故事以及文化全球发展中的角色。这些话题的引入使得孔子学院影响研究成果更为丰富，对孔子学院角色和功能的审视也更加多元。

四、舆情研究

舆情研究近年来成为学者们较为关心的命题，文献多以海外舆情为主要研究对象，以批评话语分析为主要研究方法，同时辅助计量统计方法，评估海外孔子学院所处的环境。自2011年李开盛、戴长征发表《孔子学院在美国的舆论环境评估》以来，国内对孔子学院海外舆情研究的热度开始升温，大部分研究以主流媒体报道为分析对象，并且更多关注美、英两国的舆情环境。③随着留学生群体扩展，其他语种国家的舆情分析也有突破，2018年文献中就有俄罗斯、以色列等国媒体话语分析的文章出现，但未形成规模。总体而言，孔子学院舆情研究形成了较为固定的范式，主要选取西方主流媒体作为分析对象，采用历时报道分析、整体报道分析或不同媒体对比分析的方法。2018

---

① 彭增安.孔子学院与国家形象传播[J].秘书，2018（06）：58-62.

② Donald Lien & Liqing Miao. Effects of Confucius Institutes on China's Higher Education Exports: Evidence from Chinese Partner Universities[J]. *International Review of Economics & Finance*, 2018（57）:134-143.

③ 刘程、安然.意识形态下的新闻图式：英国主流媒体对孔子学院的"选择性误读"[J].新闻界，2014（06）：32-39；叶英.从外媒报道看孔子学院的海外形象[J].四川大学学报（哲学社会科学版），2015（03）：48-57；彭飞，于晓.英国主流媒体报道中的孔子学院形象与话语体系[J].学术探索，2016（11）：112-119；刘程、曾丽华.美国主流媒体孔子学院新闻报道的批评话语分析[J].对外传播，2017（01）：76-78.

年舆情研究文献对孔子学院舆论环境变迁[①]、美国媒体报道[②]、加拿大孔子学院揭牌[③]等的阶段舆情、历时舆情进行研究，是对海外孔子学院生存环境的动态补充。

大数据时代技术的变革为舆情的采集提供了新的方法，国内已经有多所大学或研究机构自主构建舆情数据库及分析平台，对孔子学院海外舆情进行监测和分析。例如，中国传媒大学国家传播创新研究中心对美国媒体涉孔子学院报道的研究，基于自主研发软件，对主流媒体、社交媒体和小众媒体的议题和特点进行了分析。山东大学孔子学院研究中心整合孔子学院学术研究与全球舆情信息，研发孔子学院全球学术资讯网，旨在构建一个开放、共享的专题数据库平台，为孔子学院研究及其发展提供智力支持。

基于历年孔子学院研究文献的对比分析发现，孔子学院研究呈现三种新的趋势：一是案例研究持续深化，事实描述向知识诠释转化的程度增强；二是经济学范式下的"模型"研究和"技术论"指导下的量化研究成为趋势；三是孔子学院研究合作型团队或合作指导型团队成果逐渐形成。孔子学院研究是随着孔子学院发展而不断调整、完善、深化的，高质量的研究也将从理论层面对孔子学院下一阶段的可持续发展进行引导。2018年孔子学院不同主题研究的精粹摘录与小结思考将分别在教学研究、发展研究、影响研究、舆情研究章节进行呈现。

[①] 阎啸. 孔子学院发展的舆论环境变迁——基于2005—2014年中外报纸对孔子学院报道的分析[J]. 中华文化海外传播研究, 2018（02）: 219-226.

[②] 周亭, 温怡芳, 贾文斌. "他塑"视角下涉华国际舆情的困境与应对——以美国媒体涉孔子学院报道为例[J]. 对外传播, 2018（04）: 19-21.

[③] 刘程, 刘芳. 加拿大12所孔子学院揭牌新闻报道话语分析[J]. 文化与传播, 2018, 7（02）: 55-60.

第二章

教学研究

40 年前,在中国社会科学院召开的北京地区语言学科规划座谈会上,吕必松先生提出应当把对外汉语教学作为一个专门的学科,应当在高校中设立培养这类教师的专业,并成立专门的研究机构。这一意见得到了与会语言学家的支持,会后发表在《中国语文》(1978 年第 1 期)上的《北京地区语言学科规划座谈会简况》提到这一点。① 经过 40 年的发展,国务院学位委员会办公室于 2018 年批准北京大学、华东师范大学等 6 所院校招收汉语国际教育方向教育博士专业学位研究生,标志着汉语国际教育专业完成了本硕博专业体系建构,为汉语国际教育理论研究和人才培养提供了更为有利的学科平台。在这一历史性的时刻,面向未来,反思过去,系统回顾 40 年来学科与事业发展的历史与进程,梳理学科与事业发展的脉络与规律,总结经验与教训,展望前景与挑战,是汉语国际教育学界与同人们的共识。

相较往年,2018 年度教学研究文献最大的亮点是:集成性地涌现出了一批回顾性、总结性、反思性、展望性的重磅成果。40 年沧海桑田,无论是宏观的外在环境、国家政策,还是中观的事业平台与行业结构,抑或是微观的教学理念与内容方法,都牵动着每一位学界同人。对民族与国家的情怀、对事业发展的敬畏和对专业建设的诉求,从来都是这个行业秉承的"初心"。专家学者们基于历时的眼光、共时的观念,实事求是、史论结合的心态,批判与继承、

---

① 傅其林,邓时忠,甘瑞瑗. 汉语国际教育导论 [M]. 重庆:重庆大学出版社,2015:233.

守成与创新兼顾的指导思想，围绕改革开放以来我们所挚爱的对外汉语教学事业和汉语国际教育的理论探索与实践，进行了全景式的学术呈现与探究，使得本年度的教学研究格外令人瞩目，而且可能很多成果都将成为今后绕不过的观点与卓见。从具体内容来看，这些文献涉及教学研究的各个主要方面，既包括对影响学科与专业建设发展的基础性问题的探讨，如学科属性的问题；也包括国际汉语教师教育的发展研究及教师培训路径研究，如建设教师培训师队伍；还包括教学观/教学法的系统梳理、总结与创新，教材建设的发展与创新，教学资源研究的进展与认识，如"格局+碎片化"教学法的提出、本土化教材的研发、资源观的更新等。从影响力来看，专业学术期刊组织得当、推进有力，知名教授与学者云集，围绕学科建设、人才培养以及教学与资源建设等核心问题展开专题研究，呈现出有别以往的集成性学术景观。其中，部分研究成果虽不是直接关涉孔子学院，但对孔子学院的教学和总体建设具有指导和借鉴意义。

第一节 学科与专业建设

汉语国际教育无论是作为一项事业，还是作为一个学科，近十几年来始终处于高速发展之中，在这一过程中，既取得了巨大的成就，也遇到了诸多挑战。崔希亮《汉语国际教育的若干问题》一文就汉语国际教育发展现状及面临的挑战、孔子学院内涵建设、汉语国际教育的基础研究和应用研究等问题提出了意见和建议。

在谈到汉语国际教育的发展现状时，文章指出，汉语国际教育，以前称作对外汉语教学，近年来在海内外蓬勃发展，全球孔子学院和孔子课堂的数量不断增加，汉语已经进入一些国家的国民教育体系，也有一些私立的语言教育机构教授汉语课程，这个领域的从业人员队伍不断壮大。但是，汉语国际教育的基础研究和应用研究远远不能满足多元化教学的需要，世界汉语教学对资源的需求空前旺盛，而资源的供给跟不上。汉语国际教育的从业人员良莠不齐，部分教师专业素质亟待提升。孔子学院在快速发展过程中出现了不少问题，这些问题都需要一件一件地解决。

关于汉语国际教育面临的挑战，作者概括了以下四点：一是缺乏业务精湛的汉语教师；二是为汉语第二语言教学服务的汉语本体（包括语音、语法、词汇、语篇、汉字）研究远远不够，教师在课堂上遇到的很多问题无法在既有的汉语本体研究成果中找到答案；三是汉语国际教育的学科定位还存在着较大的分歧，因此学术资源的分配无法支撑汉语国际教育这个学科的发展；四是孔子学院的内涵建设还任重道远。孔子学院的师资力量和孔子学院的管理队伍建设目前是个大问题。文章还就此专门讨论了师资培养就业渠道不畅的问题。一方面海外孔子学院需要受过专业训练的汉语教师，一方面我们培养的汉语教师只有少数人有机会到海外工作，这是一个悖论。在这种情况下，很多学校的汉语国际教育专业的学生专业思想不稳固，很多学生毕业之后都到其他领域就业了。这对汉语国际教育事业的发展很不利。

关于汉语国际教育的学科定位，文章指出，学科定位不清楚会直接影响到学生的培养目标、培养规格，影响到专业的课程设置。关于国家层面的顶层设计，作者认为，汉语国际教育作为一项国家和民族的事业理应得到国家的重视，然而，无论是985、211还是"双一流"建设，汉语国际教育都没有得到足够的重视，其直接后果就是这个专业难以吸引高素质人才，也难以产出高质量的科研成果。尽管业界对汉语国际教育是一个特殊的学科、汉语国际教育是一个专业、汉语国际教育是一项重要事业的认识已经没有多少异议，但是这个专业在社会上被误解的概率仍然很高，"小儿科"的论调仍有市场。因此，国家层面的顶层设计是非常重要的。

关于孔子学院的内涵建设，文章提出以下七点：1. 发展理念国际化。孔子学院的建立就是一个国际合作的结晶。因此，孔子学院内涵建设的基础是观念的国际化。建立在不同国家和地区的孔子学院要在一个平台上工作，没有一个统一的理念是很难合作成功的。具有国际化的理念非常重要。国际化理念具体体现在要有国际视野、要按国际通行的规约办事、要吸收人类文明的养分、要建立人类命运共同体、要有为全人类服务的意识。2. 体制机制体系化。从长远来看，管理体制机制的一体化、体系化是孔子学院发展的必由之路。3. 教师队伍专业化。教师队伍专业化是孔子学院事业发展的需要，也是汉语国际教育事业发展的需要。4.教学资源信息化。在这一过程中要注意建立互利共赢的机制。5.课程设计规范化。第二语言教学有很多共性，课程设计和教学设计是可以进行规范化操作的。尤其是内容相同的课程，可以共享一些资源，规范化的课程设计能够为新入职的教师提供方便。孔子学院总部可以组织一批专家设计一些核心课程，并提供统一的课程设计范本，供一线教师参考。这样可节省很多人力物力，也使得孔子学院的教学有所遵循。6.教材编写在地化。一本好的教材要有先进的教学理论作为指导，还要有第二语言学习的理论和实践，要循序渐进，语音、词汇、语法的安排和复现要有相关研究为基础，不能任意安排。7.院长生涯职业化。孔子学院院长是非常重要的人物。一所孔子学院办得好不好，孔子学院院长起的作用非常大。目前的合作方式是每所孔子学院设两名院长（外方院长和中方院长），双方院长的合作是至关重要的。探索孔子学院院长职业化的途径是当务之急。

关于汉语国际教育的基础研究，文章主要讨论了面向教学的语音、语法、词汇、汉字、语篇及语用研究等方面。关于汉语国际教育的应用研究，文章提到了各种语料库、素材库的开发和应用，教材研究和教材开发，语言水平测试和能力测试研究和实测，面向应用的教学法的实验研究，教学环境和教学手段研究，教学大纲和规范标准的制订和推广，面向汉语国际教育的教学工具书的编撰，虚拟环境教学软件的开发研制，汉语国际教育信息情报的收集整理和服务等。

来源文献：崔希亮.汉语国际教育的若干问题[J].语言教学与研究，2018（01）：1-7.

回顾对外汉语教学学科建设所取得的成就，发现问题，展望未来的发展道路，将有利于学科建设与事业发展。李泉《对外汉语教学：学科建设四十年——成就与趋势，问题与顶层设计》一文，对《语言教学与研究》（1979—2018）、《世界汉语教学》（1987—2018）和第一至十二届《国际汉语教学讨论会论文选》（1986—2017）中有关学科理论研究的文献进行了穷尽式搜集与分析，通过对对外汉语教学学科建设40年的发展进行系统而详尽的梳理，总

结出学科建设五个方面的主要成就和基本走向：学科地位渐显化，学科研究精细化，学科体系国际化，教学理论模式化以及教材教法多元化。

在总结对外汉语教学学科建设取得巨大成就的同时，文章指出了学科发展和建设过程中存在一些问题与隐忧。作者认为，学科发展中存在的主要问题有以下三点：

第一，学科与事业发展不够协调。在当今汉语语境下，对外汉语教学既指国家和民族的事业，又指汉语作为第二语言教学学科。二者虽有时难分彼此，但总体上看，各自的出发点、参照系以及发展路径与手段等并不相同，根本上说是"两回事"，二者应该是一种相互促进、相辅相成的关系。然而，虽然对外汉语教学事业因有关部门的高度重视而得到了快速发展，但学科并没有受到同样的重视，反而有被"事业化""边缘化"的倾向。近十几年来学科的发展实在有些过于平稳，对热点问题的讨论不多，标志性成果太少，跟事业的发展很不相称、很不协调。事实上，学科发展滞后并不利于事业的长远发展，因为这是一项以汉语教学为依托的事业。

第二，主体学科与支撑学科发展不够平衡。在对外汉语教学事业发展和学科体系建设中，"对外汉语教学"应该是主体学科，因它而设立的本硕层次上的"汉语国际教育"是其支撑和延伸学科。因对外汉语教学而设立的支撑学科得到了很大的发展，但以非学历教育为主的"对外汉语教学"却始终未能进入国家的"专业目录"中，甚至连挂靠专业也没有。主体学科与支撑学科发展不平衡，对这种"偏科"乃至"本末倒置"的现象，有关部门不应视而不见。如果主体学科得不到应有的重视和建设，那么支撑学科也难以得到深入而高水平的发展。

第三，学科建设的责任者不够明确，学科建设的发展方向不够清晰。对外汉语教学学科建设的责任者错位，缺乏应有的行业学会来组织和引导学科的发展和建设，学科研究处在自发自为的"无政府、无组织"状态，缺乏方向感。更令人担忧的是，近年来，一些高校对以语言进修生教学为主的对外汉语教学越加轻而视之，不增加专职教师编制、不拓展进修生的生源、不增加进修生的数量，甚至觉得对语言进修生的教学可有可无。如果这种现象发展下去，那就不是学科地位的问题了，而会导致整个对外汉语教学都将被排除在高校之外。

关于学科建设的顶层设计，文章谈到三个方面：地位自信与学科建设，道路自信和自主创新，理论自信与中国方案。其中，在论及地位自信与学科建设时，作者认为，在汉语国际化过程中，非学历为主的对外汉语教学不仅不能"缺席"，而且有着不可替代的价值和作用。国内的汉语教学是服务于国际汉语教学和研究的"后方基地"，只有把国内的"这一学科"研究好、建设好，才可能为海外汉语教学和传播提供有参考和有应用价值的理论、理念、标准、模式和方法。此外，关于道路自信和自主创新，作者认为，对外汉语教学必须走自己的路子，而不能照搬其他二语教学的路子。这种道路自信不是一种主观选择，而是汉语汉字的特点以及二者之间的关系不同于其他语言和文字之间的关系所决定的。当然，在这一过程中要不断学习和借鉴其他二语教学的理论和方法，为我所用。同时，在学科研究上应走自主创新之路。作者特别指出，学科的理论研究、教学研究和方法研究，在学习和借鉴其他二语教学研究的研究框架、范式、视角和方法的同时，应该更加突出汉语汉字的教学特点并遵循其教学规律；不能期盼从其他二语教学研究中找到完全适合汉语教学的理论和方法，也不能指望从汉语本体研究中找到完全符合教学实践的研究成果，只能靠我们汉语教师自己去研究和探索，汉语教师的自强自立应是学科建设顶层设计的应有之义。

来源文献：李泉.对外汉语教学：学科建设四十年——成就与趋势，问题与顶层设计[J].国际汉语教育（中英文），2018（04）：3-17.

2015年10月，国务院颁布《统筹推进世界一流大学和一流学科建设总体方案》，首次提出"双一流"建设问题。2017年1月，教育部、财政部、国家发展改革委员会联合制定出台《统筹推进世界一流大学和一流学科建设实施办法（暂行）》，"双一流"建设全面推进。近几年，各高校都在围绕"双一流"建设进行总体规划，各学科亦在总结学科发展历史与现状的基础上提出未来的发展方向与目标，汉语国际教育也不例外。如何统筹规划、抓住机遇、迎

接挑战,是汉语国际教育学人不可回避的课题。汲传波《"双一流"视阈下的汉语国际教育学科建设》基于一流学科建设的视角着重探讨汉语国际教育的学科性质及归属问题,分析学科发展的现状与未来发展路径,思考汉语国际教育在一流学科建设中的位置,谋划其纵深和长远发展的问题。

在汉语国际教育的学科性质及归属问题上,文章指出,目前汉语国际教育大体属于二级学科,有本科、硕士、博士专业,但这些专业目前所属的一级学科却有不同。汉语国际教育的本科、硕士、博士专业,到底归属于哪一个一级学科存在重要分歧。就此,作者特别指出,虽然本学科的学科归属问题自初创至今在学界内部始终存在争议,但在创建一流学科的过程中,不能再定位模糊,需要统一认识,对外发出一致的声音。

文章进一步指出,汉语国际教育现实的学科归属分歧折射出其跨学科的性质。虽然学者们对汉语国际教育交叉学科的认定范围不一,但它是一门交叉学科已基本达成共识。学界承认汉语国际教育交叉学科的性质,就不能否认该交叉学科从整体上不能简单属于任何一个所涉及学科。无论怎么强调某一学科,都不应该忽视其交叉学科的地位和作用。作者由此提出:汉语国际教育是一门独立的交叉学科,这一性质和属性决定了它不能简单归属于某个一级学科,应该把它作为独立的交叉学科来建设和发展,无论将其与中国语言文学还是与外国语言文学合并,都是学科发展历史的倒退,不利于汉语国际教育这一新兴交叉学科的发展。

在论证这一问题的过程中,作者特别提出汉语国际教育学科在"双一流"建设过程中存在着独立学院建制被取消的隐忧。如果在"双一流"建设过程中,很多高校的主政者以"汉语国际教育不属于一级学科,欧美一流高校没有可对标的学科"为理由,将业已存在的汉语国际教育学科独立学院建制取消,重新对院系进行调整,造成汉语国际教育学科被合并到中文系(文学院)、外国语学院,或者与留办合并,成为半行政半教学的科研单位。这将会对汉语国际教育学科发展带来灾难性的后果,不利于该交叉学科的发展,不利于从事该学科教师的职业发展,也将不利于汉语国际传播事业的发展。

在论及汉语国际教育学科在一流学科建设中的位置时,文章指出,汉语

国际教育在"双一流"学科建设中具有优先发展的资格。国际上确定优先发展的学科领域主要有三条原则：学术卓越原则、社会需求原则、跨学科原则。汉语国际教育学科符合第二、三条原则，从"双一流"的视角来分析汉语国际教育学科，应该避免简单化思维，不能因这一学科暂时不是优势学科而不给予支持，应该看到其满足社会需求和跨学科的特点，从国家战略高度来支持和发展该交叉学科。在如何将汉语国际教育学科建成一流学科这一问题上，作者提出以下几点建议：产出一流的学术成果，重视科研和理论建设，培养、引进一流的学者队伍，借鉴海外先进经验。

来源文献：汲传波."双一流"视阈下的汉语国际教育学科建设 [J]. 国际汉语教学研究，2018（04）：67-74.

《语言战略研究》（2018年第6期）开展专题研究延请专家学者围绕汉语国际教育的学科定位与专业建设问题，进行了集中研讨。宁继鸣受邀作为栏目主持人，发表了自己的看法，其《汉语国际教育："事业"与"学科"双重属性的反思》一文梳理了汉语国际教育所具有的"事业"与"学科"双重属性的产生及演进历程，思辨性指出了汉语国际教育双重属性为其带来的资源、问题和挑战，以及今后可能的发展路径。

文章通过回顾相关文献指出了学科发展中存在的问题：1. 在学科发展上，学科意识普遍不强，不重视学科的理论建设和整体建设。[①] 2. 在学科建设的路线和框架上，作为一项国家和民族的事业，没有得到国家层面足够的重视，直接导致专业发展难以吸引高素质人才，难以产生高质量科研成果的"双难"困境。[②] 3. 在汉语国际教育概念或内涵的认识上，虽然目前学界对汉语国际教育的属性与内涵有着不同的理解与认识，但"对外汉语教学的每一步发展，都跟

---

① 陆俭明. 增强学科意识，发展对外汉语教学 [A]. 中国应用语言学会. 第三届全国语言文字应用学术研讨会论文集 [C]. 香港：香港科技联合出版社，2004：403-412；陆俭明. 汉语国际教育学科性质与汉语教师应有的素质 [J]. 华夏文化论坛，2016（02）：155-164；陆俭明. 认清汉语教学的学科性质，积极培养称职的汉语教师 [J]. 国际汉语教学研究，2017（04）：27-33.
② 崔希亮. 关于汉语国际教育的学科定位问题 [J]. 世界汉语教学，2015（03）：405-411；崔希亮. 汉语国际教育的若干问题 [J]. 语言教学与研究，2018（01）：1-7.

国家的发展、国际风云的变幻,以及我国和世界的交流与合作息息相关"① 这一观点已取得普遍共识和高度认同。多种事实已经证明:汉语国际教育为培养从事汉语教学和中华文化国际传播人才做出了不可替代的贡献,为促进中外人文交流、推动世界多元文明互学互鉴发挥了积极作用。

但是,汉语国际教育"学科归属不确定、体系不完整、硕博阶段的教育至今未独立成建制纳入国务院学位委员会、教育部《学位授予和人才培养学科目录(2018年)》"的学科发展现状与其大规模、多层次的办学实践存在不协调现象。文章选取来源于教育部的本专业开设情况和来源于孔子学院总部/国家汉办的办学情况的两组数据,对这种不协调现象进行了存在、分布与推理性分析。分析过程中,文章以在学科属性或定位上极其相似的学科或专业——英语作为第二语言教学为参照,指出了汉语国际教育发展的特殊性:1.汉语国际教育从其发展初期,就已经奠定了国家和民族事业的历史基调,被赋予了国家使命、责任与任务,这种具有国家意志和属性的管理原则或出发点,与英语作为第二语言教学在中国的存在基础与发展路径完全不同。2.在汉语国际教育的演进与发展中有两组概念在数十年的实践与走向中产生了重大影响,一是国家与民族的事业——教育事业,一是学科建设——专业建设。在"事业"层面,汉语国际教育选择了更上位的国家事业,并未与具有学科资源或制度安排配置权的教育事业形成"属性契约";在"学科"层面,则是选择了更加符合汉语国际教育事业发展的专业建设,而不是与具有学科名录所有权但理论研究色彩更浓的学科建设形成"评价契约"。从经验和效果看,虽然这种具有"弹性"或"模糊"的选择并不是非理性的,但正是这样的"选择偏好"造成了学科发展与办学实践不相协调的问题。在上述分析的基础上,作者指出,改革开放之前或初期做出的规划和设计,已无法满足新时期汉语国际教育的发展,亦很难适应"双一流"建设带来的冲击和影响。作为一个内涵丰富、外延开放、学科交叉、综合性强的学科(专业),一个专注于培养复合型、国际型、专业化人才的学科(专业),新时期的汉语国际教育,应该以发展的眼光、科学的精神、

---

① 赵金铭.从对外汉语教学到汉语国际推广[A].赵金铭国际汉语教育论文集[C].北京:北京语言大学出版社,2012:195.

实事求是的态度,审视过去,谋划未来。特别是在专业建设与学科建设问题上,要站在新的起点、新的高度,理性思考、审慎判断,对于两者之间的认识和定位,不能再摇摆和犹豫,不能再放任两者之间选择性的"路径依赖",或是普遍性的"无意识错位"现象继续存在下去。

文章通过建构驱动模型,生动形象地解析了汉语国际教育双重属性的运行模式,并进行了得失评价,如图2-1。研究分析认为:汉语国际教育"事业"与"学科"双重属性带来的优势十分明显,取得的成就有目共睹,但存在的问题也是多种多样、亟待解决的。其中一个重要问题就是,长期以来国家事业、教育事业、学科建设及专业建设等发展指标权重不均衡、不充分,造成事业(行业)发展的繁荣景象,掩盖了学科意识的薄弱、学科属性的模糊、学科建设的缺位,以至于影响人才培养的需求和预期,影响事业发展的基础与需要。

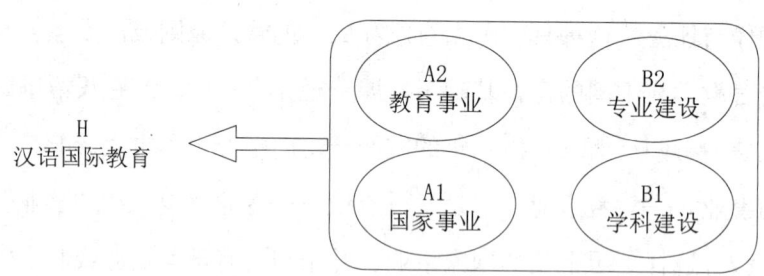

图2-1 汉语国际教育双重属性运行模式

文章从时代与观念意识、国家意志的贯彻与影响、学科建设的内涵与规范、学科建设的组织与协调,以及人才培养的政策制度保障等方面提出了五点建设性的意见:第一,坚持实事求是基本原则,科学分析、理性研判"走过的路";第二,秉承解放思想的精神,深刻理解国家意志与战略的重要性;第三,尊重学科建设规律,彰显学者与高等院校的学术贡献;第四,强化教育事业功能,推动汉语国际教育学科建设进程;第五,突出人才培养目标,推进顶层设计实现结构性改革调整。

来源文献:宁继鸣.汉语国际教育:"事业"与"学科"双重属性的反思[J].语言战略研究,2018(06):6-16.

自 2007 年汉语国际教育硕士专业学位设立以来，专业建设研究取得了重大进展。丁安琪《汉语国际教育硕士——专业发展十一年》以相关文献、会议以及教材与专著为依据，回顾了自 2007 年以来的发展历程，总结了汉语国际教育硕士研究的阶段特征和内容要义，并就研究展望阐述了其观点。

文章将汉语国际教育硕士专业的发展历程划分为两个阶段：2007 至 2011 年为初兴阶段，2012 至 2017 年为发展阶段。2018 年新一轮学位点的优化调整，尤其是汉语国际教育方向教育博士专业学位的试点招生，标志着我国汉语国际教育人才培养又提高到了一个新的层次。

关于两个阶段的研究成果，作者指出，初兴阶段的研究以对汉硕专业建设的宏观探讨为主，发展阶段的研究成果以对汉硕专业建设相关具体问题的微观研究为主。较之初兴阶段，发展阶段呈现出成果数量明显增多、研究范围不断扩大、内容体系显著完善等特点。

同时，文章对汉语国际教育硕士专业相关研究的内容进行了分析，将其分为四个领域：一是注重宏观探讨的基础问题研究，包括专业特点、培养目标、培养原则、培养规格、培养模式以及专业建设面临的困难与挑战等。整体来看，这一部分研究较为注重宏观探讨。二是关注能力素养的培养对象研究，主要集中在汉硕生能力培养的研究、汉硕生作为学习者的研究以及海外本土教师培养研究三个方面。其中对汉硕生能力培养的研究较多，对另外两方面的研究也多与能力培养相关，成果较为有限，需要不断加强相关研究。三是共性、个性并存的课程建设研究，既有对课程设置的讨论，也有对具体课程的分析，而且学者们对课程设置及具体课程的探讨，既有共性特征，又有个性特点。四是培养过程研究，主要包括实习、学位论文及就业研究，这一部分研究成果的模块特征较为显著。

在对研究内容进行分析的过程中，作者谈到以下问题：

关于汉语国际教育的定位研究，作者指出，对于汉语国际教育定位问题的讨论迄今仍未停止，之所以出现这种情况，其中包括两个最重要的原因：一是"汉语国际教育"既是一个专业，也是一项事业，不同学者在对这一个概念进行论述时，出发点各不相同；二是在国家的招生目录中，"汉语国际教育"学科归属不同。这两个问题不解决,对"汉语国际教育"的讨论仍将无法达成一致。

关于汉语国际教育硕士的能力培养与塑造研究,学者们关注最多的是教学能力,其次是跨文化交际能力。就目前的研究成果来看,业界对跨文化交际能力的研究稍显不足,尤其是对如何培养汉硕生的跨文化交际能力,还缺乏实证性研究成果及可操作性强的教学探索。在未来的探索中,研究者可以对汉硕生的实际需求予以更多关注,并据此探索更加有效的培养模式与教学方法等。

关于具体课程建设研究,目前已有成果主要集中在对"中华文化"和"跨文化交际"的探讨上。但是,目前我们的跨文化交际课程及有关研究大多以汉语背景和英语或欧美文化背景的交际者之间的跨文化交际为主,而世界格局的多元化及文化的多元化要求我们必须要正视汉语与其他文化之间的跨文化交际问题,如阿拉伯文化、非洲文化等。在"一带一路"倡议的背景下,针对"一带一路"沿线国家的跨文化课程如何开设、跨文化研究如何开展非常值得讨论。

关于就业研究,汉硕生就业状况并不乐观。多个调查都显示,汉硕生对口就业率很低,汉硕专业培养的人才本来是为解决世界范围内的汉语教师严重匮乏的问题,但貌似对解决汉语教师短缺问题作用甚微。一方面汉语教师短缺,一方面专门为此培养的专业人才无法从事相关工作。如果不在就业问题上采取有效的改革措施,而只在培养上下功夫,汉硕的培养成效将不容乐观。[1]

作者对汉语国际教育硕士研究进行了展望,并提出三点建议:

第一,融合理论与实践研究。目前针对汉硕的实践研究较多,理论研究较少。一个专业的健康发展,不仅仅需要对实践经验的总结和对具体问题的分析,也需要对能够引导专业发展方向的理论体系进行探讨,以及对专业发展的理论框架进行构建。只有融合理论与实践,从理论与实践相结合的角度去考察这一新兴专业,才能使其在理论引领与实践反思中不断发展。

第二,细化深入专门问题研究。以往研究已经涉及汉硕多个方面的专门问题,但每一个方面的研究都还有很多的问题有待进一步探讨。随着汉语国际

---

[1] 张觉.改革完善对外汉语教学体制 促进汉语国际教育硕士培养.学位与研究生教育,2009(06):12-16.

教育方向教育博士专业的设立，汉硕专业又会面临新的机遇与挑战，会遇到很多新的问题。我们仍然需要在理论的引领下，对诸多局部的、具体的专门问题进行更加深入而细致的研究。

第三，加强相关领域对比研究。在汉硕专业的建设中，必须借鉴其他专业的成功经验，同时探讨适合自己独特使命的要素。只有这样才能尽量避免重走他人走过的弯路，从而在汉硕专业的建设道路上走得更加平稳，更加顺利。

来源文献：丁安琪. 汉语国际教育硕士——专业发展十一年[J]. 国际汉语教育（中英文），2018（04）：18-35.

科学的评估既是实现教育目标的重要手段，也是提高人才培养质量的重要途径。郭晶、吴应辉《汉语国际教育硕士专业学位水平评估指标体系初探》一文根据汉教硕士专业学位设置方案、学位授予要求等文件提出的培养目标以及各高校的人才培养实践，以水平评估为目标，以教育成果为依据，兼顾各主要培养环节，尝试构建了汉语国际教育硕士专业学位水平评估指标体系。这一体系包括5个一级指标、12个二级指标和25个三级指标以及两项额外加分项（见表2-1）。其中，5个一级指标基本涵盖了影响汉教硕士人才培养质量的主要方面，额外加分项强调汉教硕士培养要重视特色培养和优势利用；12个二级指标则覆盖了汉教硕士培养中的办学理念、实施过程和社会评价的主要方面，25个三级指标覆盖了各主要观测点。对25个三级观测点按照评估标准打分求和，可得出参评单位的总分。

表2-1　汉语国际教育硕士专业学位水平评估指标体系表

一级指标	二级指标	三级指标	评分内容描述	受评单位得分
理念与目标（10%）	办学理念（5分）	培养理念（5分）	对高层次、应用型、复合型、国际化专门人才的培养目标认识清晰，并体现出有别于学术型硕士的职业特色，且培养过程有所体现。（4~5分）	
			对高层次、应用型、复合型、国际化专门人才的培养目标有一定认识，但实践应用能力培养突出不足，与传统学术型硕士无明显区别。（0~3分）	

（续表）

一级指标	二级指标	三级指标	评分内容描述	受评单位得分
理念与目标（10%）	目标定位（5分）	培养目标（5分）	以具有熟练的汉语作为二语教学技能和良好文化传播技能、跨文化交际能力为专业培养目标，培养适应汉推工作，具有教学、管理与协调能力的复合型汉语国际教育专门人才。（4~5分）	
			对具有熟练的汉语作为二语教学技能和良好文化传播技能、跨文化交际能力的培养目标认识清晰，但专业应用能力培养措施落实不够。（0~3分）	
办学条件（25%）	基本条件（10分）	经费保障（2分）	培养经费充足。（2分）	
			培养经费不足。（0~1分）	
		硬件条件（3分）	条件优良，如有微格教室、多功能网络教室、图书资料室和案例库等。（2~3分）	
			条件一般。（0~1分）	
		国际交流及实习实践条件（5分）	国内外有相对稳定的实习实践基地及实习合作单位，有实习指导教师和实习及考核方案。（4~5分）	
			只有国内实习实践基地，无国外实习基地，实习指导不能完全到位。（2~3分）	
			无稳定的实习实践基地或合作单位。（0~1分）	
	师资队伍（15分）	教师结构（8分）	专职教师和学生比例不低于20%，专职教师年龄结构均衡。（0~2分）	
			具有教授职称专职教师比例不低于10%，副教授职称不低于50%。（0~2分）	
			具有博士学位专职教师比例不低于50%，具有导师资格的比例不低于50%。（0~2分）	
			不低于25%的专职教师具有一年以上海外学习或教学经历，专职教师都具有汉语国际教育相关实践经验。（0~2分）	
		科研获奖（3分）	近五年主持省部级以上汉语国际教育课题情况（国家社科和教育部人文社科一般项目每项2分、重点5分、重大10分）。专职教师及学生近五年来SSCI期刊发表文章，每篇2分；在CSSCI期刊和汉语国际教育专业非CSSCI期刊发表相关文章，每篇0.5分。上不封顶。	（有则加，无则0分）
		教学获奖（3分）	汉语国际教育教学成果获国家级奖项，一等奖10分、二等奖5分、三等奖2分；省部级奖项一等奖2分、二等奖1分、三等奖0.5分。上不封顶。	（有则加，无则0分）
		参与学术会（1分）	参加汉语国际教育领域学术讲座并报告相关论文。（0~1分）	
培养过程（20%）	生源质量（2分）	录取比例（1分）	生源录取率小于1。（0~1分）	
		学生质量（1分）	重点与普通院校，本科专业背景相关度、外语、中华才艺等。（0~1分）	

（续表）

一级指标	二级指标	三级指标	评分内容描述	受评单位得分
培养过程（20%）	培养方案（10分）	培养方式（5分）	培养模式明确，课程学习与汉语国际教育理论和实践结合、与中华文化传播结合，采取校内外导师联合培养。（4~5分）	
			课程学习基本能与汉语国际教育理论实践结合、与中华文化传播结合，未能采取校内外导师联合培养方式。（2~3分）	
			课程学习未与汉语国际教育实践结合或未与中华文化传播结合，未能采取校内外导师联合培养方式。（0~1分）	
		实习及考核方式（5分）	赴海外从事汉语教学和文化传播工作或国内教育机构进行汉语国际教育教学实习，实习时长3个月或120学时以上的学生比例不低于50%。（4~5分）	
			赴海外实习或国内来华项目实习少于3个月或120学时学生比例低于50%。（2~3分）	
			非对口实习或无实习。（0~1分）	
	课程教学（8分）	课程设置（4分）	开设课程中，设有汉语基础知识课程，至少有一门教学技能类课程、文化课程、跨文化交际类课程，一门以上专业课程采用外语或双语教学。（3~4分）	
			开设课程中，设有汉语基础知识课程，缺少教学技能类课程或文化课程，或未开设完整的跨文化交际类课程，无一门专业课程采用外语或双语教学。（0~2分）	
		教学方式（4分）	以国际汉语教师职业为导向，大量使用案例教学、现场观摩、模拟训练、小组学习等方式提高教学技能和跨文化交际能力。（3~4分）	
			教学方式缺少多样性。（0~2分）	
管理保障（10%）	管理制度和人员组织（5分）	管理规章制度（2分）	招生、培养、学位授予等管理规章制度健全。（0~2分）	
		管理机构和人员（3分）	有专门的管理机构和专职管理人员。（0~3分）	
	内部评估保障（5分）	内部评估执行（5分）	定期执行内部质量评估并形成自评报告。（4~5分）	
			无定期执行内部质量评估。（0~3分）	
培养成果（35%）	论文质量（5分）	学位论文选题（3分）	80%以上研究问题围绕汉语国际教育实践，体现应用性和职业性，成果具有应用价值，对实践有指导意义。（0~3分）	
		理论水平（2分）	80%以上能够综合运用相关理论知识和方法解决实际问题，体现实践创新能力。（0~2分）	
	毕业生对口就业率及获奖（15分）	就业率及对口就业情况（10分）	95%以上就业率，且对口就业率不低于20%。（9~10分）	
			不低于80%就业率，对口就业不低于10%。（5~8分）	
			不低于50%就业率，对口就业不低于5%。（0~4分）	
		毕业生获奖情况（5分）	学生在国家、省市、学科、教学及其他各类比赛中获奖，全国性奖项每项加3分，省级每项加1分。	

（续表）

一级指标	二级指标	三级指标	评分内容描述	受评单位得分
培养成果（35%）	社会评价（15分）	用人单位满意度（7分）	雇主/单位负责人对毕业生在专业能力（教学能力）、管理协调能力、工作态度等方面综合素质满意度，优秀5分、良好3分、合格2分、不合格0分。（抽取20位毕业生的就业单位进行调查）	
		同行评价（5分）	同行专家对培养单位在人才培养方面的评价。优秀5分、良好3分、合格2分、不合格0分。（抽取10位专家）	
		毕业生评价（3分）	毕业生对培养单位在人才培养方面满意度，优秀5分、良好3分、合格2分、不合格0分。（抽取20位毕业生）	
特色与优势（20分额外加分项）	特色（0~10分）		特色鲜明加6~10分，有特色加1~5分，无特色0分。	
	优势（0~10分）		具有专业发展明显优势加6~10分，优势一般1~5分，无优势0分。	

文章指出，指标体系注重对教育成果质量的监测，同时兼顾影响教育质量的各主要环节。各指标之间相对独立，共同构成了影响汉教质量因素的完整体系。指标构建坚持五个原则，即关注培养结果，兼顾重点环节；指标层次清晰，评估依据明确；普遍性与特殊性兼顾，整体性与独立性兼顾，指向性与可测性兼顾；定量为主、定性为辅；尊重专家意见，避免主观评价。总之，力求使所建构的指标体系科学性与可操作性兼顾。

关于汉教硕士专业学位评估指标体系的特点，文章谈到五点：一是系统性。指标体系包括培养理念、办学条件、培养过程、管理保障和培养成果六大方面，囊括了汉教硕士培养过程的主要环节和培养成果。二是应用性。指标体系较突出应用能力培养的要求，在实训课程设置、实践基地建设和实践合作单位等方面都设有分值，对促进培养外向型人才、提高跨文化交际能力、对口就业等方面的指标给予了较高分值，体现了较高的权重。三是导向性。评估结果可以对汉语国际教育硕士培养产生良好的导向作用，鼓励培养单位更加重视从业方向的正确引导，达到引导培养单位在汉教硕士培养中回归该专业学位设置的初衷。四是可操作性。指标体系采取客观比较和主观评价的方法，坚持定量与定性相结合的原则。力求收集相关真实、可比数据，努力做到客观、严格；主观性指标也尽量明确评价标准，使之具有可操作性。五是探索性。汉教硕士办学历史短,人才培养评估研究弱,至今尚未发现与该专业硕士评估指标体系相关的研究成果。汉教硕士培养质量影响因素复杂,培养环节多样,对其人才培养质量评估难度较大。该指标体系在汉教硕士人才培养评估中具有鲜明的探索性。

来源文献:郭晶,吴应辉.汉语国际教育硕士专业学位水平评估指标体系初探[J].教育研究,2018(11):99-104.

【小结与思考】

汉语国际教育事业的迅猛发展和"双一流"建设的不断推进对学科和专业建设提出了更高的要求,外部生存环境的变化使汉语国际教育界感受到了学科生存的压力与挑战,进而推动了汉语国际教育领域对学科建设问题的重点关注与探讨。从大语境、大背景下探讨"我们的学科从哪里来,该往何处去以及如何去"等问题成为本年度的研究焦点之一。通览文献,笔者认为,目前影响学科与专业建设发展的核心问题主要集中于以下三个方面:

一是学科意识。学科意识是对学科研究对象、目的、知识体系、研究范式等要素的总体反映,是学科发展状况的重要标志。2004年陆俭明提出"学科意识普遍不强"这一问题并就其成因进行了分析与探讨[①],说明学界早已关注到学科意识之于学科发展的重要性。然而,"汉语国际教育"具有"事业"与"学科"的双重属性,且"事业"在先,"学科"在后,加之多年来对国家事业属性的强调,导致学科意识较为淡薄,对相关问题的研究"经验话语"居多,理论研究不足。

学科意识和学科发展是相伴相生的关系,二者相互促进,相互影响。在汉语国际教育事业迅猛发展的推动下,汉语国际教育学科也在快速成长,学科意识跟不上,必然影响学科的健康发展。学科与专业要获得长足发展,不仅需要对实践经验进行总结与提升,更需要学科意识的形成与成熟,理论体系与框架的支撑与指引。因此,当我们探讨学科建设问题时,应该向学界普遍认可的

---

① 陆俭明.增强学科意识,发展对外汉语教学[J].世界汉语教学,2004(01):5-10.

观念、范式和内涵要求看齐，与学界普遍遵循的规则、标准和贡献要求接轨。在这一进程中，不断明晰学科的研究对象、研究目的、理论体系以及研究范式等，形成学科意识，加强学科理论性研究。

二是学科属性。多位学者谈到汉语国际教育学科与专业建设中存在的结构性问题，本硕博学位层级设计与人才培养目标之间存在不完善、不协调现象。产生这一问题的原因很多，对学科属性的认识不同，进而导致学科归属不同是关键问题之所在。关于学科属性问题，无论是在实践层面还是理论层面均存在分歧。从实践层面看，汉语国际教育的本科、硕士、博士专业在学科专业目录中的学科归属有所不同；从理论层面看，学者们说法不一，存在"依托于中国语言文学的独立二级学科"[①]"与教育学等许多学科交叉的'中国语言文学'一级学科之下的二级学科"[②]"多学科交叉的综合性学科"[③]"独立的交叉学科"[④]等诸多不同看法，也有学者建议设立独立的"汉语国际教育与传播学"一级学科[⑤]，但至今尚未达成共识。本年度的部分文献体现了学界对这一问题的担忧。大家已经充分认识到这一问题的重要性和紧迫性，并普遍认为，汉语国际教育的学科定位及属性的问题是关系这一学科发展的关键所在，应尽快统一认识，切实推进学科与专业建设。

三是学科人才的培养。汉语国际教育现实的学科归属分歧折射出其跨学科的性质。[⑥]虽然学者们对于汉语国际教育交叉学科的具体认定与观点有所不同，但对它是一门交叉学科已基本达成共识。它需要多学科的理论及方法的支撑。然而，我们学科与专业的大部分教师、专家及学者多出身于中文系，语言学背景居多。随着汉语国际推广事业的迅猛发展，汉语国际教育发生了翻天覆地的变化。这种变化是我们熟悉的语言学知识、能力和已有经验、见识远远不能覆

---

① 崔希亮. 关于汉语国际教育的学科定位问题 [J]. 世界汉语教学，2015（03）：405-411.
② 吴应辉. 汉语国际教育学科建设亟待解决的主要问题 [J]. 国际汉语教学研究，2014（01）：9-10.
③ 叶军. 国际汉语教师教育的发展轨迹 [J]. 国际汉语教育（中英文），2018（04）：36-46.
④ 汲传波. "双一流"视阈下的汉语国际教育学科建设 [J]. 国际汉语教学研究，2018（04）：67-74.
⑤ 亓华. 试论设立"汉语国际教育与传播学"一级学科的必要与可能 [J]. 语言教学与研究，2010（03）：1-8.
⑥ 汲传波. "双一流"视阈下的汉语国际教育学科建设 [J]. 国际汉语教学研究，2018（04）：67-74.

盖的。[①]汉语国际教育学科建设也不是仅仅依靠某一单一学科就能发展起来的。丁安琪提出，从学科建设的角度看，需要将哲学、政治学、经济学、社会学、民族学、传播学等学科都纳入汉语国际教育学科理论基础之中，并在此基础上重新思考汉语国际教育的基本理论、应用理论等，重构这一学科的理论体系。[②]那么，我们的学科发展依靠谁？学科建设主体是谁？确实需要培养具有跨学科知识结构和能力素养的专门高层次人才。但是，由谁来培养呢？也有观点提出要积极吸纳相关学科的优秀人才参与到学科与专业建设中来。我们需要谁来？谁会来？他们能不能真正融入汉语国际教育事业与学科建设中来？这些问题是学科与专业发展过程中正在经历的困境，是造成现状的原因之一，也是制约未来前进的重要瓶颈。从文献的字里行间，能够感受到这已成为业界一种普遍的"焦虑"，也能感受到发展现状与发展诉求之间的张力。回首奋斗过的历程，"改革开放"和"汉语国际推广"对汉语教学的带动、推动作用，特别是孔子学院兴起所产生的驱动力量都是毋庸置疑的。为满足日益增长的海内外汉语学习需求，近乎"狂飙突进"的迅猛发展在一定程度上缓释了学科归属问题的紧迫性。在国家整体发展由高速转向中高速的形势下，在孔子学院建设进入"新常态"的背景下，再次以集成、聚焦、争鸣的方式集中探讨学科与专业建设问题，是一种学术情怀，更是一种责任担当。尽管寻找路径和政策、制度的共识尚需要一段时间，但是具有预警意识和勇于揭示问题的勇气，毫不回避地呈现问题可能产生的风险，也已经走在寻找答案的路上。如果说，每一项事业或者工作的开展都有中流砥柱，那么我们学科和专业建设的中坚力量在哪里？这个问题值得我们深入探讨。

以上三个方面都是关涉学科与专业建设发展的核心问题，2018年度能够得到学界高度关注并形成一些共识，一方面和外部环境的变化以及学科发展所处的阶段有关，另一方面也得益于《语言战略研究》《国际汉语教学研究》《国际汉语教育（中英文）》等学术期刊的组织。如果没有他们就相关问题组织专

[①] 崔永华. 我的汉语教学观[J]. 国际汉语教学研究，2018（04）：4-12.
[②] 丁安琪. 重构"汉语国际教育"学科理论体系——从"国际汉语教学"走向"汉语国际教育"[J]. 国际汉语教学研究，2014（02）：5.

栏/专题研究，就不会有本年度所呈现的集成性学术景观。这种群体性学术研讨，有利于学术观点的争鸣和理论研究的深化，对于学科发展、专业建设乃至教育系统结构的调整均具有极大的促进作用。同时，学界诸多大家学者均积极投身其中，从大局出发，从长计议，研究学科发展的有关问题，其他学科的专家学者也被吸引进来，为汉语国际教育的发展提出建议，这些力量汇集起来，为进一步推进学科发展及有关研究提供了有力支持。笔者认为，应在此基础上"乘胜追击"，由学界领军人物领衔，借助相关学术平台，对汉语国际教育的学科内涵及属性、理论体系、研究对象及研究范式等基础问题在业内展开一次充分的大讨论，对讨论多年却始终悬而未决的基础性问题"盖棺定论"，特别是要明确学科属性，进而推动顶层设计，实现汉语国际教育专业建设的结构性调整，化挑战为机遇，进一步推动学科与专业发展。

第二节 教师与人才培养

汉语国际教育专业博士点的设立为学科发展和专业建设带来了新的契机。面对汉语国际教育的新形势和新需求，全面梳理国际汉语教育人才培养的发展历程以及实操经验对于汉语国际教育事业的进一步发展尤其重要。叶军《国际汉语教师教育的发展轨迹》一文从培养体系、学科观念、培养标准、培养方式、培养路径等方面，回顾了汉语国际教师教育三十多年来规范化人才培养体系形成的历程，指出其发展体现在三个方面：一是教育规模不断扩大，由最初的4所院校、每年二三十名学生发展为目前的300余所院校，每年15 000名学生。二是教育对象不断拓展，从最初的只招收中国学生拓展为开始大规模培养汉语国际教育本科留学生，国家汉办还推动国外大学创办汉语师范专业，将国际汉语教师的培养对象从汉语的母语使用者（中国学生）扩大到非母语使用者（外国学生）。与此同时，研究生层面的本土教师培养也已达到相当规模。三是教育层次不断提升，多层次、规范化教育体系形成等，是国际汉语教师教育三十多年来最突出的成就。文章特别指出，2007年汉语国际教育硕士专业学位的设置是具有里程碑意义的事件，标志着国际汉语教师这一职业在国家正规的专门人才培养体系中得到确认，在接下来的十一年里本专业完成了从本科到专业硕士，再到专业博士的完整教师专业发展体系建构。

在论及综合性学科观念的形成时，文章特别强调了两个问题：第一，师范性问题。作者认为，国际汉语教师教育在本科阶段无须过分纠结师范还是非师范这一问题，应侧重于基础知识和基本素养的培育，让学生们为成为一名国际汉语教师做准备；硕士研究生阶段的侧重点则是教学理论、教学方法的学习，集中塑造教学观念，培养教学技能，完成国际汉语教师的培养任务；博士研究生阶段则更注重让学生形成教育思想，引导学生对汉语教育进行研究，培养一批专家型的教师。然而，目前有的学校在本科阶段片面强调教学技能的训练，导致语言、文化等方面的基础知识教学被削弱，到了研究生阶段又不得不回头补本科的课，导致本科阶段与研究生阶段课程设置雷同。区分不同阶段的培养任务，可以有效避免课程的重复和资源的浪费。第二，专业性问题。文章特别梳理了两组关系。第一组关系是中文、外语和教育的关系。作者认为，国际汉语教师教育是一个交叉性学科逐渐成为学界共识，没有必要在国际汉语教师教育到底是姓"中文"还是姓"教育"上争论不休。国际汉语教师教育作为一门体现学科交叉特点的综合性学科，除了难以归入某个传统学科之外，本身并无不妥之处，而学科交叉正是国际汉语教师教育最具活力的增长点，拥有巨大的发展空间。专业学位不以学科为导向，而以职业为导向的定位，也为解决问题提供了一种思路。第二组关系是语言、文化和传播的关系。以汉语教学为主，通过汉语教学传播中华文化也早已成为业界的基本共识。具体到国际汉语教师教育的人才培养上，上述观念往往就简化为双语、双文化、双能力的培养目标，并受到业界的广泛认可。

在制定人才培养标准方面，作者指出，从《对外汉语教师资格审定办法》到2007版《国际汉语教师标准》，再到2012版《国际汉语教师标准》，从《对外汉语教师资格证书》考试到《国际汉语教师证书》考试，评价标准和考试形式的变化均反映了业界和学界对国际汉语教师基本素养认识的变化。这种变化体现在以下三个方面：1.知识和能力上，从知识导向向能力导向转变。2.教学上，教学比重不断增加，由之前的三分之一到后来的五分之二，到现在的五分之三，而且，2012版《国际汉语教师标准》对有关教学的素养进行了明确、细致的界定，克服了最初对"教学"这一关键能力语焉不详的缺陷，使对教学的重视真正落到实处。3. 文化上，由突出文学、强调知识到重视广义的文化、强调"价值观念、思维方式、交际规约、行为方式"等内容。

在谈到实践型人才培养方式的探索时，文章指出，实践型国际汉语教师培养方式的变革，也是三十多年国际汉语教师教育发展的一个重要的方面。在多年的教育探索中，实践型的培养方式实现了从最初的等同于实习到贯穿于教师培养整个过程之中的转变，并进而体现在问题导向、实训课程、案例教学、教育反思等方面。

多年来，国际汉语教师教育的实习空间在深度和广度上得到极大的扩展，实习不仅走出了大学校门，而且走出了国门。汉语国际教育硕士的设立，则改变了实践等于实习的基本格局，实现了实践型国际汉语教师人才培养方式的变革和突破。自此，实践不再仅仅是实习阶段的问题，而是一个从观摩到实践、从见习到实习的系统工程，作为人才培养方式贯穿于教师培养的整个过程之中。文章进一步指出，这种实践型培养还体现在问题导向、实训课程、案例教学和教育反思四个方面。

在论及多元化人才培养路径的开拓时，文章指出，新时期汉语国际教育呈现出教育环境多维、教学类型和对象多样以及教育目标多元等特征。由此，国际汉语教师队伍出现了需求不同、教师来源复杂以及专业发展阶段不同等特点。面对教师的身份、素质特点和职业发展路线等千差万别的需求，国际汉语教师教育应在本土化、差异化、专门化等方面寻求新的突破：在本土化方面，展开针对本土教师的专门研究，探讨本土教师的特点和优势，形成适合本土教师特点和需求的各层次本土教师培养、培训方案，将是国际汉语教师教育新时代突破的主要方向之一。在差异化方面，了解各种类型国际汉语教师岗位职责、能力需求，把握不同背景国际汉语教师知识结构和能力特点，制定具有差异性的能力标准和发展路径，确定各发展阶段国际汉语教师能力培养目标和培养规格要求，是新时代国际汉语教师教育寻求突破的另一重要方向。在专门化方面，制定职业汉语教育标准，开拓职业汉语教师培养和培训途径，迫切需要国际汉

语教师教育在新的发展机遇面前有所作为,应借助国际学校和国际课程的平台,提升汉语教学的层次,促进汉语教学与国际主流教育体制的融合,并以此为契机推动国际汉语教育和国际汉语教师教育的改革与创新。

来源文献:叶军.国际汉语教师教育的发展轨迹[J].国际汉语教育(中英文),2018(04):36-46.

随着汉语学习者学习需求的不断增加,孔子学院的服务功能始终处于动态调整和升级之中,对教师及其能力的需求也随之处于变化之中。加之汉语国际教师队伍的不断扩大,教师来源的多样性与复杂性特征愈加突显,师资培养的任务十分艰巨。师资培养模式始终是汉语国际教育研究的热点,学界对其探索也从未停止。刘骏《国际汉语教师:存在的问题与培训模式创新》一文根据对美国志愿者教师的问卷调查和实地考察,阐述了 A+ 这一强调实用性和操作性的国际汉语教师培训理念,并在此基础上提出了适合国际汉语教师及国际汉语教师培训师交融的 5P 培训模式。

文章对美国志愿者教师进行的调查结果显示,一位合格的国际汉语教师首先要具备课堂管理知识,要有良好的人际关系技能和心理素质,要相当了解所在国的文化。同时也需要具备教学法知识、中文语言学知识、外语技能,还要初步掌握二语习得理论,并熟悉现代化教学手段。此外,被调查者认为国际汉语教师还应具备一些其他素质,如:热爱祖国,热爱汉语教学事业;能吃苦耐劳,有独立精神,有爱心,有较强的工作适应能力及个人生活能力等。

在针对志愿者的需求所进行的调查中,文章特别谈到了志愿者对教材的需求、对课堂管理、教学法和跨文化交际、中华才艺培训以及课堂观摩的需求等。此外,调查显示,志愿者教师在与美国同事交往及工作过程中会遇到很多困难,主要体现在文化方面、管理方面、人际关系方面、教学资源方面等。

从上述调查结果来看,对国际汉语教师进行行前培训是必要的,也是急需的,但培训形式以及培训内容的重点应有所调整,委派程序也应有所改进。首先,国际汉语教师培训的内容需要调整完善,要加大课堂管理、教学法和跨文化交际方面的知识及技巧培训。其次,要更新培训模式,一线教师需要的是更实际、更具体的培训方式，比如观摩实际课堂等。再次，也要考虑对国外接收学校的选拔程序。最后，必须加强对出国后的教师的管理，进行岗中培训和管理。

据此，作者从宏观角度提出国际汉语教师培训的新理念——A+，并对其进行了详细说明。文章指出，A+作为一种培训理念，目标是培训对象要能够从容上岗，培训的方式是精讲多练，培训的关键是要有前瞻性，培训的要求是实用性强，培训的准则是培养有奉献精神的教师。

根据调研结果及上述思考，作者设计了一个不同于以往的新型培训模式——5P教师培训模式，并付诸实践，使用大量国际汉语教学中的真实案例，通过案例分析、问题解决与课程设计，将领域内的最新理论与一线教师的教学实践有机结合，让学员真正感受第二语言教学的最新理念，并能学以致用，为日后走上讲台奠定基础。文章详细介绍了关于5P教师培训模式的培训内容、培训的重点及方式、培训的管理及运作、培训模式的特点以及所面临的挑战。

文章认为，5P模式的新颖之处在于：一方面5P模式所坚持的语言教学理念及具体的教学法更能满足海外汉语教学的实际需要；另一方面其培训方式独特，学员在培训过程中确实有收获，可以感受到脱胎换骨般的进步。在论及培训内容时，文章提出，与其他培训模式相比，5P培训模式最大的特点是培训的有效性、相关性和实用性。5P模式注重实用性训练，通过模拟课堂、戏剧小品、屏幕展示、真实案例、课程设计等接近实战的培训内容，具体、生动、细致而且全方位地展现了优秀的海外汉语教学课堂的全景，使学员在短时间内通过学习达到一个合格的海外汉语教师的能力要求。

同时，作为一个新兴的培训模式，5P也不可避免地面临着诸多挑战。其中最主要的挑战就是培训教师和培训教材两方面。5P模式对培训教师的要求很高，他们不仅要具备丰富的国际汉语教学经验，兼具深厚的理论功底，而且要求准备充分、积极热情、事业心强，以保证5P培训的管理和运作匠心独运、与众不同。显然，这样优秀的培训教师是缺乏的。鉴于此，作者建议孔子学院总部将培训教师设为一个岗位，通过考试进行招聘。同时，5P培训进行的是模拟真实教学课堂的案例，如何积累这样一个庞大的案例库并随时更新，是

5P培训团队不得不面临的又一个重大挑战。

来源文献：刘骏.国际汉语教师：存在的问题与培训模式创新[J].语言战略研究，2018（06）：32-41.

由于汉语师资短缺严重，除了专业人才培养工作以外，国际汉语教师培训也是汉语国际推广事业中一项极其重要的工作，对从事教师培训工作的国际汉语教师培训师进行研究，有利于提升教师培训的质量，助力汉语国际推广事业。丁安琪《学员视角的优秀国际汉语教师培训师特征分析》一文，通过实证研究对学员视角下优秀国际汉语教师培训师的特征进行了分析，提出应建立专门的国际汉语教师培训师队伍，加强对国际汉语教师培训师及国际汉语教师教育的研究。

文章以H培训点的全部培训师为研究对象，以国家汉办"汉语教师志愿者培训评估平台"上1 330份评价文本和217份面向学员的调查问卷为数据来源，采用文本分析法、问卷调查法和访谈法，对学员视角的优秀国际汉语教师培训师特征进行了分析。分析得出：国际汉语教师培训师的优秀特征与吴卫东（2012）所提出的教师培训师的专业素养结构基本相吻合，仅有策划培训能力和自我发展能力两个维度尚未涉及。文章认为，这与国内尚未有专职的国际汉语教师培训师有关。

表2-2 教师培训师专业素养结构表（吴卫东，2012）[①]

专业道德	对外教师培训的态度	热爱培训事业 敬畏培训纪律 坚守培训信念 追求培训理想 分享培训智慧
	对外参训者的态度	尊重与信任参训者 宽容参训者的言行 保守参训者的秘密

[①] 转引自：丁安琪.学员视角的优秀国际汉语教师培训师特征分析[J].辽宁师范大学学报（社会科学版），2018（04）：31-37.

(续表)

专业道德	自我道德修养	富有激情 坦然自若 开放心态 团队意识
专业知识	本体性知识	培训对象的学科知识 教师培训目标的知识 教师培训的历史与模式的知识
	条件性知识	教师专业发展的理论 教师学习的理论 教师参与式培训方法体系 教师团队心理辅导知识 教师培训的 coaching 技术 教师培训诊断与评价的知识
专业能力	策划培训的能力	设计与组织培训需求调查 依据培训需求设定培训目标 围绕培训目标开发培训课程 策划、协商、评价培训方案 依据培训活动需要设计培训环境
	执行培训的能力	组织破冰活动的能力 激发、维持培训热情的能力 组织协调培训方案的能力 培训主题的演讲能力 培训中的提问能力 参与式培训方法的运用能力 获取培训反馈的能力 培训班的管理能力
	自我发展的能力	培训反思能力 角色认知能力 终身学习能力

研究发现，学员心目中的优秀培训师各有特色，但其共同特征是教学内容实用丰富、教学方法清晰生动。学员对培训师的关注度依次是授课内容、授课方法、个性特征。具体来说，在授课内容方面，依次是实用性、丰富性、趣味性；在授课方法方面，依次是清晰度、灵活度、细致度；在个性特征方面，依次是责任感、亲和力、专业度、幽默感。

文章认为，教师培训师的示范作用对于学员具有重要价值。志愿者汉语教师基本没有汉语教学经验，尚处于匠才模式阶段，即通过观察和模仿有经验的教师，来积累自己的经验，提高自己的教学水平阶段。实用的内容、清晰的讲解以及认真的态度，恰恰是志愿者教师提高自身教学能力的基本要求。培训

师可以充分利用这一特点，不仅仅在培训中传授知识给学员，而且还要发挥自己的示范作用，通过自己对教学内容、教学方法的选择，来影响学生对教学内容、教学方法的选择。同时也通过自己对待教学的态度来影响学员将来对待教学的态度，引导学生在师德中体现自我价值，实现良好的教育目的。

文章特别强调了建设国际汉语教师培训师队伍的重要性。文章指出，受专业特点影响，目前我国对国际汉语教师培训师的研究几乎是一片空白，对国际汉语教师教育的研究也仍处在起步阶段，还没有形成一个系统的国际汉语教师教育模式。作者认为，只有建立一支高素质的培训师队伍，才有可能培养出真正适合新时代汉语国际推广发展需求的高水平的国际汉语教师。同时，希望本研究能够引起业界对国际汉语教师培训师的关注，从制度管理、学术研究与培训实践的不同角度考虑教师培训师队伍的建设，如建立国际汉语教师培训师资格认证制度、构建国际汉语教师培训师共同体、组织高层次的国际汉语教师培训师专项培训，等等。

来源文献：丁安琪.学员视角的优秀国际汉语教师培训师特征分析[J].辽宁师范大学学报（社会科学版），2018（04）：31-37.

适时分析总结国际汉语师资所存在的问题，探索培养模式的发展与创新，对于师资培养工作具有重要的实践价值。吴应辉《国际汉语师资培养"六多六少"问题与解决方案》一文就是对这一问题的回应。文章指出，汉语国际教育师资培养主要存在培养方式单一与国际需求多元的供需脱节问题，具体表现为"六多六少"：一是通用型教师培养多，国别化、区域化、语别化教师培养少；二是需求层次多，培养层次少；三是理论课程多，实习实践少；四是培养数量多，对口就业少；五是中国教师培养多，国外本土教师培养少；六是国内独立培养多，中外联合培养少。总之，同质化培养多，区别化与精准化培养少。针对以上问题，作者提出培养院校应以"职业需求，精准对接，以人为本"理念为导向，根据各自区位优势和培养条件明确对口服务的国家、地区或语区，在对需求充分把握的基础上分层次、有针对性地培养国际汉语师资。

文章认为，实施"中外联合培养模式"是解决以上一系列问题的一把金钥匙。所谓中外联合培养，是指国内培养院校和对象国高校充分发挥各自优势，在课程教学和实习实践等环节各有分工，对中外汉语国际教育师资进行联合培养的各种方式的总称。

作者指出，通过实施"中外联合培养模式"，完全可以培养出具备"双语双文化"素养和能力的中外高端汉语师资，使中国汉语国际教育师资培养对象"敢于走出去，能够走进去，乐意留下来"，成为终身从事汉语和中国文化教学的"永久牌"双语双文化"超本土"汉语教师。此外，严格控制甚至停止汉语国际教育本科招生资格院校和硕士专业学位授权审批，也是解决上述问题的重要途径之一。

来源文献：吴应辉. 国际汉语师资培养"六多六少"问题与解决方案[J]. 语言战略研究，2018（06）：62-63.

相较其他国家的语言推广战略，汉语国际推广和孔子学院的发展起步较晚，研究借鉴其他国家的相关经验并从中汲取力量十分必要。李宝贵、庄瑶瑶《〈欧洲语言教师教育纲要——参考框架〉的多元文化观及其启示》一文提供了相关参考。

文章指出，《欧洲语言教师教育纲要——参考框架》（以下简称《纲要》）从构建社会和文化价值观、尊重语言和文化差异、重视语言教学和跨文化交际、深化欧洲公民身份意识、开展校内外的团队合作以及提倡终身学习等六个方面构建语言教师的多元文化观念。在这六个要点的指导下，欧洲语言教师在初任阶段已建立了一定的多元文化意识，具备了国际化的广阔视野，认识到欧洲公民身份的内涵，并通过终身学习始终保持学术和文化的敏感性。语言教师在语言教学中自然融入的多元文化教学，将帮助学习者构建起多元文化观，以开放包容的心态看待文化事件，最终促进欧洲的文化和谐。

汉语国际教育的性质和特殊性，要求国际汉语教师具备多元文化观。《纲要》对国际汉语教师多元文化观的养成具有重要启示：加大跨文化交际能力的培养力度，提高多元文化体验的频率和深度，采用中外联合师资培养新模式，提升自主学习和终身学习意识。

关于加大跨文化交际能力的培养力度的问题，文章指出三点建议：首先，使教师充分认识到跨文化交际能力对汉语教学的重要性。其次，培养教师以"超民族"的视野观察和理解文化现象，柔性解决课堂上的文化碰撞，使留学生的文化震荡"软着陆"。最后，教师应立足本民族的优秀文化，在实际的教学实践中摆正文化的呈现心态，润物细无声，让学生在"耳濡目染""潜移默化"中学习和接纳中华优秀文化。树立一个开放的中国形象，一个尊重世界各民族文化、愿意与世界各民族平等相待的中国形象。①

关于提高多元文化体验的频率和深度的问题，作者认为，目前我国国际汉语教师的文化学习多以培养对中华传统文化的理解和掌握为主，对不同文化圈文化核心和特质的关注和学习不够，对深入言语社区的体验和调查重视不够，难以达到《标准》对国际汉语教师的要求。因此，实现国际汉语教师多元文化观的构建，多模式的文化体验不可或缺。

来源文献：李宝贵，庄瑶瑶.《欧洲语言教师教育纲要——参考框架》的多元文化观及其启示 [J].渤海大学学报（哲学社会科学版），2018（06）：19-23+34.

经多年发展，国际汉语教师资格认证制度已相对成熟，但随着汉语国际教育事业的不断推进，这一制度也面临着新形势、新需求以及实操层面的考验。开展比较研究有利于取长补短、互相借鉴。王添淼《国际汉语教师与对外韩语教师资格认证制度的比较研究》一文对中韩两国的二语教师资格认证制度进行比较，发现两国资格认证制度有共性，也有差异性，可以取长补短，互相借鉴。基于此，文章提出建立一个完善的、系统的国际汉语教师资格认证制度的五点建议，包括资格认证制度制定标准的科学性和权威性、管理机构的统一化和专业化、建立教师资格多级认证制度的必要性、考试题型多样化、对获得资格证教师后续管理和培养的系统性。

反观现实，文章认为，中国的国际汉语教师资格认证制度标准较之韩国的

---

① 李泉.文化内容呈现方式与呈现心态 [J].世界汉语教学，2011（03）：388-399.

对外韩语教师资格证具有较强的科学性和权威性，中国的管理机构也较为统一和专业化，但也存在尚待改进的方面：首先，中国目前的国际汉语教师资格认证只有及格和不及格的区别，没有教师的等级划分。文章指出，多级认证制度有助于尽快培养出一批在专业上和教学上具有更高水平的专家型教师，促进国际汉语教育事业的进步与发展。根据韩国的经验，作者建议取得对外汉语教育硕士学位的申请者可直接获得国际汉语教师资格证；或者不参加资格认证笔试，直接进入面试的环节，从而避免重复考察的现象，节省时间、人力和物力。其次，中国的笔试题量比韩国的少，实践性问题居多，而且只有客观题，且都是四选一的形式。为了进行综合性评价，作者主张保持理论性知识和实践性知识题型的适合比例，且主观题和客观题互相补充，保持适当比例，既保证考试的信度又能提高考试的效度。最后，获得资格证教师的后续管理和培养的系统性有待加强，教师需要树立终身学习和发展的理念，反思意识和能力也更需要提高。

来源文献：王添淼. 国际汉语教师与对外韩语教师资格认证制度的比较研究 [J]. 云南师范大学学报（对外汉语教学与研究版），2018（06）：1-11.

【小结与思考】

教师与人才培养（包括培训）的重要性不言而喻，在此无须赘述，关键是培养什么人、怎么培养人，即培养目标和培养路径的问题，这也是学界关于教师与人才培养研究长期以来始终在探索、并且在可预见的未来仍需不断探索的焦点问题。相较其他专业的教师与人才培养问题，汉语国际教育专业的教师与人才培养问题实在是太复杂了。这种复杂性首先源于国际社会对汉语教师需求的千差万别，全球 535 所孔子学院，1 134 个孔子课堂，分布于 158 个国家[①]，每一个国家、甚至每一所孔子学院或孔子课堂都有着自身的发展需要及需求；其次，这种复杂性还源于教师来源的复杂性，这一点在师资培训方面表现尤为突出；最后，这种复杂性还源于教师自身需求的多样性，专业发展阶段

---

① 数据来源：孔子学院总部 / 国家汉办官网 [EB/OL]. http://www.hanban.org. 数据统计截至 2019 年 9 月 30 日。

以及职业发展路线的不同导致需求的千差万别。加之全球日益增长的教师数量需求与师资短缺的矛盾，这些因素共同作用，使得教师问题在相当长一段时期内成为汉语教学工作的"老大难"，也使得教师与人才培养问题变得更加棘手。针对这些问题，本年度的研究取得了很多进展，主要体现在以下三个方面：

一是人才培养体系。无论是学科与专业发展研究，还是教师与人才培养研究，均有多位学者谈到了目前人才培养目标及体系存在的问题，如本科阶段存在过于实用与功利、片面强调教学技能培养等问题，以及由此导致的本科阶段与研究生阶段课程设置的冲突、学生毕业时跨学科选择研究方向及职业选择的困难等。从当前学科框架和实践效果看，汉语国际教育本硕博学位层级设计与人才培养目标之间存在不完善、不协调现象，需要在国家"政策制度"层面的设计、支持和保障下进行结构性调整。就上述问题，宁继鸣、叶军等部分学者达成的共识是：本科阶段侧重基础知识和基本素养的培育，重在"基础与理解能力教育"，旨在为从事汉语国际教育事业做基础性的准备；硕士阶段侧重教学理论、教学方法及教学技能的学习，重在"专业与应用能力教育"，旨在培养合格甚至优秀的国际汉语教师；博士阶段侧重进行研究，形成思想，重在"研究与建构能力教育"，旨在培养专家型教师。[1]

二是培养/培训模式。培养/培训模式研究始终都是教师与人才培养研究的核心问题之一。细分国际汉语教师的不同来源和需求，有利于提升师资培养的针对性，同时也意味着培训质量与效率的保证。除上文摘录的有关文献外，本年度有诸多学者在此方面做了有益的探索，如徐笑一、李宝贵突破对于教师仅仅进行培训的惯习，针对海外华文本土教师提出了新的培养模式——开设汉语国际教育本科学历班[2]，此类研究还涉及"明德模式"之汉硕培养[3]、"一带一路"人才培养模式的创新[4]等。这些研究成果进一步丰富了教师与人才培养

---

[1] 宁继鸣. 汉语国际教育："事业"与"学科"双重属性的反思[J]. 语言战略研究，2018（06）：15；叶军. 国际汉语教师教育的发展轨迹[J]. 国际汉语教育（中英文），2018（04）：36-46.

[2] 徐笑一，李宝贵. 海外华文本土教师培养的新模式探索[J]. 新疆师范大学学报（哲学社会科学版），2018（01）：153-160.

[3] 杨玉玲. "明德模式"之汉教硕士培养[J]. 中国大学教学，2018（02）：87-92.

[4] 周秀琼. "一带一路"人才培养模式创新及路径选择[J]. 学术论坛，2018（03）：98-104.

的理论与实践研究。他们的特点是针对性强，依据不同群体及其需求提出相应的培养模式与解决方案。但是，笔者认为，和复杂的现实需要相比，此类研究还有待丰富，应实事求是，坚持针对性原则，根据不同的社会需求、教师来源及需求，从细微处出发，沿着发现问题、研究问题、解决问题的路径，脚踏实地地探索适合的培养/培训模式及方案，创新发展多元化的培养/培训模式。考虑到其间的复杂性与动态性，这种探索仍可能持续较长时期。在这一过程中应注意细化需求分析，在分类指导理念下进行有针对性的模式开发，关注群体需求的同时，也注重寻求共性，进行整合与凝练，形成几种乃至一批针对不同群体/需求的经典培养/培训模式。

三是培训师队伍建设。在过去的十余年间，仅通过国家汉办派出的汉语教师志愿者总计已近4万人次。① 由于汉语教师志愿者对汉语国际推广事业具有重要意义，国家汉办每年都会投入大量人力物力对其进行为期数周的岗前集中强化培训。这种以"短平快"为特征的专业培训，在良好顶层设计指导下，首先要有优秀的从事教师培训工作的培训师。培训师的水平直接影响培训效果及收益。就此，丁安琪提出建设专门的优秀培训师队伍的建议。刘骏在论及5P教学模式所面临的最大挑战时，也同样提到了缺乏优秀培训师的问题。笔者认为，在国际社会对汉语教师的需求不断增加而培训任务日益艰巨的形势下，建设专门的优秀培训师队伍是对时代需求的积极响应，是一种有益于理论和实践创新的探索。当然，培训师从何而来，如何进行培养或选拔，以及培训师队伍建设的运行及管理机制等问题有待进一步深入探讨。

在汉语国际推广刚刚起步之时，国际汉语教师能力研究曾是一个研究热点。《国际汉语教师能力标准》尘埃落定后，学者们围绕标准所涉及的各个方面的能力要求进行了诸多探讨，跨文化交际能力、胜任力研究等都得到不同层面的关注，本年度关于教师能力研究的相关文献依然体现了这一倾向。关于教师能力的研究指向的核心问题是，汉语国际教育到底需要什么样的教师？什么样的教师才是合格乃至优秀的国际汉语教师呢？看似简单的问题却因为汉语教学场

---

① 丁安琪.汉语国际教育硕士——专业发展十一年[J].国际汉语教育（中英文），2018（04）：18-35.

域的变化、学习者主体及需求的变化等不确定性而变得略显复杂。人们对这一问题的认识也是在随着汉语国际教育事业的发展而不断深化,且没有停止探索。

年度文献中,教学服务的理念值得深思。这种观念上的转变对教学行为、教师心态等都将产生些许影响。孔子学院是在海外开展汉语教学的重要场域,作为一个教育服务组织,服务质量的好坏直接影响孔子学院的形象以及学习者能否与孔子学院建立信任而稳定的关系。服务不同于一般意义上的产品,它具有无形性、异质性以及生产与消费的不可分离性等特点。孔子学院所提供的大部分服务(包括但不限于教学)通常需要人际交往才能得以实现,即通过教师传递和完成,教师是服务的主要载体。同时,这种服务生产的过程也是消费的过程,是教师在学习者的参与下与之共同完成的,是一个互动的过程。学习者对服务质量的感知不仅来自于服务结果,也来自于服务过程。而且,对于服务过程的感知与感受带给学员的影响往往更大,有时候甚至大于服务结果对其产生的影响。由此不难想象,孔子学院的教师对学习者的影响往往是决定性的,学习者会将与教师互动所产生的印象直接投射到对于孔子学院的联想之中。学习者在对孔子学院的服务做出质量及价值判断时,往往会把对教师的个人形象、业务能力、服务态度等的体验,作为其评价孔子学院服务质量的重要因素。在他们眼中,教师构成了孔子学院的主体,教师就是孔子学院的代表,是孔子学院的化身,教师的形象就是孔子学院的形象。从此种意义上讲,学习者是否能够通过互动及体验获得对孔子学院的好感并认可它,教师形象起到了至关重要的作用,这里面包括能力的问题但不仅仅限于能力。作为教育学的一个研究方向,教师形象研究是不是也可以成为国际汉语教师研究的一部分?国际汉语教师形象包括哪些维度?在国际汉语教育事业中发挥着怎样的作用?在实践层面该如何主动建构国际汉语教师形象?这些问题都值得我们进一步思考。

第三节 教学与资源建设

关注汉语国际教育发展动态,分析汉语学习者身份及学习需求的变化,进而对未来发展趋势形成预判,既有利于汉语教学实践与理论研究,也有利于为中长期发展规划的制定提供依据。李宇明《海外汉语学习者低龄化的思考》一文体现了这种前瞻性。

文章认为，海外汉语学习者呈现出显著的低龄化趋势，这是汉语国际教育发展的又一次质的飞跃，它象征着汉语学习价值的巨大提升，象征着中国对世界的意义的巨大变化；同时也要求汉语教学要有从宏观到微观的一系列的适应与改变，要求中国留学生教育乃至整个高等教育要有一系列的适应与改变。以下是文章的主要观点：

海外汉语学习者低龄化，已是较为普遍且保持快速发展趋势的现象，其形成原因是多方面的，海外华人华侨子弟的母语（祖语）学习是带动因素，也是中坚力量；孔子课堂的开设是重要的推动力量和保障因素；具有风向标意义的名人之后的汉语学习，起到了示范作用；多国政府的重视，把汉语纳入国民教育体系，这是最能发挥持久作用的推动力。这些因素背后的最为根本的力量，是中国的快速发展。

语言被外国人学习，便具有了外语身份。"外事外语＜领域外语＜成人外语＜基础教育外语＜第一外语＜第一语言（准母语）"这一外语身份序列，既表示不同外语身份的社会功能的强弱，也常与国力的强弱相对应。海外汉语学习者低龄化，汉语进入了基础教育，具有了"基础教育外语"的身份。这标志着汉语超越了"成人外语"阶段，也标志着中国的发展进入了"明显地有助于他国发展"的新阶段。

海外汉语学习者低龄化，也标志着汉语国际传播进入新阶段。少年儿童学习汉语，易于学得地道，易于建立语感，易于产生语言感情，甚至产生语言认同；这种语言感情、语言认同，常可发展为文化兴趣、文化好感，甚至产生跨文化认同。少年儿童语言学习的动力主要是兴趣，语言学习的主要途径是习得，与成人的外语学习有很大不同。现有的汉语国际教育体系是为成人学习准备的，面对海外汉语学习者低龄化，必须在教材教辅、课程设置、教学方法、考试评鉴、师资培养等方面进行适应性的系统转变。特别是要更新汉语国际教育的理念，制定专门的低龄化汉语国际教育规划，加强面向教学一线的科学研究。

海外汉语学习者低龄化还影响到来华留学生教育。不久的将来，来华留学生会数量倍增，而且他们都有一定的汉语水平和中华文化底蕴，学习内容将沿着"汉语+中国学问→中国优势学科→全学科"的路径快速拓展。这首先要求预科教育在教学内容、教学时间、教学方式、教学评价等方面都要进行大幅度改善；其次是准备向留学生提供越来越多的学科，学科的教学内容、教学媒介语、学位论文要求，甚至留学生的培养目标等方面，都会提出新要求。这些变化及其对这些变化的全面适应，会对中国的师资，甚至高等教育系统带来较大影响。这就是海外汉语学习者低龄化的"蝴蝶效应"。

来源文献：李宇明.海外汉语学习者低龄化的思考[J].世界汉语教学，2018（03）：291-301.

长期以来，汉语作为第二语言教材中语法内容的呈现方式都严格遵循着依托课文呈现语法点、辅之以练习的形式。这样的呈现方式往往存在课文生硬、不自然等弊端。赵金铭《汉语作为第二语言教学语法：格局+碎片化》一文打破了这一惯习与路径依赖，极具颠覆性地提出了一种全新的语法呈现方式。

文章认为，对汉语初学者应该先介绍一个汉语语法的基本框架，称作语法格局。即：用最简单的方法，给学习者揭示出汉语语法的基本组织与结构。而支撑这个语法格局的是大量的语法事实。这些语法事实称作碎片化语法。即将系统完整的语法体系拆分为多个碎片化的语法知识点，亦即将系统知识分割为较小的单位。这样，课文就可以依据交际需要而编写，不再受语法大纲顺序的束缚。而其中出现的语法事实，可在碎片化语法中去提取，进行展示、讲解、练习。这样就改变了以往汉语作为第二语言教材的语法的呈现方式。作者称之为：语法格局+碎片化语法。以下是文章的基本观点与结论：

一个初学汉语的成年第二语言学习者，头脑中已经具备完整系统的母语语法体系，而在开始接触汉语时对汉语语法却一无所知，为了使其对汉语的语法有个粗浅的认识，应该给初学者介绍一下汉语的基本轮廓，以后再逐条学习汉语语法规则与语法事实，这是符合"理性知识和感性知识之间总是有一段时间距离的"原理的。这个在汉语和印欧系语言对比基础上尽显汉语语法特点的、符合外国人学习汉语语法认知过程的、服务于汉语作为第二语言教学的简约的汉语语法轮廓，我们称为语法格局。

遵循对"语法体系在很大程度上指的是语法事实和语法规律的表述系统"[①]的理解，支撑语法格局的是大量的语法事实。这些在自然语言中可能出现的无尽的语法事实，也就是学习者要学习的语法内容，我们称作碎片化语法。所谓使语法系统碎片化，就是将系统完整的语法体系拆分为多个碎片化的语法知识点，亦即将系统知识分割为较小的单位，以便于学习领会。碎片化并不是对系统知识的打散，而是在系统之下的科学分解，是对局部语法问题进行更为深入细致的解析。碎片化语法教学，更符合学习者的认知规律，更适合现代人的生活节奏和学习习惯。

在汉语作为第二语言教学和教材编写中，语法格局是面向第二语言学习者普遍使用的，而碎片化语法则是由众多语法点形成的一个开放性的知识库。在这种理论支配下，有了语法格局之后，课文的编写不再受语法点顺序的束缚，也突破了语法点难易的窠臼，而以交际需要择取自然语言。唯一的依据便是使用的频率。至于其中涉及的语法事实，则到碎片化语法中去寻求解释。碎片化中的这个语法点，就像语法格局上的一个铆钉，在格局上找到它的位置。

碎片化语法实际上是一个能够涵盖自然语言中出现的语法事实的教学语法知识库，这是一个动态标注的语法知识语料库，可应时提取所需要的语法点的教学解释，并提供一定数量的相关例句。

在汉语作为第二语言教材中，"格局+碎片化语法"的呈现方式，改变了以往教材中将语法点分级、排序，然后作为教材各课语法点进行讲授的做法。这势必改变以结构主义为主的语法教学，而更倾向于功能主义。这还是一种理论上的探讨和教材编写的设想，尚有待于教学和教材编写的实践来验证。

陆俭明在《汉语教学中汉语语法的呈现与教法》一文中对赵金铭提出的"格局+碎片化"这一语法教学观予以充分肯定，认为汉语教学中语法教学的总体构思与顶层设计是很重要的，这一观念值得重视，并呼吁汉语教学界的同人同心协力来实践，在实践中不断完善。而且，作者着重以汉语语法教学中的实

[①] 朱德熙. 语法问答[M]. 北京：商务印书馆，1986：68.

例分别说明了如何教"语法格局"、如何教"语法碎片",给广大的汉语教学一线教师做了一个示范。在这一过程中,作者指出,对"语法格局"的讲解,即给初学者介绍一下汉语语法的基本框架,必须遵循"深入浅出,通俗易懂"的原则。此外,要充分调动和利用他们已有的语法知识。对"语法碎片"的讲解,重要的是要遵循两个原则:一是"随机教学",二是"点拨式教学"。总之,在汉语教学中,教师无论讲解"语法格局",还是讲解"语法碎片",都不要大讲语法,特别是不要一条一条地讲语法规则,不要面面俱到,而要善于点拨。同时在讲解上要力求深入浅出,通俗易懂。在讲解中,还要善于运用比较的讲法,运用"剥笋壳"的办法,思路步步展开。由此,作者再一次强调了汉语教师一定要树立很强的研究意识的重要性。

来源文献:

1.赵金铭.汉语作为第二语言教学语法:格局+碎片化[J].语言教学与研究,2018(02):1-10.

2.陆俭明.汉语教学中汉语语法的呈现与教法[J].国际汉语教育(中英文),2018(02):62-71.

教学观的树立与形成对于汉语教学实践具有重要的指导意义。总结凝练汉语教学的教学理念、教学原则和方法,有利于教学事业的发展和教学研究的推进。崔永华《我的汉语教学观》一文从语言观、教学观、研究观和教师观四个方面阐明了其对汉语教学的一些基本问题的看法,文章论据充分、观点鲜明,极具启发意义。

语言观方面。作者认为,汉语是一种难学的外语,至少从学习时长来看,汉语对于英语母语者来说是难学的。难学的基本原因是汉语跟多数成年二语学习者的母语没有亲属关系。这使得汉语至少具有以下学习属性:一是词汇系统跟学习者母语的词汇系统完全无关;二是文字系统跟学习者母语的文字系统完全无关而又异常复杂;三是声调系统不但在学习者母语中没有,而且基本没有规律可循。基于以上认识,文章指出了汉语教学中存在的问题,即汉语学习的难点与我们的教学安排不相匹配的矛盾,汉语教学对上述三点重视不足,特别是对词汇教学重视不够且没处理好汉字教学与汉语教学的关系，这是很大的欠缺。

文章指出，汉字是一种难学的文字。汉字虽然有规律可循，形声字虽然规则清楚，但利用汉字造字原理和形声字的规则进行汉字和语音教学几乎没有可能。不过，汉语也有可利用的学习优势，这种优势主要包括：一是没有形态变化；二是汉语语法规则"意合"比重大，尽管灵活、不易把握，但语法出点儿错，也容易被理解、接受；三是词、词组、句子的结构方式高度一致，较易理解、记忆和运用；四是汉语词汇构词形式和意义透明度高，便于理解，也有利于记忆；五是汉字也有可以利用的规律、规则。

在教学观方面，作者认为，第一，汉语教学要遵循汉语教学的规律。第二，结构、功能、文化相结合是一种基于汉语作为第二语言的特点和汉语教学的特点形成的教学思路，是适合汉语教学的教学思路，是汉语教学界对国际语言教学理论和实践的重要贡献。第三，处理好汉字是汉语教学成功的关键。第四，汉字教学要遵循汉字教学的规律。目前汉字教学存在两个问题：一是"语文同步，认写同步"的教学思路正好全面违背了中国人汉字学习的规律；二是以往强调的重点是利用汉字造字方法，忽略汉字学习规律。这种汉字教学法是用汉字的规律代替教学的规律，把汉字造字法放错了位置。第五，教有定法。作者认为，所谓"教无定法"，粗略地说有两层意思：一是教师要有能力根据教学实际情况选择适当的教学方法；二是教师要有根据课堂教学的进展，调整既定的教学方案的应变能力。所以，"教无定法"是一种运用教学方法的策略，而不是一种教学思路或方法。"教无定法"的背后是"教学有法"，"有法"是根本，"无法"是随机应变。

在研究观方面，作者认为，首先，教学是汉语教学研究的主要研究对象。当前，汉语教学领域的研究主要包括三大类：语言学角度的研究、心理学角度的研究、教学角度的研究。但教学应当是研究的主体内容。而且，汉语教学研究最重要的对象，应当是汉语课堂上的师生行为。遗憾的是，当前的教学研究特别是课堂教学的研究，在数量和质量上都远远不如前两个方面，没跟上汉语国际教育形势的发展，在一定程度上还拖了后腿，亟须加强。其次，汉语教学研究需要跨学科的方法。目前我们面临的问题，特别需要教育学、计算机和信息科学的方法。坚持用语言学的方法解决当今的语言教学问题已不现实。汉语教学运用心理学、统计学、教学实验、计算机、信息技术和大数据，乃至脑科学的方法，是走向科学的必由之路。想让汉语教学研究成为科学，就必须掌握适合它的科学研究方法。

在教师观方面，文章指出，第一，汉语教师是一个优秀的群体。说汉语教师优秀，是因为汉语教师一直跟国家的命运紧密相连。他们为传播汉语和中华文化，让世界了解、理解中国，培养各国人民之间的友好情谊，为国家发展创造良好的国际环境，做出了重要贡献。汉语教师这一职业具有特殊性。这种特殊性一是体现在他们承担着数倍于其他教师的课时、承受着跨文化等压力，但始终不忘初心，牢记使命，二是表现在他们需要具有丰厚的知识、较强的能力和较高的素质。第二，汉语教师是汉语教学研究的生力军。国内外汉语教学研究取得了丰硕的成果。这些成果有力地支持了对外汉语教学／汉语国际教育学科和事业的发展。这些研究绝大多数是汉语教师做的。他们虽然有着得天独厚的教学研究优势，但也是克服了诸多困难才取得了今天的成绩。同时，必须承认，多数汉语教师都是中文专业出身，总体上缺少教学研究的知识和训练，要研究教学，就要付出努力，学习、掌握、运用一些新的理论、方法和技术。

来源文献：崔永华.我的汉语教学观[J].国际汉语教学研究，2018（04）：4-12.

所有的教学实践活动都以一定的教学理念为支撑，特别是在汉语国际教育事业迅猛发展的今天，对语言教学理念进行探讨具有重要的学术价值和现实意义。李泉《基于信念的汉语教学法概说》一文，结合教学目标和教学内容等二语教学的基本问题，着眼于汉语汉字及其教学特点，按照宏观、中观、微观三个层次，结合丰富而鲜活的案例，探讨了基于信念的汉语教学法。

在论及语言教学共性信念与个性信念时，文章认为汉语教学信念和方法总体上由外来的和本土的两部分构成，促进二者的协调与融通当是汉语教学信念及方法研究的根本取向。其中，作者特别强调了发掘和提炼汉语教学个性化的理论和方法的重要性，并表现出对现有教学实践的担忧。作者认为，我们对汉语教学个性化理论和方法的探索意识不强、力度不大、成果不多,走适合汉语汉字特点和教学规律的"道路自信"不够坚定、热情不够高。这种状况很需要改变。作者特别指出:中国的对外汉语教学界及海外同行有责任和义务为汉语的国际化提供汉语教学的理论和理念、模式和方法,为国际汉语教学的方方面面提供多元化的教学信念和方法。作为汉语的故乡,中国的对外汉语教学界不但要有为汉语走向世界提供"中国方案"的意识,更要有这样的自信和行动。

宏观信念层面,文章谈到了以下六个方面:第一,目标观——"培养语言交际能力"是教师的第一信念,在整个教学工作和全部教学活动中都应"不忘初心,牢记使命"。第二,语言观——普通语言学关于"语言是人类最重要的交际工具"的看法应成为我们的信念,即第二语言教学根本上说就是让学习者掌握语言这种交际工具本身。要把语言当作工具来教来学。如此,则会把语言交际能力的培养置于教学的首要位置,而把语言知识的教学看成是为掌握语言这种交际工具服务的。第三,学生观——中国教育文化传统背景下的汉语教师应秉持"永远不要高估学习者的汉语水平""永远不要低估学习者的认知能力"这两个与汉语教学密切相关的信念。第四,教师观——中国历史文化和教育传统土壤中成长起来的汉语教师,在跨文化教学中应从主观上和行动上树立和践行师生平等的信念,力避高高在上的感觉,力戒权势者的形象。第五,方法观——应确立"方法是有用、有效的,但不是万能的""汉语本体知识不是方法胜似方法"的教学信念。第六,汉语观——不断总结汉语的特点及教学重点,在汉语难学与否这一问题上,作者主张建立"汉语不难学,汉字有意思,不那么难学"的信念。

中观信念层面,文章谈到了以下五个方面:第一,教材观——应更新"神化教材"的旧有观念,摒弃"不逾教材半步"的使用观念,改变"只教教材、死教教材,只学教材、死学教材"的观念和做法。确立"教材是语言学习的媒介和资源""既教教材,也用教材教语言"的信念。第二,语法观——语法教学不应仅仅停留在语法点本身的讲练上,而应与语义教学和内容教学、与实际语句和语篇结合起来,着眼于语法教学的目的,确立"大语法"教学观,既教体系内的语法,也教体系外的语法。确立"用法就是语法"的信念,随时随地点拨和诠释学习者不知或不确知的语言格式、语言成分、语句和词语的特殊用法或言外之意。第三，语音观——应确立"一失音成千古恨""一定打好语音基础""语音学习比词汇和语法学习更重要"的信念，高度重视语音教学，特别是汉语的声调和语调。当然，在具体语音教学中也应讲究方式方法，根据学习者的实际情况"实施策略"。第四，偏误观——语言偏误是二语学习过程中的常态，要有容错的信念；偏误不是洪水猛兽，恰是学习者二语学习的标记，对学习者、对教师都是有价值的；不必时时处处有错必纠，也不应永不纠错，教师要有纠错的意识和本领，要有辨别应纠偏误的能力，要有纠错的策略和技巧。应改变以往洋腔洋调意味着"教师没教好、学生没学好"的不当观念。在坚持"打好语音基础，教好声调语调"这一信念并努力践行的同时，对已经形成的洋腔洋调，只要不影响或不太影响交际，则应抱有平常心态，师生都不必苛责。第五，备课观——研究教材和课文、分析教学内容、明确教学目标、设计教学环节、安排教学重点、解决不知或不确知的语法语用问题、制作课件，等等，是教师应尽的职责。

　　微观信念层面，文章主要谈到了以下五个方面：第一，课型观。二语教学是否需要分课型，有不同看法。国内大都是分为口语、听力、阅读和写作等课型进行教学的，如果采用这种教学模式，教师就应分析和把握不同课型的目标、特点和教学的方式方法，充分或至少是尽量上出有关课型的特点，否则就难以实现分技能设课这一教学模式应有的优势。第二，写字观。汉字教学应有"终止期"。[①]教汉字应笔画、笔顺书写规范，也尽量要求学生规范书写，但不必苛求，不必高标准、严要求，尤其是对写出来的汉字。第三，背诵观。初、中级汉语教学应该充分利用汉语、汉字适合背诵的这一特点，在常规汉语教学中辅之以背诵教学法。第四，课件观。教师不仅应有做课件的意识，更应积累经验，发展制作课件的能力。课件如何做、做多少、做什么样的内容等，可以摸索和探讨，但教师必须具备做课件的意识和能力，特别是青年教师。第五，管理观。

---

① 李泉，宫雪. 汉字作为文字教学的"终止期"——基于汉字"字""语"兼具属性的考量[J]. 华南师范大学学报（社会科学版），2017（04）：80-85.

管理出效益，出质量，要有管理的意识和策略。虽不能完全秉持严师出高徒的理念，但也要在鼓励为主的前提下，宽严相济，斗智斗勇。

　　来源文献：李泉.基于信念的汉语教学法概说[J].国际汉语教学研究，2018（02）：21-29.

　　教学法研究历来都是汉语教学研究的热点和焦点，从历时的角度对有关研究进行综合分析，撷取要点以资参考借鉴十分必要。吴勇毅《汉语作为第二语言/外语教学法研究四十年之拾穗》一文从影响汉语教学法研究的重要事件、20世纪八九十年代汉语教学法的路子、新世纪以来汉语教学模式研究的兴起、教学法的借鉴与创新，以及理论总结与实践等角度，以"拾穗"的方式评述了40年来汉语作为第二语言/外语教学法走过的历程。

　　文章谈到了五个影响汉语教学法研究的重要事件：第一，来华留学生人数剧增，学习专业门类扩大和学历层次提高。这一变化之于汉语教学法研究具有重要意义。第二，吕必松先生1987年发表了《试论对外汉语教学的总体设计》一文，是教学法总体设计、教材编写、课堂教学和测试"四大环节"说的发轫之作。这一说法奠定了宏观的汉语教学法和教学法理论的研究基础和内容，对对外汉语教学研究产生了极大的影响。第三，1988年中国对外汉语教学学会汉语水平等级标准研究小组发布出版了《汉语水平等级标准和等级大纲（试行）》，这是一个划时代的标志。此后的教学法研究、教材编写、课堂教学、汉语测试等无不以"纲"为基础。第四，2005年7月首届世界汉语大会在北京举行，标志着中国对外汉语教学向汉语国际推广的转变。第五，2004年底国家汉办在北京语言大学举办了以"新世纪对外汉语教学——海内外的互动与互补"为名的学术交流活动。这是一次真正意义上的中美学者关于汉语教学的大对话、大碰撞，甚至可以说是一次激烈的交锋。此次学术交流活动让人们看到了中美汉语教学理念和教学实践的巨大差异，对后来汉语教学的"本土化""在地化"研究产生了实质性的影响。

　　谈到20世纪八九十年代的汉语教学法路子，文章指出，20世纪80年代是汉语教学法研究非常活跃、非常重要的时代。这一时期的教学法研究一方面

在总结过去的经验,另一方面在探索当下的教学"路子",两者相辅相成。吕必松认为这种新的教学法倾向或教学路子的特点可以概括为:"以培养学生的交际能力为基本目的,根据学生的特点和学习目的确定教学内容,贯彻结构、情景和功能相结合的教学原则,用不同的方法训练不同的语言技能。"[①]关于新世纪以来汉语教学模式研究的兴起,文章指出,20世纪末和21世纪初,汉语作为第二语言/外语教学界开始关注"教学模式"的研究,这是一个新的发展,并逐渐成为研究的热点之一。

在论及教学法的借鉴与创新时,文章主要谈到了任务(型/式)教学法、语块教学理论和后方法教学法。任务(型/式)教学法21世纪初被引入国内的汉语作为第二语言/外语教学界,从此长期受到学者们的关注。后方法语言教学思想是库玛(Kumaravadivelu)在20世纪90年代提出来的,新世纪后开始影响汉语教学界。后方法语言教学思想对汉语教学的影响,体现在两个方面:一是解放一线教师,要让他们从"方法"束缚中摆脱出来,使之成为反思型的教师,成为教学理论和教学方法的创造者,自主教学的实践者;二是对教学的影响,就是要针对教学对象、教学目标和教学环境,不拘一格地使用各种有效的教学策略,而不必小心翼翼、循规蹈矩地恪守着某种教学法理论和路子。语块理论受到汉语教学界的关注大约开始于2004年前后,并且越来越受到学界的重视。尽管这方面的研究才刚起步不久,但"在汉语作为第二语言/外语的教学和研究中引入语块的概念是很重要的"已成共识。目前关于语块的研究主要涉及语块的性质和特征,汉语语块的分类、功能和层级系统,汉语语块在二语习得及对外汉语教学中的价值与作用,以及汉语语块教学法的应用探索等几个方面。

来源文献:吴勇毅.汉语作为第二语言/外语教学法研究四十年之拾穗[J].国际汉语教育(中英文),2018(04):47–62.

40年来,汉语国际教育事业蓬勃发展,汉语教材也发生了翻天覆地的变化,

[①] 周小兵,李海鸥.对外汉语教学入门[M].广州:中山大学出版社,2004:130.

对其进行系统梳理有利于教学资源建设。周小兵等《国际汉语教材四十年发展概述》一文参照中山大学国际汉语教材研发与培训基地收藏的教学资源,对改革开放以来国际汉语教材的发展情况进行总结,主要讨论了以下八个方面的内容:教材数量、教材类别、教材结构、教材媒介语、教材本土性、少儿教材、教材介质以及课文文本难度。基于上述总结,文章指出了国际汉语教材研发的主要不足,提出了促进国际汉语教学资源研发的具体建议。

文章指出,40年来,教材数量猛增。目前中山大学教材基地建设的汉语教材库已录入基本信息的教材共有10 108册/种。其中2000年以前出版的1 373册,占13.58%;2001至2005年出版的2 279册,占22.55%;2006至2017年出版的6 456册,占63.87%。

在论及教材类别多样化时,文章指出,课堂教材经历了从综合技能到专项技能、从通用汉语到专用汉语的转变。作者认为,分技能教材的出现,标志着在目的语环境里对交际技能教学精细化的需求。专用汉语教材的大幅度增加,显示了汉语教学从一般的通用型向通用型、专用型兼备方向发展,显示了汉语教学专用化、精细化的发展趋向。类别的多样化不仅体现在课堂教材上,还体现在非课堂教材上。随着汉语学习人数的迅速增加和教材需求的多样化,多种类型的非课堂教材快速发展,如读物、自学教材、实用手册、工具书、考试辅导教材、教师发展教材、各类大纲等。从2016年教材库统计看,课堂教材之外的教材约占教材库的36.83%。

作者认为,教材结构的多元化体现在三个方面:1.由语法纲要到多元化纲要的转变,陆续出现了交际功能为纲、交际场景为纲、话题为纲、文化为纲等教材组织结构。2.由单课制主导到单元制教材的日益增加。3.由根据语法难易直线排列到根据交际需要螺旋上升排列的变化。后两者的变化尤其体现在少儿教材方面。

研究发现,教材媒介语日益丰富。从20世纪末开始,全球学习汉语的人数猛增,语区也迅速增加,不同媒介语的教材迅速出现,在21世纪出现了跨越式发展,满足了不同语区的汉语学习需求,促进了汉语国际教育的推广。到2016年教学媒介语已达56种。其中,单媒介语教材共5 512册,占54.53%,

多语种媒介语教材 4 596 册，约占 45.47%。

随着少儿汉语二语学习者数量的猛增，少儿汉语教材的研发有了飞速发展，呈现出各年龄段教材数量快速增长、普适性与本土性教材同时发展、教学对象和目标更明确等特点。

文章指出，教材难度呈现科学化的特点。改革开放初期，教材课文文本难度的科学性不够，这一点在中高级教材中表现尤为突出。到 20 世纪末、21 世纪初，这种情况有了很大改观。近几年来，汉语教材对文本难度的控制越来越合理。对于难度控制，文章特别推荐了中山大学国际汉语教材研发与培训基地研发的、以文本难度分析为核心内容的工具——"汉语文本指难针"。该工具基于大规模"国际汉语教材语料库"，依托大数据智能技术，以 2010 年的《汉语国际教育用音节汉字词汇等级划分》和 2014 年的《国际汉语教学通用课程大纲（修订版）》为定级参考标准，并通过算法生成 LD 值，为文本难度提供数值结果，显示字词难度和使用频率。工具操作简易，使用方便。

40 年来，国际汉语教材在数量、种类、质量等方面有了全方位的迅速发展，但仍存在不足。如教材媒介语还不够丰富，区域性、本土性教材的数量、种类不够；专用汉语教材远不能满足需求；适合不同年龄段尤其是少年儿童的教材资源还不够；适用不同对象多种需求的多媒体教学资源，尤其是互动性、社交性网络资源更是奇缺。总之，目前的国际汉语教学资源还远远不能满足全世界汉语学习的多种需求，教学资源建设任重而道远。

来源文献：周小兵，张哲，孙荣，伍占凤.国际汉语教材四十年发展概述[J].国际汉语教育（中英文），2018（04）：76-91.

在梳理教材发展的过程中发现和总结教材编写规律，预测未来发展趋势，对教材研究及教材编写实践具有重要意义。姜丽萍《汉语教材编写的继承、发展与创新》一文以近 20 年来编写的具有代表性的教材为例，探讨了教材编写过程中的继承、发展与创新，同时也探讨了教材本土化、立体化、数字化等问题，为精品教材的打造提供了借鉴。

作者认为，教材建设并不在于频繁出版"新"教材，而在于新出版的教材要有所突破和创新，抑或延长好教材的生命力。教材的出版既要继承和发扬汉语教学和教材编写中的优良传统，也要借鉴和吸收二语教学先进的教学理念和方法，并在编写中有所突破和创新。

文章回顾汉语教材发展的历史，将其发展历程分为结构、句型阶段，结构、功能相结合阶段，结构、功能、文化相结合阶段[①]以及任务型阶段等四个阶段，并对每一阶段的教学理念以及具有开创性与代表性的经典教材进行了梳理与定位，为读者清晰呈现了 20 多年来汉语教材的发展脉络。

文章对汉语教材编写的继承与创新分别进行了阐述。在汉语教材编写的继承与发展上，作者强调了三点：首先，编写理念上继承"结构、功能、文化相结合"的路子，但是根据需求有所侧重；其次，强调句型教学，但替换练习的形式有所改进；最后，在语言点的切分上，许多教材采取分散难点的做法。在汉语教材编写的突破与创新上，文章认为主要体现在理念上的创新、教材的立体化开发、突破汉语的问题以及以"真实"为核心要素等四个方面。

文章认为教材发展的进一步深化主要体现在教材的本土化、一纲多本以及数字化、智能化等方面。作者提出了以下观点：第一，本土化教材应包括五个要素，即教材容量本土化、各类注释母语化、难点讲解对比化、部分话题本土化以及文化内容跨文化化。第二，未来汉语教材的格局应该是通用型和本土化并存。通用型教材主要由汉语母语国来编写[②]，国别化教材主要由中外合作编写或教材使用国自行组织编写。但是无论哪种教材都要以大纲或所在区域或国家的汉语能力标准为参照，编写出在同一标准框架下的针对性、个性化教材。第三，现代信息技术的数字化、网络化、智能化和多媒体化催生教材研发从形式、内容到结构的全方位蜕变。

来源文献：姜丽萍.汉语教材编写的继承、发展与创新[J].华文教学与研究，2018（04）：12-18.

[①] 任远.基础汉语教材纵横谈[J].语言教学与研究，1985（02）：97-106；刘珣，邓恩铭，刘社会.试谈基础汉语教科书的编写原则[J].语言教学与研究，1982（04）：64-75；刘珣."结构—功能—文化相结合"的汉语教学理念再思考[J].国际汉语教学研究，2014（02）：19-27.
[②] 李泉.汉语教材的"国别化"问题探讨[J].世界汉语教学，2015（04）：526-540.

随着信息化与网络化教育的发展，教学资源在教学中发挥着越来越重要的作用。打破既有观念，对教学资源进行重新认识并在此基础上谋求新的发展，是汉语教学资源建设与研究的必由之路。郑艳群《汉语教学资源研究的新进展与新认识》一文对2006年之后在大陆公开发表的近1 600篇汉语教育技术相关论文中涉及教学资源研究的871篇论文进行梳理后发现，近10年来汉语教学资源研究的新进展体现在以下四个方面：第一，汉语教学资源观念有较大的更新。崔永华（2015）的大资源观提升了资源在教学中的地位，不仅有利于教学和教师职业发展，也有利于资源研发和应用。① 李泉、金香兰（2014）对隐性资源②的阐释，引发人们重新审视资源的内涵和外延，关注并研究过去未被重视和开发的资源类型。③ 这些新观点或新认识不仅是对传统资源观的一种革新，也是二语教学理论和实践发展的重要思想和途径。第二，汉语教学各级各类资源库创建研究。近10年来，汉语教学资源创建方面成就显著。张宝林、崔希亮（2013）提出的"全球汉语中介语语料库"④建设方案是在新时代利用已有的技术平台和可能的资源获取手段，克服已有中介语语料库局限的一项大型研究。"外国学生错字别字数据库"⑤的建成填补了利用大规模错字、别字数据库开展汉字教学和学习研究的空白。同时教材语料库、基于学习过程的学习者语料库、教学管理信息库也受到重视，相关的研究得以开展。第三，汉语教学资源加工研究。近年来，汉语中介语（书面语）的研究仍是热点，关于汉语中介语加工和分析的文章很多，涉及标注的许多方面，如全面性、平衡性、多元化和动态更新。此外，还有一些研究是直接面向汉语教学资源库的，如多媒体教学资源库、视听教材、教材语料难度的研究等。另外一类比较特别的研究是探讨计算机自动标注、自动判别中介语语法偏误的问题。第四，汉语教学

---

① 崔永华. 试论后方法时代的汉语教学资源建设 [J]. 国际汉语教学研究，2015（02）：71-76.
② 隐性资源主要指知识和能力资源、方法与策略资源。
③ 李泉，金香兰. 论国际汉语教学隐性资源及其开发 [J]. 语言教学与研究，2014（02）：26-34.
④ 张宝林，崔希亮. "全球汉语中介语语料库建设和研究"的设计理念 [J]. 语言教学与研究，2013（05）：27-34.
⑤ 北京语言大学"外国学生错字别字数据库"课题组. "外国学生错字别字数据库"的建立与基于数据库的汉字教学研究 [J]. 语言教学与研究，2006（04）：1-7.

资源运用与资源计算研究。资源运用是资源教学研究的表层体现。对资源进行深挖，通过不同的计算方法得到新的资源，使资源增值，也是资源研究的内容。不同类型的资源有不同的运用目的和方式。如本体语料库可用于汉语学习词典编纂、汉语分级读物编写、设计教材编写系统并自动控制语料难度等。

论及对汉语教学资源研究的新认识时，文章在教育技术视野下对已有资源研究的状况进行了分类梳理，提出要更新资源观念。作者指出，一切可被汉语学习利用的、有利于促进学习的资源都可以称为汉语教学资源。无论是显性的还是隐性的资源，无论直接应用于课堂或网络教学的，还是在课堂和网络教学背后支撑教学研究和教学认知的资源，都应纳入汉语教学资源研究的范畴，并在此基础上审视已有资源建设状况。比较发现，面向汉语教学的本体语料库研究发展迟缓，对教学软实力资源的研发以及对学习分析资源的研发尚属于真空地带。文章认为，与信息时代资源驱动的语言教学相比，已有的资源研究成果都有继续建设的必要。同时，文章认为应对资源建设的理论及方法和手段进行变革，可充分利用大数据技术进行教学资源的研发，应借鉴中文信息处理技术，解决资源研究中的共性和个性问题，建议汉语教学资源研究应补足和及时了解中文信息处理已取得的研究成果。不要单纯地考虑建设问题，而要把建设、加工、应用综合起来考虑，同时也要加强与中文信息处理人士的联合攻关。

来源文献：郑艳群.汉语教学资源研究的新进展与新认识[J].语言文字应用，2018（03）：106-113.

【小结与思考】

本年度的教学与资源建设研究相当丰富，内容涉及方方面面。宏观上，既有教学观的创新、教学法相关理论与观念的系统梳理，又有对40年来国际汉语教材发展概况、20年来教材编写继承与创新的全面回顾，还有对未来汉语教学发展趋势的前瞻性的思考与预判。微观上，既有国别化汉语教材、汉语国际教育专业教材编写的研究，又有基础资源平台、慕课平台、翻转课堂以及教学实验室建设的分析，还有基于APP、微信等移动终端进行的移动学习的探讨。

综合有关研究成果,笔者认为,有以下三个方面问题值得重点关注:

一是理论建设。在汉语教学理论研究领域,赵金铭开创性地提出了"格局+碎片化"的语法教学观,引起学界的关注。如果将此主张广泛应用于实践,那对教学和教材等都可能带来具有变革意义的影响。王建勤根据Fishman的"场域"理论探讨语言生活对汉语作为第二语言学习者和华裔汉语学习者汉语能力的影响,为汉语教学研究提供了新的理论视角。[1] 同时,本年度部分专业期刊对汉语的语言习得、教学理念、教学原则和方法开展了专题研究,除上文所见文献,还有汉语作为第二语言的习得研究[2]、阅读教学研究[3]等。诸多学者就有关问题进行了系统梳理与阐释,这是对多年来的教学理论和实践经验的总结与凝练,对汉语教学理论的继承与发展具有重要意义。与其相比,对当下基于"互联网+"汉语教学发展所遇到的时代问题尚缺乏有效回应及理论探索。互联网所带来的教育革新是全方位的,无论是基础教育还是高等教育,无论是学科教学还是语言教学,都必须直面。从某种程度上讲,这种变革具有席卷意义,技术介入、学习场域、学习观念、学习工具打破了之前的惯性思维和路径依赖。形势日新月异,在思想和理论上予以指导和指引迫在眉睫。遗憾的是,基于"互联网+"、移动学习等方面的研究目前仍停留在碎片化、操作化的层面,缺乏系统化、理论化的支撑。互联网和移动终端的发展以及"互联网上长大的"学习者们的使用偏好,对从事汉语国际教育的专家学者提出了新的研究课题。如何利用跨学科的理论与方法加强有关研究是一个重点,也是一个难点。

汉语国际教育事业日新月异,新形势、新需求层出不穷,使得理论研究往往滞后于实践需要。这更要求我们要对汉语国际教育的最新动向保持敏感,对其发展趋势保有前瞻性的学术眼光。如果对现实的动态不敏感,不能即时捕捉到前沿趋势并做出回应,会影响事业发展。李宇明关于海外汉语学习者低龄化的思考即对行业前沿的表征进行了描述,对问题的解决提出了有益的思考。诚如其言,由于海外学习需求的增加,汉语教学陆续纳入相关国家的国民教育

---

[1] 王建勤. 语言生活视角下的汉语国际教育[J]. 语言战略研究, 2018(06): 17-24.
[2] 赵杨. 汉语作为第二语言的习得研究四十年[J]. 国际汉语教育(中英文), 2018(04): 92-101.
[3] 刘颂浩. 对外汉语教学阅读研究四十年[J]. 国际汉语教育(中英文), 2018(04): 63-75.

体系，学习者低龄化的现象会愈加突出。从表面看，海外汉语学习者低龄化是一个现象，但它绝不仅仅是教学对象年龄方面的简单变化，这一变化必然关涉汉语教学系统的转变，关涉教师与人才培养的问题，关涉汉语国际教育学科建设，甚至中国师资及高等教育。为了应对这一变化，不断更新观念、加强汉语教学理论的发展与创新就显得更为迫切。

二是教材建设。数字化、网络化、智能化和多媒体化催生教材研发从形式、内容到结构的蜕变。① 从形式上看，由单一形式的纸质教材为主，正在实现向多种形式的数字化、立体化、智能化教材过渡和发展；从内容上看，能够充分利用网络的特性对相关内容进行及时更新、定制处理，以更灵活而便捷地适应时代特点及学习需求。为更好地实现这一目标，实现教学内容与教育技术的深度融合，一是要形成先进的编写理念，二是要组建跨学科的编写团队，既有教学专家在教材内容上的指导，又有教育技术专家在技术应用上的设计。

和教材的数字化建设相比，教材的国别化/本土化问题更具有争鸣意义，观点见仁见智。近几年的成果中出现了向通用型教材回归的倾向。2015年李泉对教材的"国别化"提出过质疑，认为"国别化"的理念不可取，"国别化"意味着编写用于国别的教材应成为汉语教材编写的普遍趋势、长期过程、主体类型，既不符合第二语言教材编写的多元化原则和趋势，也不符合现阶段国际汉语教材编写和研究的现状与发展趋势。李泉认为，从汉语教材编写与研究的顶层设计和长远发展趋势来看，"国别化"的理念和导向很可能会"更改"汉语教材应有的多元化即常态化发展进程，并"错位"性承担了更多的由有关国家自己去完成的国别型教材编写任务。② 他特别强调了建设精品通用型教材的重要性。在借鉴英语国际教育的相关经验方面，文秋芳提出，"国别化"这一概念根本不存在，因为各国都为本国编写教材，海外汉语教材自然应由本土教师根据本国教育部要求去编写，目的语国家没有责任、也没有必要为全世界不同国家的汉语学习者编写教材。③

---

① 姜丽萍. 汉语教材编写的继承、发展与创新 [J]. 华文教学与研究, 2018（04）: 12–18.
② 李泉. 汉语教材的国别化探讨 [J]. 世界汉语教学, 2015（04）: 526–540.
③ 文秋芳. 从英语国际教育到汉语国际教育：反思与建议 [J]. 世界汉语教学, 2019（03）: 291–299.

在教材编写路径上，李泉、文秋芳等学者的观点是：通用型教材主要应由汉语母语国来编写，国别型教材可能更适合有关国家自己去编写，可以中外合作，但还是以当地学者为主。李泉特别强调了编写出有引领、示范和模式化作用的精品教材的重要性，认为推出国际化的精品汉语教材可能还是要靠通用型教材去实现。

笔者认为，对通用型精品教材建设的呼吁有利于汉语教材的本土化建设。教材的本土化建设是伴随汉语教学本土化而生的问题。汉语国际教育在过去的十余年里对本土化的理解在不断发展，至今仍不成熟。[①] 本土化教材建设受其影响和制约，在理论研究与教学实践中曲折推进。虽然目前的发展较之早期的做法有了一定的改观，但大多还是为了解决现实需要的"急就章"，距离理想目标还有相当的距离。没有相关教学理论研究为支撑，没有精品通用型教材为依托，使得本土化教材编写者往往心有余而力不足。本土化教材建设需要母语国精品通用型教材甚至是范本教材的支持。所谓范本教材，应是在计算机、信息、网络、大数据等技术支持下编写的、符合汉语教学规律的、在教学模式以及教学法等方面均具有示范意义的教材，它应该成为海内外通用型教材研发的基础和依据，编写的任务任重道远。对我们而言，理论上，确实需要加强教学理论及教材编写理论研究，全面提升编写理念；实践上，或许不应"越俎代庖"地投入到本土化教材的编写中，而是把更多精力用在加强精品通用型汉语教材建设上来，为各国汉语教材的本土化建设提供基础性支持。

三是针对移动学习的资源建设。网络通信技术的迅猛发展及移动设备如智能手机的普及已经并且仍在深刻影响着人们的接受方式与行为习惯，移动学习成为一种新型且深受欢迎的学习方式。这一变化带来了包含内容接受习惯等在内的一系列冲击，日益改变着传统的学习模式和内容。技术的应用使教学领域产生了诸多变化，也引发了资源观的变化。[②] 虽然汉语国际教育领域出现了一些相应的研究成果，但和迅猛发展的现实需求相比还远远不够。汉语教学与

[①] 张新生，李明芳. 汉语国际教育的终极目标与本土化 [J]. 语言战略研究，2018（06）：25–31.
[②] 郑艳群. 汉语教学资源研究的新进展与新认识 [J]. 语言文字应用，2018（03）：106–113.

资源建设须进一步加大对移动学习的关注度,在研究取向上加深认识,重视移动学习带来的学习模式转变,深化移动学习教学理论研究,针对移动学习及其效果开展实证研究,进一步加强社会合作,推进汉语教学、资源建设与移动终端的融合研究,实现从"技术驱动教学"向"教学驱动技术"转变。

| 第三章 |

发展研究

历经十余年建设，孔子学院已成为综合人文交流实体化平台，成为中国加强话语体系建设、积极参与全球文化治理的有效载体。但我们也清醒地认识到，孔子学院下一步的发展不仅面临更加严峻和复杂的国际形势，同时也要适应国内全面深化改革的部署和安排。从国际环境来看，中国在全球治理中的作用和影响力快速提升，守成大国与新兴大国之间的磨合与博弈持续进行、波及全球，语言与文化领域的深度竞合使得孔子学院面临着高度复杂和不确定的国际生态环境；从国内形势来看，中国经济进入中高速发展的转型关键期，国家治理体系和治理能力现代化建设进入深水区，为获得稳定的发展空间和广泛的社会认同，孔子学院的体制机制创新，既要适应国家体制改革要求，又要切实发挥"统筹国际国内两个大局"的作用；从自身建设看，孔子学院的提质增效与内涵发展迫在眉睫，关涉目标定位、方式方法和路径优化等诸多问题。

关于孔子学院发展的研究，近几年的文献内容逐渐聚焦，观点结论逐渐深入。从2018年的研究文献来看，以下三个方面的特点较为明显：第一，研究主题相对稳定，但研究视角不断多元，如在协同学视角下关注孔子学院的合作问题；第二，专题研究相对稳定，但相关研究不断拓展，如"一带一路"高等教育共同体的研究将孔子学院的作用视为其结构化的组成部分，再如文化立法和教育服务立法的研究对孔子学院法律问题的思考；第三，问题意识在加强，现状分析在深入，但结论的针对性和可操作性仍有待进一步提高，以至于应用对策研究乃至智库研究成果对孔子学院建设实践的指导性仍然存在很大的提升空间。

根据文献情况,本章第一、二节分别以"合作与支撑力量"和"环境与体制机制"为题进行设计编撰。从文献来源和作者背景来看,涉及教育学、社会学、传播学、政治学等学科视角;从文献内容来看,涉及的都是孔子学院建设与发展中普遍存在的问题;从研究方法来看,仍然是定性研究为主、定量研究为辅。值得关注的是,有几位中青年学者长期研究孔子学院的功能与发展,孔子学院研究更加融入人文社会科学研究的视野,孔子学院学术共同体正在形成。

本报告过去两年持续关注以"一带一路"为重点的孔子学院区域和国别研究,2018年依然不乏此类文献。综合来看,推拉因素同时在发生作用:一方面,中国政府出台区域与国别研究基地建设等政策,推动了孔子学院区域与国别研究的进展;另一方面,孔子学院"一国一策"与"一院一策"建设的现实需求客观上也成为一个重要的拉动因素。本年度继续设立"区域与国别研究"章节,呈现该类研究的思路和观点。

第一节 合作与支撑力量

合作是一个跨学科的研究命题,经济学、社会学、管理学都具有各自的研究视角。协同学的理论与研究成果为孔子学院的多元合作及其问题解决提供了新的研究思路。秦涛、朱泓在《基于协同学理论的孔子学院竞争与协同发展分析》一文中指出,孔子学院主要采取中外大学合作办学的模式,多元文化背景和多方参与主体构成了孔子学院的复杂系统。孔子学院的发展过程是一种在国家政策指导下有序的、自组织的集体行为。在与中外社会环境、大学要素之间通过物质、能量、信息交换等方式相互合作,形成集体行动的共性,并从最初的无序态发展为有序态,由低级有序上升到高级有序的过程中,孔子学院均以一种协同的方式在发展。

文章从开放性、非平衡性、非线性、涨落等四个方面分析了孔子学院发展的组织特征,并在此基础上指出,孔子学院作为一个系统,其发展需要动力,竞争成为孔子学院不断发展演变过程中的创造性因素。由于孔子学院系统之间、

要素之间以有组织的方式协同行动，办学模式、空间布局、结构功能等方面不断演化，从而引起宏观、中观、微观不同层次的变化，形成整个系统的协同作用及各组成部分的聚合效果。

从宏观维度上看，孔子学院与外部环境之间存在竞争与协同。语言文化推广机构之间竞争与协同的实质在于保持和发展优势，共同推广语言文化，推进教育和文化的生态平衡。孔子学院并非孤立的存在，而是在其运行及发展过程中与世界其他语言推广机构、海外华文教育组织进行物质、能量、人员和信息的交换，并把分布在全球的孔子学院结合为具有一定结构和功能的有机整体。其中，海外华文教育机构和孔子学院共同构成海外汉语教学主体，并通过互动发挥各自优势，遵守当地文化传统、规章制度和接受习惯，与本土语言文化推广机构合理竞争，形成横向协同。[①] 其他国家的政府、非营利组织、社团和企业纷纷加入汉语国际教育行列。不同特色的汉语教育主体通过竞争与协同作用，构成了多元化的汉语教育，促进孔子学院与外部系统协同增效。

从中观维度上看，同一洲、同一国、同一区域和同一所中方合作院校的孔子学院之间存在竞争与协同。借此形成的一种整体效应或者一种新型结构，使孔子学院子系统在整个系统中相互结合而成为一个网络型的协同组织，并向更高水平的有序态演变。孔子学院之间通过强强联合或强弱互补产生协同效应，在良性竞争中达到协同发展，构成一种"集体行为"。在发展初期，孔子学院子系统处于无序均匀态，大部分尚未形成合作关系，不可能协同增效。随着孔子学院的不断发展，其子系统会在目标、结构、组织、文化等方面建立起合作关系，以组织性方式协同行动，从而形成更高水平的有序。

从微观维度上看，孔子学院内部要素之间存在竞争与协同。孔子学院的内部构成要素日趋完善，包括政府、大学、企业在内的多方办学主体，来自社会各界的学生，学科背景多元化的教师，种类多样的国别化教材，不同层次的人才培养项目，汉语推广的基地院校等。这些内部要素的选择过程实际上是竞争与协同的过程。目前，孔子学院的中方合作机构主要依托大学，除大学外很

---

① 丘进. 对外汉语教学与海外华文教育之异同 [J]. 教育研究，2010，31（06）：89-93.

少有进入海外汉语教育市场的机构和企业。在孔子学院初创期可以凭借国家意志和政府资源得到迅速、广泛的推展,但容易导致忽视市场需求的问题。[①]随着孔子学院发展的不断深入,孔子学院总部面向社会公开选拔中方合作机构,体现了竞争与退出机制开始形成。

作者认为,竞争与协同是一个互动过程。一方面,孔子学院的可持续发展在于保持协同,共同推广汉语和传播中国文化,推进教育和文化的生态平衡。另一方面,作为相对独立的主体,各孔子学院之间的竞争有利于促进其改善内部治理机制,优化组织功能,发展个体性状态和趋势。在孔子学院的初创阶段,受国家意志的影响和政府资源的支持,协同性特征明显于竞争性特征,协同性处于主导地位。当进入内涵式发展阶段,孔子学院的办学强调质量提升和绩效评估,竞争性特征较之过去更加明显,建立在协同基础上的竞争能有效推动孔子学院的创新发展。总之,通过竞争与协同的有机耦合,孔子学院与外部环境、孔子学院子系统之间、孔子学院内部各要素之间的良性互动得以有效进行。因此,需要保持孔子学院在战略规划、资金投入与产出、师资储备等方面的可持续发展。

文章从三个方面对孔子学院未来的发展提出了建议:一是要增进孔子学院与企业、院校等其他创新主体之间的协同,建立协同创新的战略联盟,灵活主动地对接国家发展需求,推进院企深度融合,完善成果共享与利益分配机制;二是要强化孔子学院之间的协同,教师的教学内容组织方式要适应跨学科需求,资源的配置要着眼于办学效率的提升及开放共享的促进,从而形成开放、协同、高效的孔子学院组织管理新机制;三是要关注教学创新与人才培养的协同,使孔子学院成为高层次人才向中国流动的重要渠道,成为人才培养的重要基地,鼓励学生参与创新项目,提高外国学生赴华学习或工作的适应能力,形成教学与培训互动的稳定机制。

来源文献:秦涛,朱泓.基于协同学理论的孔子学院竞争与协同发展分析[J].世界教育信息,2018,31(20):17-21.

[①] 王建勤.全球文化竞争背景下的汉语国际传播研究[M].北京:商务印书馆,2015:256-257.

中方合作机构是孔子学院合作办学的主体之一,其资源供给和配置水平在很大程度上影响孔子学院的办学质量。俞苏洋《孔子学院中方合作院校支撑能力初探》一文将孔子学院中方合作院校的支撑能力划分为组织支撑、体制支撑、资源支撑和品牌支撑能力。其中,组织支撑是指将孔子学院纳入学校整体发展规划,成立专门管理机构或指派专人负责孔子学院工作,并与外方承办机构及所在地区建立密切合作关系,同时与孔子学院总部、外方承办机构形成良性沟通;体制支撑是指对孔子学院的发展有科学的规划,形成了与孔子学院工作相关的制度和政策,建立了孔子学院重大决策与日常管理的体制机制以及办学质量监督与评估机制;资源支撑是指能够培养和提供一支高水平的外派人员队伍,能够开发权威性、本土化的汉语教材,进行高水平的孔子学院相关理论和实践研究,开展高质量的教学与文化项目,并且能够提供资金支持;品牌支撑是指明确孔子学院定位,不仅对孔子学院形象进行正面塑造,而且对孔子学院品牌进行有效管理和推广。

作者认为,伴随着孔子学院的快速发展,中方合作院校的支撑能力总体而言不断提升,但也存在一些亟待完善的问题。在组织支撑方面,中方高校存在"为建而建、前热后冷"的现象,未能与学校整体发展有机融合,对于孔子学院后期的运行状况缺乏监管。总部、中外方合作院校三方信息不对称,权责分工不够明确,利益诉求也有待磨合。[①] 在体制支撑方面,规范化、个性化不足,不能满足孔子学院发展需求[②],高校在体制设计中存在"一刀切"现象,没有形成适应不同合作对象、类型和阶段的差异性发展策略。[③] 管理存在"慢一拍"现象,各项制度的建立、政策的出台常常滞后于孔子学院事业的发展。在资源支撑方面,人员整体流动性较大,没有建立充分调动干部、教师积极参与孔子学院建设的长效机制。缺乏开发本土化教材的能力和积极性,且教材开发周期长,无法满足快速增长的学习需求。高校对孔子学院的相关调研缺乏连续性,

---

①② 李佳晔. 孔子学院管理中存在的问题及对策研究[D]. 北京:中央民族大学,2011.
③ 刁俊,刘文燕. 中方合作院校在孔子学院发展中的作用初探[J]. 重庆科技学院学报(社会科学版),2014(01):169–170.

没有形成系统的理论成果用以指导实践。① 缺乏对孔子学院本土化教学方式方法的研究，文化传播的内容和形式创新不足且趋于表面化。资金主要依赖于孔子学院总部投入的启动经费和项目经费。在品牌支撑方面，存在定位不明确的现象，中方合作院校对于孔子学院的文化推广职能和外交意义、国家汉语国际推广整体规划缺乏清晰的认识，没有主动塑造孔子学院形象和提升孔子学院影响力的强烈意识。

鉴于此，作者分别针对组织支撑、体制支撑、资源支撑、品牌支撑四个方面提出了加强中方合作院校支撑能力建设的建议：一是强化中方合作院校主体责任，深化三方合作，加强组织支撑，保证孔子学院政策的延续性；二是注重过程，着眼个性，加强体制支撑，与外事、组织、人事、财务和宣传等各部门共同研究和制定孔子学院工作相关管理制度，力争实现"一院一策"；三是取长补短，把好人员、教材、研究、项目和经费"五关"，加强资源支撑；四是明确定位，增强对孔子学院品牌塑造和管理的重视，建立舆情预警研判和应急处理机制，对孔子学院品牌形象进行主动管理。

来源文献：俞苏洋.孔子学院中方合作院校支撑能力初探[J].武汉科技大学学报（社会科学版），2018，20（04）：461-464.

随着认知水平的提高，人文社科研究对组织竞争优势关键影响要素的认识，逐渐向深层次发展。如果说经济资本主要指组织传统的有形资产，那么人力资本则体现在显性和隐性两个方面，在此基础上逐渐发展的社会资本，则被视为组织重要的无形资产。以信任为核心的社会资本，成为孔子学院获取竞争优势的隐性力量。孔梓、宁继鸣在《语言国际推广中的组织社会资本积累模式》一文中指出，语言国际推广机构采取语言教学和文化传播的方式，增进了解，促进交流，同时对不同文化之间出现的隔阂进行有意识地干预和校正，以期降低可能的文化摩擦，消解文化冲突，进而将自然状态下的文化失衡调整至一种新的均衡状态。为了实现这一目标，不同国家的相关机构在几十年甚至上百年

---

① 张晓慧.论中国大学对孔子学院发展的支撑能力建设[J].国际汉语教育(中英文)，2017，2(03)：5-9.

的发展过程中，在海外设立了分支机构，建立起各自的语言推广社会网络，运用不同的方式积累社会信任，这个过程正是其积累社会资本的过程。不同国家的语言推广机构在发展战略和运作方式上存在差异，有的侧重官方性质，有的则属于民间机构，有的偏重政府主导下运行，有的则偏重市场化运作，其社会资本积累的特征各有不同。中、英、法、德四国语言推广机构社会资本的积累有着各自的特色和优势，通过对比分析中外语言推广机构社会资本积累模式的共性和差异，可以为孔子学院社会资本积累提供借鉴。

在社会资本积累的主体方面，作者认为，孔子学院总部和中国政府提供的政策和资源支持，在孔子学院起步阶段的社会资本积累中发挥了极大的推动作用。相比而言，当前其他三国语言推广机构社会资本积累过程中政府发挥的作用相对较小，但起步阶段都离不开政府支持。整体上看，孔子学院仍处于起步阶段，应该继续发挥总部和中国政府在孔子学院社会资本积累中的作用。与其他语言推广机构不同的是，孔子学院可以进一步发挥中外合作模式这一独特优势，借助中外双方承办机构的优质教育资源和社会影响推动社会资本积累。此外，还应该挖掘和开发同行和社会力量在其社会资本积累中的作用，如借鉴歌德学院的区域化管理方式、引入法国的"总代表制"或英国的区域主管制、设立基金会等。

在社会资本积累的基础方面，作者认为，孔子学院社会网络为其社会资本的积累奠定了良好基础，应该维持好社会网络现有的规模，并在两个方面进一步加强：第一，适当控制社会网络规模，提高社会网络的稳定性。其他国家的机构都是在经历一段社会网络规模迅速扩张时期之后，放慢网络拓展的节奏，转而加强办学质量。孔子学院也应该从扩大规模向加强质量过渡。第二，调整社会网络的布局，在关键节点的选择和培养方面与国家政策密切结合，对关键节点投入更多的时间、人力资源、物质资源甚至情感投入，并提高与这些关键节点的往来频率。

在社会资本的积累方式上，作者认为，与其他语言推广机构相比，孔子学院在制度体系建设方面仍有待进一步完善，包括从国家和组织层面出台针对性更强、更具体的政策和制度，如确立机构地位、资源投入、运作规范等；提高机构运作的规范化程度和执行力,建立严格的评估制度和更具针对性的标准体系,增强制度体系的影响与威慑力等。在以过程信任为核心的社会资本积累方式上,孔子学院在资源建设过程中对于高校资源以及外方资源的充分利用,在管理过程中采取的以外方为主的中外合作办学模式是其开创性的尝试,对于开发社会资本发挥了积极作用,应该予以鼓励和进一步发展。在此基础上,孔子学院还可以借鉴其他语言推广机构的一些做法以加强机构运转过程中的信任程度。如:借鉴英国文化委员会的做法,通过设立专家咨询委员会、加强培训、制定规范标准等方式提升资源质量,采取政策性的引导,开展国际合作等方式,开发多元化的资金来源渠道,并扩大资源储备,增加建设过程中信任的生成;学习法语联盟的经验,加强市场化运作的力度,让市场在孔子学院运作中占主导,鼓励更多的社会力量参与孔子学院的建设、管理和运作,减少总部和政府过多的介入,促进社会资本的生成。在以特征信任为核心的社会资本积累方式上,孔子学院发挥国家、组织和个体各自的优势以及中外合作办学模式的优势应进一步加强和巩固,应该在总结语言推广机构社会资本积累一般规律的基础上,结合孔子学院自身的使命和特色,有选择地引进和借鉴其他国家的较为成熟的经验或做法。

来源文献:孔梓,宁继鸣.语言国际推广中的组织社会资本积累模式[J].云南师范大学学报(对外汉语教学与研究版),2018,16(04):85-92.

本报告(2016)曾在序言中指出,孔子学院形成的社会影响和媒介舆论,使其成为"命运共同体"框架下国内外教育领域共谋发展的一种话语表达,成为汉语和中华文化参与全球治理的一种实践方式。[①] 通过构建国家友好交往平台,孔子学院正在为深化中外友好、构建人类命运共同体做出贡献。

李丹在《孔子学院与人类命运共同体建设》一文中指出,构建人类命运共同体体现了新时代中国的大国担当与作为,中国引领推动构建人类命运共同体,旨在打破文明冲突魔咒、加强不同文化间的交流融合,是促进中华文明与

---

① 宁继鸣.孔子学院研究发展报告[M].北京:商务印书馆,2016:1-10.

世界其他文明互通互鉴的推动力。十几年来，孔子学院为推广中国语言文化、增进中外友谊、促进合作共赢做出了重要贡献，成为加强中外文明对话、连接各国人民梦想的"心灵高铁"，是构建人类命运共同体的重要力量，是传播人类命运共同体理念的平台载体，也是以语言为桥、文化为媒推进人类命运共同体建设的实践路径。

文章指出，孔子学院与构建人类命运共同体二者之间存在着天然内在联系。首先，二者目标使命一致，契合了世界人民求和平、谋发展、促合作、要进步的共同诉求；其次，二者原则理念一致，共商、共建、共享、共赢的原则理念既是孔子学院的办学方针，也是人类命运共同体建设的基本原则；最后，二者面向对象一致，孔子学院语言文化传播活动的对象是广泛多元的国外民众，几乎遍布所有年龄阶段、所有群体阶层，这正是推动构建人类命运共同体的基础力量。

作者认为，作为传播、践行人类命运共同体理念的重要载体，孔子学院应以构建人类命运共同体为指引成长发展。短期来看，孔子学院首先要讲好中国故事，以善意的问候、友好的姿态、面向本土的服务，打开海外民众的心灵之门，化解他们心中的疑虑和敌意，致力于将中国与世界各国的人民的学习、生活、就业、留学、工作、培训乃至命运紧密联系在一起，以多姿多彩的生动实践诠释着建构人类命运共同体的真义。从中期来看，要调动双方积极性，讲好中外合作的故事，讲好世界各国人民的故事，将孔子学院建设成为更富魅力的国际教育文化共同体。从长期来看，孔子学院要讲好人类故事，充分体现中国与世界高度互动的文化成果，反映不同文明相遇相知相识、互学互鉴互进的美好故事，这是构建人类命运共同体的"通心"工程，也是人类"美美与共"的美好故事。

来源文献：李丹.孔子学院与人类命运共同体建设[J].对外传播，2018（07）：50-52.

【小结与思考】

在 2019 年第十二届政治学与国际关系学术共同体年会上,有专家分享了一个关于泰国高铁建设很有意思的故事:连接曼谷和北部城市清迈的路线已经确认引进日本新干线方式,而曼谷至东北部城市呵叻约 250 公里的路线正在与中国合作推进。尽管这条新闻已经不再具有时效性,但是专家们提出的问题却引发了更多的思考与讨论:如果中国和日本在泰国各修建一段铁路,这就是中日泰三国在合作吗?

回答这个问题,要回到对"合作"一词正本清源的理解。所谓合作,是指交换信息、修正行动,为共同利益分享资源、达到共同目的。合作意味着责任承诺和风险担当,从共同利益转变到共同目的,需要从自利转变为所有参与方有一致的共同目标,这个转变的过程充满坎坷和挑战。因此,无论是在自然科学还是社会科学领域,合作都是一个没有完全解决的重大问题。孔子学院一个典型的办学特征就是中外合作,这是一种超越了民族国家边界的国际合作,合作双方甚至多方的利益诉求更加复杂多元,尽管全球治理和国际治理的理念已经得到共识、理论已经初现体系,但落实到具体问题的实践中尚有很大的发展空间。

笔者此前曾撰文指出,孔子学院相对于一般性非营利机构,乃至世界主要语言文化推广机构,存在很大的不同,体现在以下三个方面:一是孔子学院由中外合作办学,同时具备中外方两个院长;二是孔子学院大都由总部委托中方机构(省级教育主管部门或中国高等院校)与外方机构(外国高校、外国政府机构或社区)共同建设,总部、中方机构、外方机构三者的相互制约、相互依存是孔子学院稳定发展的关键;三是孔子学院所处的外部环境受国家之间关系和国家外交等因素影响。[①]

以上三个方面也体现了孔子学院生存和发展的三组合作关系,从中能发现以民族国家为界限进行分类的影子。但重新审视分工与合作,其目标是为了

---

① 王彦伟.非营利组织全球文化治理功能的实践——以孔子学院项目为例[J].中国非营利评论,2017,19(01):148-164.

提高完成不同任务的专业化程度，进而提升工作效率。那么，合作主体的边界则应该超越国家边界，以资源的相对优势为依据。在多个中方机构和多个外方机构同时参与孔子学院的情况下，分析孔子学院利益相关方的分工与合作更应该超越国家边界，这也符合人类命运共同体的基本理念。

孔子学院特别强调各种形式的合作，一方面说明合作的重要性，另一方面也暗示着孔子学院的多方合作仍然有很大的改进空间。看上去通过整合各方投入建设孔子学院，进而使各方受益的合作形式，为什么出现了很多现实问题呢？从资源的角度能够给出一些答案。资源是任何一个组织生存和发展的基础，资源配置的水平在很大程度上决定了一个组织的可持续发展能力。孔子学院的利益相关方为孔子学院的建设与发展投入了专业资源，但与此同时，每个机构经常会有多项工作同时进行，这些工作之间存在争夺有限资源的情况。

当多项工作完全由一个组织承担，其收益和损失也完全由一个组织承担时，该组织可以在多项工作中进行权衡和取舍以追求整体效益最大。当某一项工作由多个组织承担时，每一个组织个体都将追求自身效益最大化作为最重要的决策依据，这恰恰可能使得该项工作不能按时完成。建立信任，是解决这个问题的关键之一，但作为经济理性的个体，各个参与组织之间的信任关系在利益面前仍然略显脆弱，或是在短时间内无法完全实现。孔子学院的各个参与组织，能不能站在共同体的立场上考虑协调各利益相关方的责权问题？契约需要发挥作用。换句话而言，如果说信任是一种软力量，那么契约则属于规则的范畴。

建立契约式的组织结构[①]是孔子学院多方合作的关键成功要素，孔子学院理事会是契约式组织结构的核心。理事会的主要职能有四点：确定孔子学院的目标和实现路径、确定参与机构的角色和任务、确立参与机构之间的利益分配方式、协调和仲裁各角色之间的冲突。理事会就是各参与机构或者说主要参与机构的代表，应该有足够的权力来设定孔子学院与其所在组织其他工作之间的优先序。

---

① 张体勤，丁荣贵. 契约式项目组织方式 [J]. 北京大学学报（哲学社会科学版），2001（06）：94-100.

按照系统工程的逻辑，N 维空间的问题，要到 N+1 维空间去解决。孔子学院理事会作为孔子学院的最高决策机构的角色和功能应该得到进一步强化。参与孔子学院建设的各个机构是资源的提供方，也是资源的"蓄水池"，根据孔子学院的需求提供资源，包括人员、设备、设施、资金、信息、工具、方法等，孔子学院（院长）使用这些资源完成各类语言文化项目，并对这些资源的有效性向孔子学院理事会提出报告，理事会对此进行绩效评价并将评价结果反馈至资源供给机构。在资源退出孔子学院返回"蓄水池"时，要将在孔子学院期间积累的知识带回所在机构进行反哺。

至此，五种契约关系得以构建：一是理事会与项目资源"任务发起—任务完成"关系；二是孔子学院（院长）与各参与机构"资源使用—资源供给"关系；三是理事会与各参与机构"任务发起—资源培育"关系；四是孔子学院（院长）和孔子学院成员"任务负责—专业资源"关系；五是孔子学院成员和各参与机构"专业资源—资源培育"关系。

契约关系的建立，有针对性地回应了年度文献谈及的孔子学院协同发展问题。协同是一种特殊的合作形式，其特殊性主要体现在三个方面：首先合作对参与其中的个体没有明确的要求，而协同强调个体的正确配置；其次，合作一般为框架性的，较少关注个体如何制定各自的行为，而协同不仅有框架性协议，而且关注个体的行为，强调个体间的影响，以及对个体间相互依赖性的关注；第三，合作不强调同步性，参与各方可以各自执行，相互等待，协同则强调参与方的紧密配合，更加注重实时性。[1]

从严格意义上讲，我们今天呼吁和倡导的孔子学院合作，本质上就是一种协同。从合作走向协同，首先是思想和思维方式的转变，意味着孔子学院的参与组织不再仅仅考虑实现自身利益，而是转向一个共同的愿景和目标；从合作走向协同，需要更加完善合理的规则，基于目标设计孔子学院的责任分担和收益分配机制，通过深度嵌入朝向无缝对接的理想结构动态优化和帕累托（Pareto Improvement）改进；从合作走向协同，意味着孔子学院系统要加强与外界进

---

[1] 荀径. 系统优化、合作/协作和协同的区别 [EB/OL]. http://blog.sciencenet.cn/blog-39554-483187.html. 检索于 2019 年 7 月 1 日。

行信息和资源交换的能力，在日益复杂的大环境下不断提高灵活性和自适应能力，成为"跳舞的大象"。

第二节　环境与体制机制

孔子学院的支撑力量不仅来自于中外方承办机构，还在很大程度上依靠中外合作的大环境，政治、经济、文化等方面的交流合作都会对孔子学院稳定可持续发展产生重要影响。与孔子学院研究相比，学界对孔子课堂的系统性研究较少。林航、陈海英在《孔子课堂设立的影响因素——基于负二项模型的实证分析》一文中指出，孔子课堂设立的主要影响因素可以从经济、政治和文化三个层面来全面考察。

经济层面的影响因素主要包括两个方面：一是经贸往来动因。与中国经贸往来越密切的国家，学习汉语的热情也越高，越能推动孔子课堂这种基础汉语教学服务组织的设立。二是所在国中资企业因素。当前，中国政府积极开展"一带一路"建设，稳步开展国际产能合作，中国企业融入经济全球化的步伐加快，所在国与中国直接投资关系越密切，所在国中资企业对跨语言和跨文化管理交际人才的需求越强烈，越能促进其国民学习中国语言和文化，进而推动孔子课堂的设立。

政治层面的影响因素主要包括三个方面：一是政治互动因素。亲密强劲的政治互动关系能够打破两国在制度、文化等方面存在的阻碍，所在国与中国政治互动越强，对双方语言和文化了解的需求就越强，越有利于孔子课堂的设立。二是建交历史因素。从建交的时间轴上看，建交时间越长，表明两国政治交往历史越长，经济、政治和文化的融合程度也就越高，就越有利于孔子课堂这种教育模式在中小学开办。三是政治制度差异。如果中外政治制度存在显著差异，可能会对孔子学院和孔子课堂的文化传播功能存在着抵制心理，从而限制孔子课堂项目的申办，也会降低孔子课堂的运行效率。

文化层面的影响因素主要包括两个层面：一是孔子学院因素。孔子课堂主要与外国中小学校合作办学，提供基础汉语言教学，办学形式相对简单、灵活,在管理上一般隶属于当地的孔子学院。可以预见,孔子学院在哪个国家或地区设立越多,哪个国家或地区越需要建立配套的孔子课堂作为其分支机构。二是文化差异因素。中外文化差异越大,其汉语学习的难度就越高,就越需要孔子课堂这种基础汉语教学机构来帮助其居民进行汉语学习。选择文化差异较大的国家来开设孔子课堂,可以有效提升孔子课堂教学服务的边际效益,且符合进一步推广汉语和弘扬中华文化的办学宗旨。

鉴于此,文章以2004至2016年孔子课堂数量的面板数据为基础,利用负二项模型进行实证分析,全面考察孔子课堂在全球设立的影响因素。研究表明,代表市场规模的国内生产总值无论是在基准回归检验还是在稳健性回归检验中都显著为正,这说明一个国家或地区的经济发展水平越高,越有利于推动孔子课堂的设立;对外直接投资和双边贸易额显著稳健为正,说明孔子课堂具有为中外经贸往来和中资企业跨国经营服务的功能;建交时间和政治互动给孔子课堂的设立带来显著的正向影响,说明密切的政治互动和长久的政治交往有助于磨合孔子课堂在设立时遇到政府管制的阻碍,从而推动孔子课堂的设立;在稳健LOGIT①回归中,文化距离并不表现为显著的负值,结合基准回归认为文化距离对推动孔子课堂设立具有正向影响。

文章的结论和政策建议主要包括四项内容:第一,与中国经贸往来越频繁的国家,越有助于孔子课堂的设立,因此要充分发挥贸易与孔子课堂设立的联动效应,将孔子课堂更多设立在经济规模大、中外经贸往来密切的国家,夯实孔子课堂设立的经贸基础;第二,为海外中资企业服务是孔子学院(课堂)今后办学的重要功能,可以鼓励和引导住在国的中资企业与住在地中小学合作开办孔子课堂,提升其服务所在国经济社会的能力,提高其在东道国的企业形象,增进其与住在国社区的人心交融度;第三,中外政治互动越频繁,越有助于孔子课堂的海外设立,因此,要抓住国际政治发展的机遇,进一步利用"一带一路"国际合作高峰论坛等现有多边外交平台,不断加深中外政治互信和国际友谊,为中国基础语言教育的输出营造融洽和谐的国际环境;第四,中外文

---

①LOGIT模型是离散选择法模型之一,是最早的离散选择模型,也是目前应用最广的模型,常用于社会学、生物统计学、临床、数量心理学、计量经济学、市场营销等统计实证分析。

化距离对孔子课堂具有显著正向作用,即中国与住在国文化差异越大,住在国了解中国语言和文化的需求也就越强烈,因此应将孔子课堂多设立于中外文化差异较大的国家和地区,通过孔子课堂的语言教学和文化交流,减少文化震荡的不良影响。

来源文献:林航,陈海英.孔子课堂设立的影响因素——基于负二项模型的实证分析[J].阿坝师范学院学报,2018,35(02):115-123.

管理模式与制度建设在孔子学院提质增效和内涵建设中发挥着基础性保障作用。李宝贵在《新时代孔子学院转型发展路径探析》一文中,从发展规模高速增长、办学质量日益提升、办学功能不断拓展、运行机制逐步健全等四个方面分析了新时代背景下孔子学院的发展特征,并指出新时代孔子学院可持续发展面临的四个瓶颈:一是孔子学院全球资源在少数发达国家和地区相对集中,区域发展不平衡的现象日益显现,布局尚存盲点,亟待优化调整;二是本土师资力量短缺,本土化适用教材匮乏,本土化进程缓慢,真正作为多元文化中的一元融入当地的文化之中还有很长的路要走;三是总部资助和外方投入仍然是现阶段运营经费的主要来源,这种相对单一的资金来源渠道无法支撑孔子学院长远健康发展;四是单向的强势文化传播方式长此以往难以为继,简单的体验性文化活动无法挖掘文化深层次内涵。

文章从孔子学院自身发展规律、"一带一路"等国家倡议外部驱动、国家政策红利释放、国际教育市场激烈竞争、科技革新与网络远程教学等五个方面分析了新时代孔子学院转型发展的动因,并在此基础上提出,面向新时代,孔子学院转型发展的目标是以改革和创新精神,开启以质量为核心的发展新模式,走内涵式发展之路,开创孔子学院发展新局面。为此,实现孔子学院转型发展的路向应包括以下四个方面的内容:

首先,在发展理念方面,要由高速发展向高质量发展转型。具体体现在:1.由规模扩张转向质量提升,着力转变办学理念,强化质量意识和规划意识,切实把提高办学质量作为最紧迫、最核心的任务来抓,加快推进转型升级,推动孔子学院步入内涵式发展轨道。2.由政策驱动转向创新驱动,改进和完善孔子学院运行机制与管理模式，形成科学、高效的管理运营与质量监督体系，充分激发创新主体的活力，加强科研创新与人才培养，提升教师水平，打造专业化高端智库。3.由同质化发展转向特色发展，突破同质化发展瓶颈，根据自身办学条件、区位特点和资源优势，科学规划，合理定位，以受众需求为导向，开设贴近当地实际需求的特色课程，培育壮大特色孔子学院，形成各地孔子学院百花齐放、竞争力整体提升的协调发展新格局。4.由"总部输血"转向当地化发展，要贴近当地的文化、语言以及风俗习惯，在办学模式、课程设置、传播方式等方面进行改革，与所在地区的文化环境相交融，与社区民众的实际需求相适应，逐步实现教育内容和教育资源本土化，要充分利用大众传媒，加强宣传，增进双向沟通，赢得当地学员的理解与认同，要有效融入当地的学校教学，融入社区和民众日常生活。5.由传播者本位转向受众本位，树立以受众为中心、重视满足受众需求的传播意识，完成从传播者本位意识到受众本位意识的转变，以提升传播中华语言文化的能力。

其次，在办学功能方面，由单一的语言教学功能向多元服务功能转型。具体体现在：1.办学模式由总部与外方机构（大学）、中方合作院校三方合作向多元办学模式并行转型，通过制定相关扶持政策，鼓励国内外社会团体和中资机构积极参与和支持孔子学院建设，要积极开拓汉语国际教育市场，走产业化发展道路，推动各地孔子学院建立校友会、基金会，积极争取当地政府、企业、社区等的支持和捐助，通过提供教学资源和考试服务等方式，探索建立多渠道筹措资金的良性机制。2."三教"发展由普适性向差异化转型，通过全面深化"三教"改革，做强、做优孔子学院的核心功能，不断创新与拓展教学的内容和形式，主动适应、把握和引领汉语国际教育新趋势，提供具有本土特色的差异化汉语教学服务。3.服务功能由单一的语言教学机构向综合服务平台转型，以主动参与和服务"一带一路"建设为根本出发点，制定面向"一带一路"的中长期发展规划，形成全方位支持"一带一路"建设的新格局，一方面加快专业人才培养，另一方面加强企业服务能力和智库作用。

再次，管理模式由粗放式向精细化转型。具体体现在：1.完善理事会机制，孔子学院实行理事会领导下的院长负责制，坚持和完善年度孔子学院理事会制

度，进一步明确理事会的职责、运行机制以及议事规则，通过定期对孔子学院工作报告和财务报告进行审议，充分发挥理事会对孔子学院日常工作的监督和管理职能，通过共建孔子学院理事会，进一步健全中外合作运行机制。2. 健全质量评估体系，在孔子学院筹备、建立、运行的整个过程中，引入质量监督评估体系，以保证孔子学院运行和管理的透明度，加强与住在国教育管理部门合作，争取把孔子学院和孔子课堂的汉语教学纳入该国的国民教育体系，同时进一步与该国的教学质量评估体系"接轨"。3. 引入准入与退出机制，一方面科学设置准入门槛，严格准入制度，从源头上确保项目质量，另一方面完善孔子学院退出机制。那些办得不好的，既不能推广和传播汉语及中华文化，又不能很好地起到公共外交平台作用的孔子学院要逐步淘汰，淘汰是品质得到保证的必要措施之一。①

最后，文化传播方式由单向推广、强势传播向双向交流、柔性传播转型。具体体现在：1. 加强中外文化双向交流与互动，增进与所在国民众的沟通，并通过一种"润物细无声"的方式推动中国文化走出国门。2. 采取柔性的文化传播策略，以所在国主流民众乐于接受的方式、易于理解的语言，来传播中华文化，既要坚持"拿来主义"，又要学会"洋为中用"。要以文化共性作为跨文化传播的"切入点"，学会用国际表达来讲好中国故事，以此增强传播内容的国际认同和感染力。3. 通过孔子学院奖学金和孔子新汉学计划等项目，培养知华友华的国际人士，通过外国人的笔墨和镜头，形成中国声音的"本土化"表达。②

来源文献：李宝贵. 新时代孔子学院转型发展路径探析 [J]. 云南师范大学学报（哲学社会科学版），2018，50（05）：27-35.

刘云杉、雷庆《汉语国际传播助力"一带一路"策略研究》一文认为，借鉴国外语言推广机构的经验，汉语国际传播要在体制机制上不断创新，具体

---

① 吴勇毅. 全球视野下的孔子学院与国际汉语教育——为纪念中国孔子学院创办十周年而作 [J]. 华南师范大学学报（社会科学版），2014（05）：50-54+161-162.

② 郭镇之，冯若谷. 中国对外传播的巧用力 [J]. 当代传播，2015（06）：27-29.

包括四个方面：

一是进一步强化统筹协调和宏观指导职能，对于事关汉语国际传播的基础性工作和关键性环节，要加大政策供给和扶持力度，注意总结10年来汉语国际传播的成功经验，将一些成熟的管理制度和措施上升为法律和政策，对一些制约汉语国际推广的因素进行调查研究，提出解决问题的思路和对策，保证汉语国际推广的健康发展。

二是进一步加强对全球分支机构的综合管理职能。重点在完善管理制度、增强教师素质、提高教材的实用性、提升网络教学效果等方面下功夫，夯实汉语国际推广的基础性工作。

三是着手组建汉语国际传播研究中心，吸收国内外多学科的高水平专家学者和具有丰富实践经验的教学工作者参加，包括语言学、教育学、社会学、法学、心理学、经济学、管理学、传播学等多个学科，开展跨学科的综合性研究。此类机构既可以由孔子学院总部直接组建，也可以委托条件较好的大学承办，发挥各自的学科和人才优势。

四是面对世界各国广大民众的汉语学习热潮，吸收国内外社会教育机构参与汉语国际传播事业，形成良性的市场化机制，尤其是要发挥民办教育机构的优势、力量和智慧，其教学模式相对灵活，对汉语教学市场和学习人群的需求敏感，具有品牌推广、市场营销和服务管理的经验。

来源文献：刘云杉，雷庆.汉语国际传播助力"一带一路"策略研究[J].国家行政学院学报，2018（06）：143-147+192.

与经济、军事、安全等领域相比，文化领域的交流与传播有其共性和特殊性。陈梦珂在《我国文化在国际传播中的规制冲突与应对》一文中指出，不同的价值观、信仰、需求或者目标之间的不协调发展，导致在任何一种社会关系中冲突都是不可避免的。由于世界文化格局的变迁和媒介生态环境的变革，主权国家的政治诉求和利益的差异、各个国家治理水平和立法资源的限制，使得文化在国际传播规制中面临着种种冲突。为维护国家的文化安全与国家利益，有必要开展文化在国际传播中的规制冲突与协调以及文化在国际传播中规制完

善的研究。

　　作者认为，孔子学院是文化国际传播中遇到冲突的典型案例。孔子学院的创建对于传播中华文化、推进中外文化交流有着积极作用，但存在办学经验不足、传播内容模糊、法律法规不健全等问题，所以在走向世界传播我国文化的过程中不可避免会产生一些争端和冲突，遭遇曲解和偏见，主要体现在三个方面。首先，境外对孔子学院存在偏见和误读，在西方国家迅速发展的孔子学院遭到了一些舆论攻击，包括：1. 认为我国将孔子学院当成政府的宣传工具，为控制全球而进行中国文化和价值观的渗透；2. 认为在海外大学设立孔子学院是政府试图将政治控制延伸到其他大学，达到文化入侵的目的[①]；3. 认为政府欲披着中国传统孔子儒家文化的外衣向西方国家宣扬社会主义意识形态，从而便于政治思想上进行渗透。[②] 其次，在国际教育服务中，一些国家对境外的办学机构设置种种壁垒，尤其是发达国家对进口的教育服务设置多重障碍。再次，还有国家通过设置烦琐的程序和较高的门槛，使合作方难以获得当地办学许可，有些国家甚至在入境签证、资格认证等方面对汉语教师的流动设置壁垒。最后，孔子学院传播内容模糊，对于传播何种中华文化缺少明确清晰的定位等导致文化张力不足。政府作为"孔子学院"的主导者和建设者，对于推动孔子学院建设和中华文化传播有着主导作用，但是政府的主导致使文化传播方式较为呆板严肃，内容也较为空洞，说教意味浓厚显得不接地气，致使文化传播的张力不足。

　　作者认为，孔子学院在对外文化传播中，不可避免地会与其他国家的文化产生碰撞，而碰撞的外在表现就是冲突与危机。宏观上，一些发达国家一直在国际社会上鼓吹"中国威胁论"，抵制和阻碍孔子学院在本国的设立和生长；微观上，缺乏政府法律规制的保障，并且缺乏完善的冲突预防和应对机制，都在制约着孔子学院在境外的开办。究其原因，具体体现在三个方面：一是来自于意识形态的冲突和"文化威胁论"等政治偏见；二是国内外相关法律规制的

[①] D. Starr. Chinese Language Education in Europe: Confucius Institute[J]. *European Journal of Education*, 2009, 44（01）:65-82.

[②] P. Xu. Privilege and Human Rights in Red China[EB/OL]. http://www.berlinerjournalisten.com/blog/2008/04/21/. 检索于 2019 年 7 月 2 日。

欠缺导致了孔子学院在境外办学的某些冲突，《孔子学院章程》等一些内部规章制度没有普遍的法律效力，内部规制的地位和性质常遭到国外公民和媒体的质疑；三是中方派出师资的稳定性、专业性和长期性，教材的权威性和规范性，教学质量评价体系和相应的绩效评估机制等都有很大的提升空间。

作者从以下三个方面提出了孔子学院在国际传播中的冲突应对措施：

一是完善相关法制体系。一方面，政府应该学习其他国家在文化传播中采取的相关法律制度和政策，对目前我国已经落后的教育、文化等方面的法律法规进行完善，可以适当增加有关孔子学院和汉语国际传播的相关法律条款，并通过制定具体的措施让法规更具体、更易操作；另一方面，政府可以设置相关法律法规，为孔子学院的创办注入更多的社会资本，凭借市场化运作方式使得社会组织积极参与孔子学院的建设，提供办学资金、教材资源等方面的支持。此外，还可以通过减税、信贷等措施激励我国企业投入到孔子学院建设，通过市场化路径帮助孔子学院实现新发展，摘掉境外对完全政府主导而佩戴的"有色眼镜"。

二是转变政府治理职能。政府在境外的文化推广中"有形的手"用力过猛、痕迹过重极易受到误解，致使国外对孔子学院的建设抱着怀疑的态度。孔子学院应置于非营利性教育机构的框架下，实现规制和服务的双向平衡。一方面，政府应坚持"有所为，有所不为"，转变直接管理的方式、政府主导并积极介入的方式，程度和范围应掌握好"度"；另一方面，政府应支持和保障孔子学院的自主性，为孔子学院的教育提供更大的空间，同时要理顺孔子学院的内外关系，做好协调与配合工作。

三是提升师资队伍水平。其一，壮大孔子学院的师资力量，提高教师数量和质量。适当增加孔子学院全职老师的薪酬福利，以推动师资队伍发展的稳定性。其二，加强师资文化方面的培训，提高教师跨文化适应能力，以及相应的沟通能力和带动课堂气氛的能力。其三，培养师资队伍的文化自觉，加强对本土教师的专业培训。在文化传播的过程中，费孝通先生认为："要对自己的文化有自知之明，有深刻的认识，与此同时也深刻地认识其他国家、其他民族

不同的文化特点。"① 所以，增强对外汉语教师的文化自觉性尤为重要。

来源文献：陈梦珂. 我国文化在国际传播中的规制冲突与应对[D]. 湖南大学，2018.

就制度建设本身而言，我国的文化外交仍需要在立足国情的基础上进行国际比较与反思借鉴。杨光、翁晓红在《"一带一路"背景下美国文化外交立法探析》一文中指出，随着中国和平崛起和经济力量的不断增强，世界利益格局正在重新划分。在此背景下，中国经济威胁论、军事威胁论以及文化威胁论也此起彼伏，中国国际形象近年受到的冲击比较严重，中国文化外交肩负改善中国国际形象的重任。加强法制建设，形成中国文化外交的顶层设计，是高效率实施中国文化外交的重要保障。当前，中国法制建设正在不断完善，相比其他领域，文化领域立法更显迫切。

作者在分析美国文化外交法律体系框架和内容的基础上，着重分析了美国文化外交立法的三个特点，即突出非政府组织功能、确立政府主导地位、维护美国现实利益。作者认为，中国文化外交的总体目标，需要一部文化外交"基本法"加以保障。综观美国文化外交，由《富布赖特法》《信息与教育交流法》《教育与文化交流法》等法律构成的文化外交基本法律框架，维护美国国家利益的目标清晰明确。在这一法律框架下，富布赖特项目、国际访问者项目以及汉弗莱项目等文化外交项目得以长期开展，对帮助他国民众认识美国价值观，进而了解美国外交政策发挥了促进作用。中国文化外交目前还没有以法律文本呈现的总体规划，虽然《孔子学院章程》明确了"增进世界各国人民对中国语言文化的了解，加强中国与世界各国教育交流合作"这一基本目标，然而坦率地讲，这一目标的内容还比较空洞。孔子学院在实施过程中，注重语言教学而对孔子思想以及中华文化精髓引入力度不够的情况客观存在。因此，如何把博大精深的中华文化与"构建人类命运共同体"这一宏伟目标融入中国文化外交实践，需要一部中国文化外交"基本法"加以阐释和完善。

---

① 费孝通. 反思·对话·文化自觉[J]. 北京大学学报（哲学社会科学版），1997（03）：15-22.

文章指出，中国政府机构介入文化外交的程度，需要法律加以适度约束。文化外交的受众是世界各国政府及民众，一些在中国文化背景下可以使用的方法和措施，在域外文化背景下未必能如愿。以美国为代表的西方社会在古典自由主义思想影响下，其民众对本国政府涉足文化事务尚持不信任态度，对外国政府组织的文化交流产生抵触实属自然。孔子学院政府经营的痕迹还是比较明显，每年一度的孔子学院大会虽然对彰显过去成绩和布置来年工作均属必要，然而政府主办的大规模会议无意中也强化了孔子学院的国家属性，自然也会招致西方社会的曲解。为提高文化外交效率，中国文化外交需要清楚认知西方世界社会思潮，以法律约束我国政府机构在文化外交中的直接介入程度，也是为更高效地开展文化外交提供一份保障。

文章最后指出，以法律明确政府的主导地位，使文化外交制度化，也是提高文化外交效率的重要环节。美国《国务院基本授权法》授权国务院教育与文化事务局负责文化外交事务，使文化外交责任主体明确。当前我国开展文化外交的部门包括中宣部、教育部、文化部、外交部以及国务院新闻办公室等若干部门，与我国多年以前由海监、渔政等部门"五龙治海"相仿，虽然能够履行保障国家基本权益的责任，但远不如第十二届全国人大第一次会议后通过机构整合重新组建的中国海警局一只重拳出击效果好。中国文化外交如何整合国内的相关机构及资源，值得思考。当前，在我国实施"一带一路"的大背景下，文化交流必然伴随着经济交往更大规模地走出国门。以法律明确中国文化外交的责任主体，是文化外交统筹规划并顺利实施的重要保障。

来源文献：杨光，翁晓红."一带一路"背景下美国文化外交立法探析 [J]. 北华大学学报（社会科学版），2018，19（04）：87-93.

【小结与思考】

新时代背景下的孔子学院面对诸多机遇和挑战。从长期可持续的角度而言，孔子学院的发展一方面有赖于稳定良好的外部环境，另一方面取决于制度的质量和水平。制度建设是一项根本性、全局性和长期性的任务，这其中包括

体制的健全、机制的优化，以及法律制度的设立与完善。从某种意义上来看，孔子学院的制度建设日渐成形，但如何通过动态调整使其更加和谐与协调，进而提高孔子学院的运行效果和效率，仍然有很长的路要走。

从年度文献来看，关于孔子学院法律问题的思考，更加关注了孔子学院运行的国际环境，更加明确了支持其发展的归口领域。而对体制机制的研究，无论是其概念还是层面，都存在进一步厘清的空间。体制机制不是一个新的话题，伴随着国家治理体系和治理能力现代化的进程而成为关注和研究的重点。实现国家治理体系和治理能力现代化，改革与创新体制机制是重要的途径和方法。

"体制"与"机制"的高频联用体现了二者之间存在一定的联系，二者都属于制度的范畴，是制度在不同层面的表现，同时两者又相互区别。"体制"是指各类组织在机构设置、领导隶属关系和管理权限划分等方面的体系、制度、方法、形式等的总称，而"机制"主要是指有关机构组成部分的相互关系以及各种变化的相互联系。

《孔子学院发展规划（2012—2020年）》是较早提出加强孔子学院体制机制建设的官方文件。作为孔子学院建设与发展的行动纲领，该文件把"国内国际、政府民间共同推动的体制机制进一步完善，汉语成为外国人广泛学习使用的语言之一"作为孔子学院发展目标，足以体现体制机制建设对于目标实现的基础和保障作用。此后，"体制机制"成为孔子学院各类会议、相关文献中的"热词"。

对孔子学院体制机制的研究，也应该在厘清有关概念的基础上进行：孔子学院的体制偏重于孔子学院建设和运行的国内外支撑体系，关注资源的供给和配置水平；孔子学院的机制则侧重于孔子学院的运行，关注流程的成熟度和稳定性，以及运行的效率和效果。不管是体制还是机制，都必须在总部和孔子学院两个层面上予以关注。

关于孔子学院体制建设，绝大部分研究都把目光投向国内，而在很大程度上忽略了国外。在某种意义上来看，孔子学院的国内支撑体制建设不是孤立的，而是在国家的体制改革进程中经历了三个主要阶段：第一阶段是1987年成立国家对外汉语教学领导小组，此处所谓"国家"，主要是与"全国"区分，分别指向国际和国内事务，而"领导小组"本质上就是一种体制，是在中国政治与行政实践活动中，以加强整合为目的而成立的相对灵活且隐形的组织机构的统称。这意味着国家开始以跨部门议事协调的方式将对外汉语教学作为一项国际事务进行推动。第二阶段是该领导小组根据2006年全国政协十届四次会议上《关于进一步加快汉语国际推广的提案》，改为国家汉语国际推广领导小组。第三阶段是2007年成立孔子学院总部理事会。

如果说从国家对外汉语教学领导小组到国家汉语国际推广领导小组，体现的是汉语国际传播场域的空间拓展，那么从国家汉语国际推广领导小组到孔子学院总部理事会，则体现出语言文化国际传播主体身份的多元转向。从国家治理变革的视角，这也是推动"全能政府"转型为"有限政府"，实现政府、市场和社会多元治理主体互动的需要。鉴于此，孔子学院的体制建设，需要解决好两个问题。

第一，设计和推行孔子学院的政府与社会资本合作模式。此处所谓的社会资本，包括了市场和各类社会组织。通过政府与社会资本合作，减少政府对微观事务的参与，提高供给的效率和质量。按照经济学的观点，纯公共品应由政府供给，纯私人品由市场供给，更多的物品介于纯公共品和纯私人品之间，属于准公共品，对于这些物品的供给，社会资本的参与意愿有限，能否持续这种参与，关键在于设置一种政府和使用者混合付费的可行性缺口补贴机制。这应该是政府与社会资本合作建设孔子学院的学理基础。如果解决了这个问题，就解决了我们更多层面或更多类型的社会资本，愿意参与孔子学院并能从中获取稳定收益的问题。

第二，在国家治理的视角下，关注国内政府部门之间合作与横向协同。参与孔子学院总部理事会的政府部门不断优化调整，但总体数量不断增多，在某种程度上反映了支撑孔子学院运作的资源越来越充沛。即便如此，仍然需要把握好"借力"和"自立"两种逻辑关系：所谓"借力"，是指充分发挥总部理事会常务理事所在政府部门的作用，对各部门的要素进行"定向选取"和"重新组合"，进而为孔子学院提供人、财、物基础；所谓"自立"，是在继续借助政府部门各种要素"为我所用"的同时，逐步构建起自身相对独立的组织性

力量，确保政策落实到位的许多后续工作顺利完成，同时也能够在一定程度上缓解跨部门要素配置中的冲突问题。[①]需要思考的是，如何同步推动"借力"与"自立"并实现一种相对的均衡，既能保障孔子学院的发展，又能提高资源配置的效率。

关于孔子学院的机制建设，当前的研究相对较少。一方面，熟悉孔子学院机制的管理人员尚未从组织学的角度进行剖析解读；另一方面，相对于企业等更为广泛的组织形式，非营利组织的研究相对较少，其中，能够关注到孔子学院这一组织网络的研究就更为缺乏。事实上，孔子学院运行效果和效率不仅取决于体制和机制建设的合理性，也体现在二者的协调与配合。在机制建设中，有两个需要协调的要素，一是静态的内部结构，二是动态的工作流程。

在静态结构方面，应建立项目导向型的孔子学院组织结构，实现三个动态的支撑与配合。第一个是国内对国外的支撑与配合。每一个孔子学院都是一个特定的任务组，承担不同类型的项目，国内的组织、资源支撑任务和支撑项目的导向应该进一步强化。第二个是总部对国内办学主体的支撑与配合。每个办学主体尤其是中方承办机构应该得到更多的办学自主权，但这种自主和自由，是在严格框架原则基础上的有限自由，这也就意味着，与自主和自由必须同步的是，孔子学院总部不仅要供给信息和资源，更为重要的，是要输出更多的标准和规范。在此过程中，考虑规模优势和资源属性，哪些资源由总部集中进行"计划配置"，哪些又由办学主体基于自身优势"自我配置"，也是一个需要考虑的问题。第三个支撑，主要是针对孔子学院总部。不管总部设立多少部门，都应该归为两类，第一类叫项目部门或任务部门，第二类叫资源部门，当前，需要建立项目导向的机制，也就是资源对项目的支撑与配合机制。

在动态流程方面，首先要对流程的功能进行清晰定位。尽管大部分组织都是按照业务和职能来确定组织结构，但一个部门单独活动创造的价值是非常有限的，只有将所有活动整合放在一个整体框架，才能打破部门壁垒、填补工作缺位、消除"信息孤岛"，以发挥更大价值，这就是流程的角色与功能。

---

① 周望.超越议事协调：领导小组的运行逻辑及模式分化[J].中国行政管理，2018（03）：113-117.

在孔子学院系统内，存在众多相互关联的工作任务，流程将工作任务进行串联，为孔子学院及其目标群体创造价值，这需要不同部门不同岗位活动进行精准组合。流程导向下的各类人员，不再仅仅是基于岗位而是基于角色工作，不再仅仅在职能部门而是在项目和团队中工作，不再仅仅对上级或者活动而是对最终结果负责。如此一来，逐渐形成"事事有人管、人人都管事、任务有落实、组织有保障"的责任体系，才能成为孔子学院和汉语国际教育提质增效的组织基础。

第三节　专题：区域与国别研究

"一带一路"是区域与国别研究的重点，孔子学院和汉语国际教育领域的相关研究也是如此。安亚伦、段世飞在《"一带一路"倡议下的汉语国际教育：现状、问题及对策》一文中指出，在新背景下，汉语国际教育在国内外发展势头强劲，但仍存在四个突出问题：一是现有的汉语和文化传播机构与沿线国家产业合作与发展格局尚不匹配，与汉语国际传播的潜在需求存在较大差距。二是在资源需求方面，汉语教师缺口大，很多国际中文学校和各地孔子学院仍面临专业教师数量不足的困境。国内出版的通用型汉语教材"水土不服"，不能满足本土化需求。三是汉语国际教育服务产品资源配置方式单一，主要由非营利组织和高校提供汉语国际教育相关产品与服务，民办教育机构和企业的空间较小。四是汉语国际教育与传播法律法规不健全，现有的中外合作办学制度存在与发展情况不符、法律法规欠缺的情况，导致新的海外合作办学机构处境艰难，难以存活。

此外，面对当今国际教育服务贸易壁垒重重的大环境，许多国家对教育服务进口设置了重重障碍。由于我国在教育服务贸易的国际和国内立法存在缺陷，使得孔子学院在走出去的过程中经常遭遇办学纠纷，在办学过程中产生各种争端与冲突。另一个造成海外办学纠纷的主要原因是，孔子学院作为以政府为主导的语言推广机构，在海外传播的过程中，会因为政府的过分干预，而被认为带有政治色彩，增加他国对孔子学院的政治偏见，甚至出现排斥和抵制等问题。①

作者认为，面对以上问题，研究如何建立服务于"一带一路"建设的汉语国际教育发展的对策方针尤为重要。汉语国际教育与传播必须遵循"引进来"和"走出去"的对策方针，完善孔子学院的立法与制度建设，积极推进汉语国际教育方式创新，在政府主导下，注重发挥民办教育机构和企业在汉语国际教育与传播中的作用。具体如下：

第一，坚持"引进来"的汉语国际教育发展对策，加快出台鼓励"一带一路"沿线国家汉语教师赴华留学政策，拓宽沿线国家来华留学渠道与模式，促进留学生更深入地了解汉语和中国文化。在国家层面，一要继续加强"一带一路"沿线的政策倾斜和奖学金额度，鼓励更多汉语专业留学生和本土汉语教师来中国深造；二要完善高校汉语国际教育专业学科建设，提高汉语教师师资水平；三要有序地将来华留学生的学费定价权下放给学校，把对留学生的资助从"暗补"变为"明补"。在各省市和高校层面，应该充分发挥区域和自身教育优势开展海外合作办学，各高校要做好来华留学人员的服务工作，加大网站建设力度，加强常态化信息的发布与管理。

第二，坚持"走出去"的汉语国际教育发展方针。首先，要从国家层面的高度，优化孔子学院等语言文化传播机构在"一带一路"沿线国家的布局；其次，要让更多的汉语教师和志愿者"走出去"，去当地学习了解语言文化，培养更多的对外汉语教学专业人才，填补巨大的师资空缺；最后，要让更多企业"走出去"，把汉语国际推广作为企业发展的核心生产力和重要抓手，在当地获得长期的经济效益和可持续发展。

第三，要尽快完善孔子学院的立法与制度建设。首先，应尽快制定统一的《教育服务贸易法》，指导和规范教育服务贸易事项，应加快构建完善的教育国际化的法律体系，为孔子学院海外办学提供立法依据。其次，努力探索和发现更完善的孔子学院评估与淘汰机制，以免不合格的孔子学院占用过多的经费和资源。最后，要借鉴孔子学院制度建设的成功经验，把孔子学院立法作为

---

① 王海兰，宁继鸣.适度干预：孔子学院发展中的政府行为选择[J].云南师范大学学报（哲学社会科学版），2016（01）：54–61.

中外合作办学立法的前期工作，不断探索出更上位的法律法规，解决现有中外合作办学法律法规与现实发展情况不符以及自相矛盾的问题。

第四，发挥信息化发展与汉语教育相结合的增值效应，积极推广"互联网+"对外汉语教学模式，利用移动终端和移动网络展开汉语教学，利用云平台进行教学资源的共享与管理，彰显新兴教育手段在汉语言文化传播和人才培养中的作用。同时，应建立在线汉语教师标准和教学评估标准，开展更多汉语教学应用的研究，包括网络汉语学习者和学习行为的研究、数据挖掘技术的研究、面向碎片化学习的汉语微技能研究等。

第五，以政府在汉语国际教育与推广中的主导作用为前提，改变汉语国际教育的资源配置方式，鼓励国有、民营企业参与汉语国际教育与传播，平衡"政府驱动"与"市场运作"，允许民办教育机构和企业进入汉语国际教育领域提供产品与服务，将民间对外汉语教学机构纳入汉语国际推广体系，并由政府统一进行监督管理和专项基金激励。

来源文献：安亚伦，段世飞."一带一路"倡议下的汉语国际教育：现状、问题及对策 [J]. 湖南师范大学教育科学学报，2018，17（06）：45-52.

东南亚地区是古今海上丝绸之路的重点区域，也是华人华侨聚居之地。中国移民早期的南下，推动了东南亚地区华文教育的繁荣，也对开展汉语国际教育产生了重要影响。吴坚、杨婧在《新时代·新汉语·新征程：东南亚汉语教育发展趋势研究》一文中，回顾了东南亚各国的语言政策、组织机构及华文教育对东南亚汉语教育发展的影响和基础作用，从以下三个方面分析了新时代背景下东南亚汉语教育面临的新的发展形势：

一是顶层设计与底层需求结合。顶层设计基于"语言是谋生利器"这一东南亚国家汉语学习的最大现实，在投资、建设、贸易、旅游等实务领域大力发展职业型和专业型汉语教育，并通过政策沟通推动汉语教育纳入各国国家规划和国家体系。底层需求方面，要结合各国社区的真实情况，完善包括汉语教育标准、教师培训体系、教材编写、语言认证等方面的各国汉语教育机制和体系。把顶层设计与底层需求结合起来，逐渐形成自上而下、自下而上，相互促进、相互贯通的发展局面。

二是建设现代化汉语教育智库,为汉语教育现代化进程提供人才储备和理论支撑,激发东南亚国家汉语教育发展的内生驱动力。东南亚国家普遍缺乏汉语教育专业研究成果,汉语教育发展的需求强烈但供给不足,顶层设计欠缺,实践中老问题难解、新问题频生,迫切需要建设现代化汉语教育智库,为东南亚汉语教育发展提供决策咨询、政策分析,推动东南亚学术交流,促进培养稳定、高水平的学术团队。

三是推进汉语教育本土化进程。一方面通过教育资源与人员本土化发展满足东南亚人民汉语学习的强烈需求;另一方面在充分了解住在国国情、社情、民情的基础上,推进教学观念、教学内容的本土化转变,以易于被当地人理解和接受的方式开展汉语教育、讲好中国故事。当前,东南亚汉语教育本土化主要从教师本土化、教材本土化和教法本土化三个层面推进。

在此基础上,作者指出,新时代东南亚汉语国际教育必须走内涵式发展道路,从人才培养、科学研究、社会服务三个方面着手,通过积蓄人才储备、优化制度环境、破解"三教"难题实现东南亚汉语教育的稳定、可持续发展。具体体现在以下三个方面:

首先,创新中外合作办学,在"引进来""走出去"两个层面培养包括交际型、通用型、职业型和语言型等各类复合型、专业化人才。第一,探索汉语教育中外合作办学新形式,如以汉语为媒介语,共同开设专业,实行学分互认,颁发双学位或多学位,设置本硕连读、师资培训等项目;第二,拓展汉语教育中外合作办学范围,如推进中方高校在海外开办附属学校项目;第三,加强汉语教育中外合作办学的针对性,如开展汉传佛教海外研究生联合培养、高端国际旅游专业人才、太极文化课程以及企业家和职业专才高端培训等中外合作汉语教育项目;第四,依托孔子学院平台,创新中外合作方式和汉语传播方式,拓展品牌项目,研发本土精品教材,畅通职业发展渠道,培养非通用语种师资人才;第五,健全汉语国际教育学科体系,培养本土后备汉语人才。

其次,建立国别与区域联盟,强化汉语科学研究。具体举措包括:第一,组建东南亚汉语教育研究联盟,形成跨国、跨领域、跨学科的东南亚问题研究联盟,并逐步推进中国高校与联盟国家高校合作建设重点研究平台和实验室,整合力量建设国家级智库;第二,抓住东南亚各国对"一带一路"建设的高度重视和浓厚兴趣,建立一些长效常态的高端学术交流机制;第三,建立国别研究机构,站在国际性、高标准的起点上,争取学科综合、队伍一流、管理先进,为东南亚各国国别研究提供平台和信息共享中心,为中国和东南亚各国政府、学校的教育人文甚至经济发展合作提供参考建议。

最后,完善本土汉语教育体系,加强汉语服务功能。按照新时代汉语教育的发展趋势,主要从人、材、法三个方面完善本土汉语教育体系。第一,建立东南亚汉语教师培养与储备体系,整合域内域外的汉语教育机构力量,重视第一代本土汉语教师的先导作用;第二,根据当地语言和学习者的特点,以贴近外国人习惯、贴近外国人思维、贴近外国人生活的原则,联合当地教育工作者,开发区域型、语别型、国别型和通用型等不同层次的教材;第三,探索汉语教学方法本土化,将教学理论与当地教学实际结合,针对多样性的学习目标和需求选择或探索相适的教学方式,特别要聚焦提高学习者的汉语交际能力,重视汉语学习中的跨文化能力培养。

来源文献:吴坚,杨婧.新时代·新汉语·新征程:东南亚汉语教育发展趋势研究[J].华南师范大学学报(社会科学版),2018(05):29-34+191.

鉴于国家政治体制等方面的原因,俄罗斯孔子学院的生存和发展环境有其自身特点。陈辉在《"一带一路"框架下俄罗斯孔子学院未来发展再思考》一文中,以俄罗斯中部一家孔子学院数据为例,分析了孔子学院在俄发展存在的问题与策略。文章认为,俄罗斯的孔子学院与孔子课堂主要存在三个方面的问题:

一是机构独立问题。首先,俄罗斯孔子学院(课堂)作为一个独立单位,存在于合作大学各个行政层次下。有的直属于大学,和大学二级学院平行;有的隶属二级学院,或者二级学院下的一个教研室。从地理空间上,有的孔子学院(课堂)位于大学校区内,与大学合作相对紧密;有的设在大学校区外的社区,更加独立于大学。俄罗斯孔子学院(课堂)也普遍存在与合作院校下属机

构职能重叠现象。其次，俄罗斯高校除少数几所语言大学外，基本不设专门的外语学院（系），而是将汉语教学设在东方学、区域学、国际关系学、政治学、行政管理学等教学单位，作为相关专业必修或者选修课程，这样的教学单位越来越多，彼此独立，相互竞争，各自有对应的教学大纲。按照孔子学院（课堂）设置的理想状态，需充分融入合作的本土大学教学体系，承担大学全部或部分汉语教学，但是受制于其本身的独立状态——孔子学院本身也有学生、教学大纲、教学目的和任务，孔子学院和其他教学单位平行关系成分居多，合作互融成分较少。实践显示，目前理想的合作模式只能做到孔子学院向开展汉语教学的单位派遣中国教师。

二是管理模式问题。按照《孔子学院章程》和《中国孔子学院总部与［外方机构名］关于合作设立孔子学院的协议》，孔子学院机构特点本质在于"合作"性质，"合作双方各派一名院长"。实践中合作的外方充分理解和支持中国孔子学院总部对境外孔子学院（课堂）这一机构的定位和性质，但俄罗斯孔子学院（课堂）在规范管理和实际运作过程中，其所隶属的外方大学或者机构与中方院长签署的劳动合约明文规定其身份为专业教师，这使得中方院长身份无法得到法律法规或者制度上的合法保障，严重阻碍了中方院长在境外发挥其应尽的职能作用。

三是文化推广问题。在实践中策划和举办文化活动时，外方有时质疑孔子学院（课堂）到底是教学机构，还是文化机构？孔子学院大多在中国和外方大学合作框架下运行，按照外方观点，大学课堂是教学单位，局限于课堂内的辅助完成教学目的和任务的文化活动可以接受，超出太多难以理解。此外，举办文化活动的经费报销受制于外方大学财务管理相关规定。

作者对俄罗斯孔子学院的未来发展提出两点对策建议：第一，为了更有效、全面地满足当地汉语教学的需求，有必要探索汉办单独向国外派遣汉语教师（志愿者）的途径和管理办法。汉语教师单独派出，既具有针对性，又可以弱化机构"独立"的色彩，是孔子学院（课堂）融入本土教学体系的比较有效可行的方式之一。第二，加强合作，创新中国文化推广思路。一方面加大、加强汉办"三巡"文化项目，另一方面，积极倡导"融入"当地大型文化活动，通过与多方互动,不仅宣传中国文化,还能够很好地展示学院形象。中俄两国文化部委之间大型文化交流活动频繁,如果汉办能够很好地与其合作互动,孔子学院与其优势互补,那么我们在中国文化活动推广方面可以扬长避短、事半功倍。

来源文献:陈辉."一带一路"框架下俄罗斯孔子学院未来发展再思考——以俄中部一家孔子学院数据为例[J].广东外语外贸大学学报,2018,29(06):136-141.

按照区域研究的普遍认识,所谓的区域是在全球和国家之间的一个中位的概念。孔子学院的区域研究,也是对某一个"片区"孔子学院办学特征、办学规律等进行的专题性研究。然而,值得关注的一个现象是,由于孔子学院的部分办学力量来自中国国内,孔子学院的国内协作共同体在某种意义上也促成了一种特定形式的"区域"。扈启亮、潘卫民在《"一带一路"背景下湖南省高校海外孔子学院建设探究》一文中以湖南省作为区域研究的对象,指出海外孔子学院建设与汉语国际推广工作已成为新时期湖南省教育外事工作一个非常重要的组成部分。随着"一带一路"倡议的快速推进,湖南省高校在孔子学院总部/国家汉办和湖南省各相关部门的指导下,积极探索创新孔子学院建设策略,努力破解多方难题。论文从以下四个方面提出了相关的建设策略:

第一,建立海外孔子学院中方教师轮岗制。优秀的孔子学院中方教师,大都是在海外孔子学院经过几年的生活历练与文化洗礼,通过长时间的海外孔子学院教学实践而成长起来的。"一带一路"背景下,海外孔子学院将"以语言互通促进政策沟通、贸易畅通、民心相通",这对孔子学院中方教师的汉语专业技能、跨文化交际能力、海外艰苦地区生存能力等方面的综合能力提出了更高的要求。频繁选派新任教师已不能满足新时期孔子学院发展建设的要求。湖南省应建立孔子学院中方教师派遣和保障制度,推动孔子学院中方教师轮岗制度的实施,当中方教师在一所孔子学院任期结束后,改派到其他湖南省高校海外孔子学院。这不仅能推动中方教师在不同孔子学院之间的流动,还能将其在他国的孔子学院先进管理理念与办学方法带到新的孔子学院,实现办学资源

与思想的分享与交流，让先进的带动后进的，对提升湖南省高校海外孔子学院的发展大有裨益。①

第二，成立湖南省高校海外孔子学院协调中心。国务院副总理刘延东在第十一届孔子学院大会上的发言中指出，"孔子学院要主动参与'一带一路'建设，要加强孔子学院地区中心建设，大力支持区域之间、国别之间孔子学院建立合作机制，促进经验交流，实现资源共享"。可以探索成立湖南省高校海外孔子学院协调中心，建立起一个由国家汉办、湖南省教育厅以及湖南各高校组成的专门为湖南省海外孔子学院协调发展的指导平台，不仅可以结束海外孔子学院"单打独斗"的局面，还可以互补有无，形成信息与资源的互通共享，将"先进孔子学院"的办学模式推广到其他新建的或仍在摸索阶段的孔子学院，使湖南省高校海外孔子学院建设发展少走弯路。

第三，设立湖南省高校孔子学院创新发展科研专项基金。海外孔子学院建设要改革创新，提高办学质量水平，实现内涵发展，需要办学实践来摸索探究，也需要理论研究作为决策指导。湖南高校所建孔子学院分布在亚、非、欧、美四大洲的九个国家，各国社会、文化差异巨大，海外孔子学院要想在各国生根、开花、结果，就必须了解各国受众特点，适应当地文化。如今，海外孔子学院建设已由数量扩张转向层次提升阶段。新阶段下，提高海外孔子学院的学术研究水平，建立起融通中外的话语体系，拉进世界各国之间的距离，是孔子学院建设中的重要一环。设立孔子学院创新发展科研专项基金，鼓励海外孔子学院一线教师参与到孔子学院发展研究中来，形成孔子学院从实践到理论，再到理论反哺实践的良性互动，以学术理论研究推动湖南省各孔子学院的发展创新。

第四，推进海外孔子学院专业升级。湖南省高校所建11所海外孔子学院中，除加纳海岸角大学孔子学院以城市建设、规划为建院特色外，其他孔子学院均以汉语教学和中华文化推广为主要内容。"一带一路"倡议的推进，需要各国有足够的各行各业人才体系的支撑。新时期下，孔子学院作为各国语言沟通的

---

① 赖林冬. "一带一路"背景下东盟孔子学院的发展与创新 [J]. 南洋问题研究，2017（03）：37-51.

媒介，应更加注重促进各国的双向沟通与双向学习。湖南省高校海外孔子学院应审时度势，依据省内各高校的特点和优势，改革创新孔子学院建设格局，围绕"一带一路"新需求，打造师范孔子学院、法律孔子学院、中医孔子学院、科技孔子学院、商务孔子学院等具有鲜明特色的、更加专业的、能适应各国社会发展的孔子学院。同时，湖南省高校海外孔子学院应以"一带一路"倡议为契机，升级转型孔子学院，升级以汉语培训为主的传统办学模式，拓展更为宽广的办学渠道，使各孔子学院朝着更具专业特色的道路前进。

此外，扈启亮还在《湖南省高校孔子学院建设探析》一文中以长沙理工大学为例，提出中方不仅要为海外孔子学院提供人力物力支撑，还要提供智力支撑。中方承办院校的智力支撑主要体现在三个方面：一是对孔子学院住在国家或地区的语言政策、当地民众对孔子学院的态度及孔子学院发展状况等相关信息进行搜集调研；二是对孔子学院建设实践加强探索；三是对孔子学院建设理论进行深入研究。

作者指出，为了更好地提供智力支撑，在外交部、国家汉办、湖南省外事侨务办的支持下，长沙理工大学于2012年12月揭牌成立西非文化研究中心。中心成立后，坚持多视角、跨学科的孔子学院建设实践与理论研究，取得了一批高水平的孔子学院研究相关成果。2015年，西非文化研究中心升格为湖南省非洲文化研究与交流中心，成为继续引领学校孔子学院建设与发展的新型智库。孔子学院的健康可持续发展既需要从顶层进行设计，也需要信息调研、实践探究与理论研究。① 在此基础上，作者提出了孔子学院中方承办机构的支撑策略，主要包括加大对孔子学院外派教师选拔的政策支持、建立孔子学院外派教师轮岗制、筹建学校孔子学院工作处（室、中心）、设立孔子学院创新发展科研专项基金、承办专业型与研究型孔子学院等五个方面。

来源文献：

1. 扈启亮，潘卫民."一带一路"背景下湖南省高校海外孔子学院建设探究[J].牡丹江大学学报，2018，27（05）：120-123.

---

① 张晓慧.论中国大学对孔子学院发展的支撑能力建设[J].国际汉语教育（中英文），2017（03）：10-16.

2. 扈启亮. 湖南省高校孔子学院建设探析——以长沙理工大学为例 [J]. 沈阳大学学报（社会科学版），2018，20（06）：705-708.

【小结与思考】

区域研究是一个与全球研究、国别研究相对的概念。通常认为，区域研究起源于美国。冷战时期，为在全球范围内对抗苏俄集团并赢得冷战中的战略优势，美国亟须了解欧洲之外的世界其他地区，区域研究随即兴起。发展至今，区域研究为践行全球治理的理念和思想、切实解决地区问题提供了有效的途径。

在关注区域自治和区域经验共享的背景下，孔子学院的区域与国别研究经历了若干重要的发展阶段。如果说2016年底举行的"孔子学院与'一带一路'建设工作座谈会"是对孔子学院区域与国别研究的政府驱动，那么，2018年专业刊物对孔子学院区域与国别问题的研究文献则更多体现的是研究关切。

《世界教育信息》自2018年起设立"'一带一路'教育共同体建设"专栏，连续刊载沿线国家高等教育现状与发展趋势研究的系列成果，其中对中外合作建设孔子学院的情况介绍，体现出孔子学院在沿线国家高等教育，尤其是与中国合作交流中的结构性身份特征。而由教育部国别和区域研究基地秘书处编撰的《区域和国别研究》在其"国别研究"专栏发表了题为"民心相通的桥梁——'一带一路'背景下的匈牙利孔子学院"的文章，使得孔子学院作为一个研究对象在区域与国别研究范畴的身份得到进一步加强，在某种程度上，该文发表的象征意义超越了文章内容本身。

以上研究表明，关于"一带一路"沿线孔子学院的研究，不仅仅停留在整个区域范畴，也没有局限于单纯的国别研究，而是呈现出以区域为边界的国别化研究景观，这使得孔子学院的区域与国别研究，在具备一般区域和国别研究特征的基础上，有了特别的属性，有利于形成更多的区域经验，指导更多的国别化实践。除此之外，本年度关于孔子学院区域与国别的研究主要体现在以下四个方面：

第一，关于地区孔子学院的研究。杨薇等（2018）分析了非洲地区孔子学院建设在促进中非语言文化交流和发展语言文化外交方面的特殊意义。文章认为,从汉语学习者数量增加、语言教育政策变化和当地大学生对汉语、中国人和中国文化的态度等方面来看,孔子学院的语言文化传播对于提升非洲人对中国整体形象的认知起到了正面的促进作用。与此同时,非洲孔子学院也面临规模高速增长与稳定教育资源供给不足的矛盾,以及缺乏现代文化产业支撑等诸多问题。据此,中国政府相关部门一方面需加强孔子学院语言教学与文化传播的有机结合,积极扶持发展创意文化产业;另一方面在语言文化传播的目标和方式上,则需从重数量向重质量转型,且通过加强非洲研究,夯实孔子学院语言文化传播效果的基础。①

第二,关于国别孔子学院的研究。路春雷等对加拿大孔子学院的问题和策略进行了研究,总结了"ATUBE"(意识、容忍、了解、获益、享受)跨文化交融过程理论并特别强调了其递进性。文章认为,在加拿大这样一个多元文化融合的国家,民众对异族文化往往持比较宽容、开放的心态。而孔子学院所推介的中华文化的各项活动应关注和适应这种多元文化政治和文化取向。对孔子学院和外方有关协作单位的关系发展应该有足够的耐心,准确掌握双方关系处在跨文化交融过程的哪个阶段,并采取一系列策略使之发展到下一个阶段。同时,孔子学院还可以向外方展示以此理论为导向的各阶段发展蓝图或发展历史,使双方牢筑信心、明确目标、展望未来。②杨小彬、徐捷源在分析巴西政治、经济和文化发展的基础上,讨论汉语在巴西传播的历史和现状,以及孔子学院发挥的主力作用,并从当地政府支持、合格师资与合适教材等三个方面分析了主要问题,提出了改革小语种汉语教师志愿者管理制度、加强中文和巴西葡语的基础性对比研究等策略建议。③

第三,关于孔子学院国内协作共同体的"区域研究"。除前文外,鲁六从

---

① 杨薇,翟风杰,郭红,苏娟.非洲孔子学院的语言文化传播效果研究[J].西亚非洲,2018(03):140-160.

② 路春雷,袁秀凤,叶敏芬.孔子学院发展存在的问题及其解决对策——以加拿大布鲁克大学孔子学院为例[J].闽江学院学报,2018,39(04):91-97.

③ 杨小彬,徐捷源.巴西汉语传播的历史、现状和问题研究——以圣保罗为例[J].云南师范大学学报(对外汉语教学与研究版),2018,16(03):68-73.

分析汉语国际推广对塑造河南国际形象和增加商业机会入手,专门研究了河南省汉语国际推广的策略,主要包括四个方面:一是建设与"汉推"相适应的区域文化发展新体系;二是加强对外汉语专业的学科建设,其中要积极扩大河南对外汉语教师的劳务输出尤其是省属本科院校对外汉语专业学生的劳务输出;三是挖掘全省的大中小学教育资源和媒体教育资源;四是拓宽"请进来""走出去"等"汉推"途径。①

第四,关于国内特定区域服务和建设孔子学院的研究。高全孝提出了西藏服务和建设孔子学院的五条路径:一是考虑地缘关系,在南亚周邻国家策划建设孔子学院,服务于国家南亚大通道建设和"一带一路"倡议;二是考虑切入路径,充分利用援藏高校的孔子学院办学经验和资源,从外派志愿者、汉语教师、挂职校方管理人员等方面开始,逐渐创建自己的海外孔子学院;三是以主导所谓"西藏问题"国际化和"中国威胁论"的幕后国家为重点,为加强话语权建设做出充分准备和有效策略;四是选拔藏族教师和管理人员到孔子学院(课堂),传播社会主义新西藏文化,讲究方式方法,避免说教,让国外大众近距离感受新西藏发展,从而使西方受众看清达赖分裂势力的真实面目;五是重视民族结构合理的队伍建设,加强少数民族特别是藏族师资和管理队伍的培养和使用。②

近年来,孔子学院片区联席会议在交流经验、共享信息、研讨对策等方面日益发挥重要作用。加强孔子学院的区域和国别研究,有利于以"片区"为单元的孔子学院共同体建设,有利于孔子学院在更大程度上进行资源配置和特色发展。鉴于此,孔子学院的区域与国别研究还应重点关注以下两项内容:

第一,以区域发展规划为导向开展孔子学院区域研究与实践。以"一带一路"为例,陆地上将依托国际大通道,共同打造中蒙俄、新亚欧大陆桥等六大经济走廊,使其成为丝绸之路经济带的物质载体。以六大经济走廊划分区域边界,加强孔子学院合作与经济贸易、设备设施等方面合作的一致性和同步性,

---

① 鲁六.河南省汉语国际推广策略探究[J].郑州大学学报(哲学社会科学版),2018,51(02):78-81.
② 高全孝.西藏创建海外孔子学院(课堂)刍议[J].西部学刊,2018(01):69-71.

可以弥补以区域和国家为边界的结构性缺失,是孔子学院实现与"一带一路"嵌入式发展的可持续路径。

实现这一可持续发展路径的基础是打破地域壁垒、促进区域资源和资本流动,这有赖于以经济走廊的发展为导向,建设各类形式的孔子学院联盟。联盟参与各方相对独立、地位平等、自主权大、进退自由,这种基于特定的区域文化与社会环境,以及长期战略关系和重复交互而建立的利益共同体,具有环环相扣的连锁关系,使资源流动产生"迭代效应"。①

第二,把视角转向国内,关注国内孔子学院合作机构的区域共同体建设。按照国际政治学的层次划分,在"全球研究—区域研究—国家研究"的体系层级中,所谓的"区域研究"不是我们所说的西部、东部、东北、华北、长江经济带,而是跨国的、以各大洲的地理分布为基础的地缘性研究。此处借用"区域"这一概念,将孔子学院区域建设的研究视角拓展到国内的孔子学院合作机构。

在孔子学院建设初期,中方合作机构主要是大学尤其是综合性大学,但随着中国高等教育国际化进程加快,越来越多的地方院校凭借其特色的办学优势,以及灵活、集中的资源配置能力加入到孔子学院建设中。这一变化使得中国的地方教育行政主管部门在本地区孔子学院建设中的规划指导、资源协调等功能进一步加强。不仅如此,不同省份之间、某一区域或国家孔子学院的中方承办机构之间,都存在组建共同体的需求和条件。这无论是对于海外孔子学院的区域协同发展,还是对于中方承办机构的经验交流和资源共享,都是值得进一步探索和落地的命题。

---

① 王彦伟,周冰玉. "一带一路"沿线孔子学院有限市场化路径研究:新东方模式的借鉴与启示[J]. 云南师范大学学报(对外汉语教学与研究版),2019(04):27-34.

| 第四章 |

影响研究

影响研究是指由于孔子学院的存在和发展,对政治、经济、文化、外交等内外部环境,以及中华文化走出去和国家软力量建设等产生影响的相关成果,同时,也是对孔子学院功能和价值的观照与呈现。本章涉及的内容是:"一带一路"与语言规划、教育共同体与教育服务、话语重建与讲中国故事、理论探索与跨学科研究。

"一带一路"对中国和沿线国家的影响是全方位的,语言互通的现实需要对语言教学、语言战略、语言规划甚至语言观念等都产生了不同层面的影响,比如语言服务观念的强化,对语言生活的关注等,都不同程度地体现在了年度文献中。分布在"一带一路"沿线54个国家的153所孔子学院和149个中小学孔子课堂[1],在汉语教学、语言服务和文化对话方面发挥着积极作用。教育体系内外也都在不同层面上介入到相关工作和语言文化交流传播实践中,教育共同体的意识和观念得到强化,并带动行动推进。为孔子学院力量建设注入能量的大学和机构越来越多,地方院校、高职院校也积极参与其中,丰富了孔子学院的建设主体,促进了孔院的结构优化升级,同时也体现了中国高等教育的对外服务和国际合作的新动向。面向世界,置身海外,是一种物理空间的变更,也是发展环境、工作语境和具体生活情境的改变,无论是语言、文化还是价值观念、行为模式等都具有了跨文化的属性。在外部的、他者的视角下,所有的

---

[1] 数据来源:孔子学院总部党委书记、国家汉办副主任马箭飞在第十三届孔子学院大会期间接受记者采访时的表述。

外在呈现、信息传输、情感表达都成为我们所讲述的中国故事，但是故事是否动听感人，还取决于听众。所以在传播的视角下，我们可以进一步去创作、探索如何讲好中国故事，现在的故事有什么问题，以及不同地域和特色孔子学院话语表达的特质是什么？去叙述生活故事、社会故事、信念故事、情感故事，当然也包括学术研究的故事等。在全球化的背景下，每个国家都希望讲述关于自身的有意义又有意思的故事，其政治决策、经贸往来、人文交流、安全防范、国家利益维护等都是一种言说和叙事，所以平台、渠道、媒介都有很多。孔子学院以教育传播为主题的中国故事每天也在不同的国家和地区演绎，它是否取得了效果、产生了影响、吸引了听众、产生了共鸣呢？问题的回答可能需要时间，更需要积累和等待。孔子学院研究年度报告的影响研究部分会一直关注这个问题，力求用每年的文献资料尝试做出片段的、阶段性的回答。

第一节 "一带一路"与语言规划

"一带一路"倡议提出以来，沿线国家在经贸、政治、文化、教育等方面的交流互鉴与日俱增，语言不仅是桥梁和纽带，也融入各个国家战略发展的框架中。"一带一路"沿线65个国家中有53种官方语言，是全球语言多样性最为丰富、文化差异性最为突出的地区。梁昊光、张耀军《"一带一路"语言战略规划与政策实践》一文，阐发了相关观点。

文章提出，"一带一路"催生了语言需求。国内方面，服务"一带一路"建设已经成为我国语言文化工作的重要方向。一是在教育领域，2017年以来教育部已与14个省（区）、市签约《推进共建"一带一路"教育行动》，基本覆盖"一带一路"主要节点省份，形成省部联合推进"一带一路"教育行动国际合作网络。二是在外语服务方面，截至2017年，我国高校共开设了76门外语专业，覆盖了欧盟国家24种官方语言和东盟10国官方语言。全国各主要外语类高校已经或正在计划普遍增设"一带一路"语种。三是在社会语言方面，从事语言服务或相关服务的企业达到7.25万家，"语言产业"年产值超过2 800亿元人民币。

作者提出了以语言相通获取沿线国家理解和认同的观点,以及"语言战略需融合发展"的主张。作者认为,"一带一路"语言战略涉及文化、安全、话语权、大数据等诸多领域,应着重处理好融合发展。实现从语言到文化、从文字到思想、从概念到情感的路径演进,实现"一带一路"深层次民心相通。保持高度的语言敏感性是"一带一路"语言战略和建设发展的内在要求,要妥善应对多元文明、文化差异所暗含的潜在风险,通过有效的语言沟通和适度的文化敏感性化解分歧、管控冲突,让语言做沟通的润滑剂而不是冲突的催化剂。探索将语言资源转换为文化资源和资本的可能性和可行性。语言事关国家安全,对国家稳定的影响具有隐蔽性、长期性、复杂性和战略意义。互利共赢是"一带一路"建设的核心理念,体现在语言战略上就是构建平等互尊的话语体系。"一带一路"不仅需要通过语言去传递信息,还需要运用语言去影响和建构人们的思想、观念,塑造对中国的理性、良性认知,减少对中国的误读、误解,促进民心相通和人文交流。[①]坚持问题导向,着力化解西方话语垄断,在解码中国道路、阐述中国方案、讲好中国故事中提升中国形象,形成与大国地位相称的话语权,提高中国话语体系在"一带一路"建设中的国际影响力,是"一带一路"语言战略必须承担的责任。当前,人类社会正大步迈向以大数据为新动力的智能时代。[②]以互联网、云计算、区块链、深度学习、人工智能为标志的大数据技术为"一带一路"语言战略规划、语言资源利用开辟了全新路径。

作为一项系统工程,作者强调,"一带一路"语言战略需要强化顶层设计。战略上看,要把语言互联互通提升到关系国家整体发展和"一带一路"建设全局的高度加以重视,树立"大语言观""大外语观""大文化观"。具体操作中,要把握优先次序,区别轻重缓急,对"一带一路"官方语言、通用语言、关键语言、强势语言、跨境语言、少数(民族)语言、外国语言、宗教语言等分类规划、分别施策。理论研究上,中国语言学应尽快建立起价值、概念、命题和

---

① 孙吉胜.国家外语能力建设与"一带一路"的民心相通[J].公共外交季刊,2016(03):53-59+124-125.

② 张耀军,宋佳芸.数字"一带一路"的挑战与应对[J].深圳大学学报(人文社会科学版),2017,34(05):38-43.

证据等要素完整的学术理论体系,形成具有中国特色的语言学和话语策略,为"一带一路"语言战略夯实理论基础,推动汉学和中华文化更好地走向世界。

作为一项跨国工程,作者认为,"一带一路"语言战略需要加强国际合作。做到教育优先、高校先行、智库趋前、海外力量补充。作为一项先导工程,"一带一路"语言战略需要目标导向和支撑机制。作为一项民心工程,"一带一路"语言战略需要注重语言安全。语言沟通的发展有着周期长、见效慢的独特规律,难以一蹴而就,需要久久为功。加强"一带一路"沿线国家语言文化国情和现状调研,基于政情、商情、社情、学情、舆情,建立语言文化风险预警、应急救援和舆情监测机制。制定专门的"一带一路"语言人才规划。作为一项前沿工程,要树立"一带一路"语言战略的大数据思维,实现大数据战略与"一带一路"语言规划深度对接。

文章最后指出,作为一项中国工程,要将汉语国际传播纳入"一带一路"整体规划,在利用英语作为"一带一路"中介语言的当下,逐步推动确立汉语作为"一带一路"建设通用语言,善于提炼具有标识性的话语概念、表述和范畴,积极构建具有中国特色、中国风格、中国气派的中国特色话语体系。加强孔子学院汉语推广,建立海外汉学研究中心,巩固海外中华文化中心,创新中华文化传播路径,为"一带一路"沿线国家量身定制汉语教材,用汉语讲授所在国家的历史和文化。加大"走出去"企业对外籍员工的汉语培训力度。"新老结合",用好中医药、中国美食、中国功夫、中国园林、中国熊猫等"传统名片"以及移动支付、共享出行、中国高铁、网络购物等"现代名片"。

来源文献:梁昊光,张耀军."一带一路"语言战略规划与政策实践[J]. 人民论坛·学术前沿,2018(10):98-105.

对"一带一路"倡议的战略意义,不仅中国学者有自身的研究和观点,沿线国家的学者、政要也有其认识和主张。白俄罗斯国立大学共和国孔子学院院长、白俄罗斯前副总理阿娜托利·托济克在题为"孔子学院和'一带一路'建设"的致辞中说:十九大传达的信息让我们确信,人类历史上第一次出现了这样的情况,一个大国的战略利益和发展目标与全人类的战略利益与发展目标完

全一致。这是因为中国的发展需要一个祥和的世界,世界的繁荣需要一个和谐的中国。中国非常了解,在一个纷乱、动荡的世界中独善其身是不可能的。中国提出的构建人类命运共同体和"一带一路"倡议是对这一理念的最好诠释。中国40年改革开放取得了巨大成功,创造了雄厚的经济和科技实力,从而有能力为建设和谐世界提供实实在在的帮助。正如习近平主席在世界达沃斯经济论坛上指出的那样,"中国在自身发展的同时,与其他国家分享自己的发展红利"。我们面临的选择是,或者与中国一起发展,或者我们停滞不前,没有其他的选择。孔子学院能够成为、也应该成为人类命运共同体和"一带一路"建设的重要参与者。白俄罗斯的工作经验让我得出一个结论,孔子学院发展的第一阶段已经完成。社会上对学习汉语的需求和对中国文化、历史的兴趣趋于稳定。当地开设汉语的学校逐年递增,这些学校在推广汉语和中国文化方面做了大量的工作。孔子学院在协助学校工作的同时,给予他们必要的指导和帮助。因此,当前的世界形势和孔子学院积累的成功经验,促使我们朝着追求更高水平的新目标前进。首先,目前非常现实的任务是,把孔子学院发展成为关于"一带一路"的权威信息中心,以保证沿线各国政府机构和公众更好地了解"一带一路"的宗旨、内涵、项目和资源等信息。其次,另一个重要的现实任务是把孔子学院发展成为研究中心,为沿线国家提供有科学依据的建议,指明"一带一路"框架下的双边和多边合作中最有前景和互惠互利的方向。孔子学院要完成这些任务,需要在保留教育功能的同时,朝着国家、地区和部门的中国研究中心方向转变。也许,不是所有的孔子学院都需要这种转变,但对于一些"一带一路"沿线国家和孔子学院,这个转变是很重要、很必要的。对于一些国家,其中包括白俄罗斯,孔子学院这样转变,是形成各国中国学派最现实的可能渠道,这对于推动沿线国家成功融入"一带一路"建设是非常必要的。他相信,孔子学院的工作对自己的国家发展有利,对中国的发展有利,对在我们唯一的共同家园——地球上创建美好的生活很重要。

来源文献:阿娜托利·托济克.孔子学院和"一带一路"建设[J].孔子学院,2018(01):27-28.

孔子学院的平台作用是其功能延伸和价值实现的重要体现。近年来，孔子学院在对外经贸、投资、出口等方面的作用受到越来越多的关注，在经济学视角下，特别是基于数据和实证分析的成果屡见不鲜。姜慧、张志醒的《孔子学院对"一带一路"沿线国家贸易便利化影响的实证分析》一文，围绕"一带一路"沿线国家，聚焦"便利化影响"，做出更加有针对性的分析。

文章认为，孔子学院对贸易便利化影响的理论机理主要表现在：

第一，孔子学院能有效缩短文化距离。文化距离越近，文化相近度越高，"文化亲近"的两国更容易降低双边贸易交易成本，促进两国经贸往来。所以强化双边文化交流，缩短文化距离，减少文化差距是促进双边贸易和经贸谈判顺利开展的有利途径。

第二，孔子学院能有效降低投资风险和成本。孔子学院可以为中外双方搭建交流跨国企业管理经验的平台，方便中资企业及时与东道国政府或当地企业解决管理分歧，降低因投资管理理念不同而带来的风险。孔子学院也可以为中资企业雇用的当地员工进行语言和技能培训，使双方员工能够使用同一语言交流，从而降低语言不通产生的交易成本。[1] "一带一路"沿线国家众多，政治冲突、宗教纷争等不安全事件频发。如果中资企业在投资前对东道国环境了解不足，会增大投资的风险和成本。中国企业在投资之前可以借助当地孔子学院的语言优势和对外交流平台作用，了解当地的投资政策、法律法规、投资环境以及东道国的民族文化，为投资活动的前期调研和制定适合东道国的本土化投资策略提供帮助，降低企业尤其是中小投资企业由于信息不对称造成的风险。中资企业投资风险和成本的降低使其产品在国际市场的价格竞争力有所提升，这更有助于贸易和投资输入国对中国产品和与中资企业的合作产生强烈渴求，降低产品的准入门槛，提升其贸易便利化水平。

基础设施建设投资耗时长、收益回收慢，稳定的东道国制度环境以及良好的双边政治外交关系更有助于中国在"一带一路"沿线国家的基础设施建设投资。良好的外交关系使得东道国会对来自中国的基础设施建设投资给予额外优

---

[1] 谢孟军. 文化"走出去"的投资效应研究：全球1 326所孔子学院的数据[J]. 国际贸易问题，2017（01）：39-49.

惠和特别关注，避免中国投资企业在东道国遭受不公平待遇，而"一带一路"东道国制度质量的提升又进一步保障了中国企业在这些国家的基础设施建设投资的利益，降低了投资风险，为中国基础设施建设投资建立了良好的外部环境。东道国基础设施的改善将大大提高"一带一路"沿线国家的物流效率，增强其物流效率的竞争力。物流能力是构成一国贸易便利化的重要指标，所以孔子学院的建立可以通过影响中国直接投资，尤其是基础设施建设投资有效改善和提高"一带一路"沿线国家的贸易便利化水平。

第三，孔子学院能有效带动双边贸易的增长。2016年中国与"一带一路"沿线国家的贸易总量占中国对外贸易总量的1/4，中国成为"一带一路"沿线国家的重要贸易伙伴。其中，中国是新加坡、俄罗斯及越南等国的主要出口市场。随着对进出口产品需求的扩大，烦琐的贸易通关手续、落后的金融服务、较差的国内市场环境显然都无法满足大众对中国产品日益增长的消费需求，而这一现象势必会迫使产品进口国着力改善本国的贸易便利化水平，使进口商品更快、更方便地到达本国消费者的手中。

第四，孔子学院为多方提供交流平台并培养专业化人才。孔子学院可以通过与"一带一路"沿线国家政府或社会组织等各类官方或非官方机构进行商业、学术研讨活动和经验交流，深化双边各领域信息共享和数据分析等活动，促进双边在电子商务、规制体制改革、海关工作效率、海关执法和防范恐怖主义等跨境活动方面的长期合作关系。不仅如此，中亚等地区孔子学院还用中文设立了电子商务、旅游、外事、边境管理、物流管理等基本课程，为"一带一路"沿线国家有针对性地培养专业性服务人才。这些课程关涉对贸易便利化具有重要影响的行业，为"一带一路"沿线国家发展自己的物流业、培养海关管理和金融服务业等专业人才、提高沿线国家贸易自由度和便利度开拓了新的思路。

作者在结论中特别强调，孔子学院对"一带一路"沿线国家贸易便利化水平的推动作用有着明显的区域差异性。中国在东盟、中东欧、独联体等地区建立孔子学院更能有效促进当地贸易便利化水平的提高，但在中亚和西亚，孔子学院对其贸易便利化的促进作用相对较弱。一国的经济开放程度、政治稳定性和法律完善程度是影响其贸易便利化水平的重要因素。

文章提出的政策建议是：第一，中国政府应增加孔子学院的数量，注重与"一带一路"国家的文化交流；第二，中国政府应合理选择孔子学院的建立布局；第三，中国企业应加大对"一带一路"沿线国家的直接投资和贸易活动。

来源文献：姜慧，张志醒.孔子学院对"一带一路"沿线国家贸易便利化影响的实证分析[J].经济经纬，2018，35（06）：66-72.

伴随"一带一路"倡议深入人心，沿线国家在经贸往来、人文交流等方面的合作日益深入，孔子学院在非洲国家的发展得到世界越来越多的关注。非洲孔子学院不仅逐渐融入全球发展和教育共同体建设之中，也被纳入学术研究的框架之内。杨薇等在《非洲孔子学院的语言文化传播效果研究》一文中，介绍和评述了非洲孔子学院的概况和特点，并以肯尼亚孔子学院为案例，分析了非洲孔子学院的语言文化传播效果及面临的困难，进而提出改进有关工作的政策建议。

文章指出，在过去十几年间，非洲孔子学院的数量不断增加，办学规模也不断扩大，教学与课程设置不断丰富。培训证书课程和专门用途汉语是非洲各孔子学院广泛开设的项目。内罗毕大学孔子学院为联合国环境署、肯尼亚移民局、海关、外交部、银行、酒店等开设了专门用途汉语培训课程，为当地的经济发展服务。作为了解中国文化的窗口，所有的孔子学院都开设了中国文化课，主要包括介绍和学习书法、绘画、茶艺、舞蹈、剪纸、葫芦丝演奏、中国结制作体验等。非洲各孔子学院都非常重视汉语水平考试中心的建设，鼓励学生积极参加不同等级的考试，帮助学生申请孔子学院奖学金来华留学。非洲孔子学院的区域特点与办学特色不断突显。为适应非洲的社会经济文化发展特点，孔子学院重视自身的品牌和特色，特别是通过中国语言文化的传播，帮助非洲国家培养专业技术人才，提高就业竞争力，这也是孔子学院在非洲深受欢迎的最重要原因。孔子学院积极寻求与当地企业合作，既解决了部分学生的就业问题，又为企业提供了熟谙汉语和中国文化的优秀本土人才。

在分析成效与特色的同时，文章也指出了非洲孔子学院未来发展所面临的诸多问题。一是迅速扩大的办学规模与教学资源不充足之间存在矛盾。大多数非洲国家的生活条件较为艰苦,治安环境不容乐观,很多孔子学院的教学点远离城市,交通不便,生活配套设施严重不足,难以吸引优秀人才长期在非洲从事汉语教学工作。非洲国家的经济状况普遍比较落后,除了个别国家将教师纳入公务员体系、享有较好的保障外,多数国家教师的待遇整体偏低,很多在孔子学院学习过的学生迫于经济压力,更愿意选择从事导游、翻译或自营公司等高收入的工作,而不是目前急需的本土汉语教师职业。二是非洲当地人对于中国语言文化的传播持有一定的戒备心理。西方文化在非洲有着长期广泛的影响,英语、法语、德语等在非洲大陆具有政治上和文化上的传统优势,绝大多数非洲国家的上层人士均有西方教育背景,能讲英语、法语等西方语言已经成为精英阶层的主要标志之一。由于非洲人历史上曾遭受殖民统治,民族自尊心非常强烈,个别学生对于汉语教学和中国文化传播存在不同程度的负面情绪,尤其是对汉语在当地日益增强的影响力持有强烈的怀疑和担忧。三是传播中国语言文化载体较为有限。全球化带来的博弈从根本上讲是文化的竞争,而文化需要由具有象征性、代表性的概念或事物来呈现。然而现代文化产业的发展并没有跟上语言文化传播的步伐,以至于很多教师自己都在不断反问:还有什么能够展现中国文化的高雅、深厚、博大而精致的底蕴呢?

作者对提升非洲孔子学院语言文化传播能力的建议主要是:加强语言教学与文化传播的有机结合;加快语言文化传播从重数量到重质量的转型;通过文化产业的发展提升语言文化传播的效果;加强非洲研究,夯实孔子学院语言文化传播效果的基础。

来源文献:杨薇,翟风杰,郭红,苏娟.非洲孔子学院的语言文化传播效果研究[J].西亚非洲,2018(03):140-160.

孔子学院与国家形象塑造之间的互惠关系已成为孔子学院研究中的共识命题之一,在近年来的文献中都能找到不同见地的阐发与论述。尹洁的《孔子学院与中国国家形象塑造》主要围绕语言文化资源的功能和影响,论述了孔子学院在展现中国国家形象方面的作用。

文章指出,语言文化是塑造国家形象的重要力量之一。一方面,语言实力是国家形象的重要支撑;另一方面,国家形象的塑造需要借助文化张力。语言以其自身的结构系统,承载着丰富、厚重的社会文化信息,为社会所利用,并产生出政治、经济、文化、科技和社会效益,被认作是一种有价值、可利用、出效益、能发展的特殊社会资源。拥有和主要使用该语言的国家便具有该语言所带来的语言实力。国家语言实力是指通过一定的方法和策略,使语言和语言文化资源成为影响他国(也包括机构、群体和个人)行为,并达到本国目的的能力,这是语言资源(包括语言文化资源)运用、组合的结果,是一种影响力。这种影响力主要通过语言和语言文化魅力、经济价值、文化价值等实现。①语言实力也表现为一种外向型的影响力,它通过语言和语言文化的传播力、吸引力得以体现,是语言的工具属性和人文属性的合体外溢。

文章进一步指出,孔子学院是世界认识中国的一个重要平台,通过汉语教育推动世界认识中国。汉语教学是孔子学院的基本业务,孔子学院开展的汉语教学,改变了以往海外汉语教学相对自由、零散的局面,树立了海外汉语教学高端、权威、专业、规模的形象,大大提升了汉语的传播力和影响力。同时,这也是孔子学院走向世界、面向未来的第一步,是孔子学院在海外平稳、健康、可持续发展的基础。只有解决语言沟通的障碍,才能真正认识中国、了解中国,最终实现合作共赢,美美与共。孔子学院助力汉语国际教育系统的构建与完善,世界各国是发展本国汉语教育的主体,肩负着汉语教育的主体责任,在国别化背景下的汉语教育政策措施、师资培养、资源建设、科学研究等方面发挥着主导作用。孔子学院作为海外汉语教育的一支新生力量,不仅是对海外汉语教学的有效补充,还尽力促成海外汉语教育系统的构建和完善。尽管孔子学院在构建和完善海外汉语教育体系方面承担着"有限责任",或参与行针布线,起到协助谋划作用;或授人以渔,交流教学经验与方法,但在一定程度上却为海外汉语教育的正规化、有序化提供了可资借鉴的模式,也为国际汉语教育的发展提供了丰富的素材参考。同时,孔子学院通过文化传播促进世界了解中国,也为各国学习者提供学习中华文化的平台,在合作、共享、共赢中让世界走近中国。

---

① 魏晖.文化强国视角的国家语言战略探讨[J].文化软实力研究,2016(03):27-36.

作者认为，孔子学院是展现中国国家形象的一张名片。"国强则语盛"，孔子学院体现中国大国崛起的形象。"相与通功易事，交利而俱赡"，孔子学院展露中国联通互惠的形象。"礼之用，和为贵"，孔子学院展现中国和平友好的形象。"欲人勿疑，必先自信"，孔子学院彰显中国文化自信的形象。孔子学院将传播中华文化和对外教授汉语作为工作重心，这是建立在对中华语言文化的历史和现实的清醒认识、对中华语言文化价值的充分肯定、对中华语言文化未来的坚定信念基础上的决策。语言文化的魅力呈现是孔子学院保持生机和活力的基础。那些内含在汉语中的文化、蕴藏在诗词中的情致、隐逸在书画中的灵思、流淌在戏曲中的神韵、潜化在医药中的世理，以及学院里中国教师和志愿者的真实风采……无一不是以其自有的方式讲述着中国。当然，孔子学院向外展示的，不仅是那些体现中国特色、饱含中国精神、展示中国风貌的内容，更通过中外文化的对话与交流，呈现中华文化中那些跨越时空、超越国度、富有永恒魅力、闪耀人类文明光辉的共性的精神和价值。可以说，孔子学院在世界各地布局设点，实际上就是中国对自身文化自信的深刻诠释，这极大地促进了世界各国对中国的了解，消除了一些对中国的误解，扩大了中西文化的交流，在推进中国文化的国际传播和中国对外形象的塑造中发挥着重要作用。

文章最后指出，国家形象是具有较强概括性、相对稳定性的内部社会和外部社会对特定国家的主观印象和总体评价。世界各国都在充分认识他者评价的基础上，努力进行自我构建国家形象的探索。中国以在全球建立孔子学院为契机，从一个方面构建中国国家形象，不限于此，更是借此推进自身的教育和文化建设由自发走向自觉，真正实现中国硬实力与软实力的同步发展。

来源文献：尹洁.孔子学院与中国国家形象塑造[J].江西理工大学学报，2018，39（04）：109-114.

【小结与思考】

2018年的文献中有一篇题为"孔子学院与我"的文章，着墨不多，但是所传达的信息引人入思。文章作者是马里兰大学孔子学院的学员蒂莫西·迈克尔·布朗（Timothy Michael Brown）。他说，第一次接触中华文化是在3岁的时候，妈妈帮他报名参加马里兰银泉市的武术班，而他达到武术黑带水平时才10岁。这7年间他都在朝着黑带努力，这不仅锻炼了他的体力和灵活性，让他更加自律，还教会了他自尊和尊重他人。5岁的时候，父亲安排他去上了第一堂汉语课，从那之后他就一直在学中文。现在布朗已经12岁了，正在备考中国语言测试。他很喜欢汉语，也希望自己能用这门全球使用人数最多的语言来交流。

除此之外，类似的文章还有《汉语对我生活的影响》①《我数十年的汉语学习旅程》②《中国文化影响了我的人生》③《中文是如何改变了我的一生》④《中文塑造了我的人生》⑤等。回溯近年的文献，基本每年都有类似的故事，如《"我的'中国梦'"》⑥等，每年全球孔子学院大会上也都会有外国朋友分享自身成长与孔子学院之间的缘分和情谊。可能还有更多的故事我们没有机会聆听，但正是一个个"我"的故事，承载着孔子学院的温度和温情，承载着孔子学院的人文关怀，承载着语言学习和文化互动而产生的生命律动。

这可以说是孔子学院影响的微观立场，也是孔子学院影响最真实真切的落脚点。就像我们常说的，实践是检验真理的唯一标准！我们也在思考，检验孔子学院影响的标准到底是什么？套用当下时尚的话语表述，这可能是对孔子学院的"灵魂之问"。对这个问题的回答可能是宽泛的、宏观的、上位的，比如对中外人文交流的促进、对教育合作和国际化指标的贡献，以及对国家软实力建设的影响等，这些在每年的文献中屡见不鲜。但是，其回答也有一种路径可能是具象的、细致的、个体的。在很长一段时间内，我们对前后两种回答的关注度和热切程度是不均衡的，后者在某种程度上只是我们言谈中有意思的孔

---

① 迈克尔·夫乐.汉语对我生活的影响 [J].孔子学院，2018（02）：44-45.

② 丹尼斯.我数十年的汉语学习旅程 [J].孔子学院，2018（02）：18-19.

③ 陈梦婷.中国文化影响了我的人生 [J].孔子学院，2018（02）：22-23.

④ 珍妮弗·格瓦拉.中文是如何改变了我的一生 [J].孔子学院，2018（02）：24-25.

⑤ 蒂娜.中文塑造了我的人生 [J].孔子学院，2018（02）：27-28.

⑥ 张蝶，王杰，祝欢."我的'中国梦'"——专访卡迪夫大学孔子学院最年长学员 [J].孔子学院，2018（03）：6-13.

子学院故事。然而，在孔子学院新常态发展的背景下，是不是也需要去思考回归本位的问题呢？或者说去思考关注点转向的问题呢？

如同"碎片"是当今时代不可规避的现实一样，个案、个体，是不是也应成为孔子学院研究的关切呢？宏大叙事、景观呈现逐渐让位给碎片传输和个人意义建构的整合，这种动向与格局日臻突显。碎片不是对整体的解构和否定，碎片化的信息传递和个体的自我选择与意义建构是全球化、信息化语境和社会狂飙突进高速运转的产物之一。我们不能抛开思辨机械地对待碎片的认知价值，情同此理，也不能以简单机械的态度对待微观个体。孔子学院研究的框架中，应该有更多个案探究、持续追踪、点线考察和微观立场的席位。孔子学院中的"我"是孔子学院与汉语国际教育互动最直接的结点，探究其结构、特质与功能，可能能够聚合出孔子学院研究新的学术意义。

一篇用墨不多的小文章可能带来大方向，年度文献中的包含高频词汇的文章更是对学术成果的映射。"一带一路"与孔子学院关联的密度也是不可忽视的，如《"一带一路"背景下孔子学院融入大学发展研究》①《"一带一路"视域下孔子学院对中国文化软实力的影响》②《"一带一路"倡议下辽宁省非洲孔子学院的现状及发展策略研究》③《"一带一路"框架下俄罗斯孔子学院未来发展再思考》④。"一带一路"倡议和人类命运共同体建设，是孔子学院影响延漫新的"议程设置"。就像中国历史上每一次具有革新意义的社会思潮都能推动新的社会发展一样，"一带一路"倡议对中国各行各业所发挥的驱动、带动、联动效应还会进一步得到加强，对孔子学院的发展，特别是对非洲等地区的区域带动、影响发挥等都将是新的探究领域和学术期待。

中华文化走出去的"语言与文化传播实践""孔子学院与国家形象传播""孔

---

① 赖林冬."一带一路"背景下孔子学院融入大学发展研究——以菲律宾四所孔子学院为例[J].比较教育研究，2018，40（09）：3-10.

② 林航，邱丹妮，林锴."一带一路"视域下孔子学院对中国文化软实力的影响——基于中国文化输出的数据[J].浙江树人大学学报（人文社会科学版），2018，18（05）：27-34.

③ 李珂玮."一带一路"倡议卜辽宁省非洲孔子学院的现状及发展策略研究[J].大连大学学报，2018，39（02）：70-74.

④ 陈辉."一带一路"框架下俄罗斯孔子学院未来发展再思考——以俄中部一家孔子学院数据为例[J].广东外语外贸大学学报，2018，29（06）：136-141.

子学院与中国国家形象塑造"等话题都是往年年度报告持续关注的话题，2018年的文献中，此类成果依然占有一定比重。研读下来，尽管有视角、修辞等方面的新意，但是观点和主张，特别是探究维度和表述条目的趋同也是不可回避的。应该讲，此类话题是孔子学院研究跨学科起步的场域，关涉传播学、政治学等学科，但是在世界格局、国际政治关系和孔子学院建设发展的新阶段，对此方面的研究值得去细化、深化，那种宽泛的、标签性较强的"形象塑造"描述确实应该向纵深迈进一步。细化形象塑造是勾画具有导航意义的"地图"，而不是鸟瞰俯视般的概述和策略意义层面的指向。自信而勇敢地摘掉孔子学院研究中那些程式化的标签，需要勇气，也需要思想的解放、理念的跟进和方法的革新。

第二节 教育共同体与教育服务

伴随人类命运共同体理念的深入人心，共同体意识在很多领域都得到扩散和加强，以此视角分析社会发展中的问题也会得到相应的启示。李璐在其文章中提出了"依托孔子学院构建全球教育共同体"的观点。

文章指出，在全球化、信息化背景之下，教育不仅关系个人、国家、民族的发展，更担负着促进文明交流互鉴、谋求人类共同利益的责任，构建一个和谐、包容、共生的全球教育共同体，将有助于整合多元文化下的教育环境，促进全球教育的健康、平衡发展，这也是构建人类命运共同体的应有之义。教育共同体的构建指的是各成员机构充分发挥自主性，以共同使命的达成为发展目标，在一定的规则和制度维系下实现开放、共享、自治的过程。

文章对构建全球教育共同体的路径进行了分析，认为共同体由精神层面的共同使命感驱动，与社会不同，社会主要依靠现实层面的制度建构维系。因此，孔子学院全球教育共同体首先应该是一个精神共同体。14 年来，作为非营利性教育机构的全球孔子学院秉持"相互尊重、友好协商、平等互利"的校训，在实践中独创并深化了中外合作办学模式，注重发挥民间主体和市场机制作用，吸引了地方、学校、企业和社会各界广泛参与，焕发出勃勃生机，这与

人类命运共同体"合作共赢"的基本原则一脉相承。近年来,习近平主席在国际国内重要场合 100 多次阐述人类命运共同体思想,体现了中国将自身发展同世界共同发展相统一的全球视野、世界胸怀和责任担当。目前,人类命运共同体重要思想已被写入联合国安理会、社会发展委员会、人权理事会的多个文件。这表明,人类命运共同体的理念开始赢得国际社会的认同,是新时期孔子学院教育共同体践行以构建人类命运共同体为新使命的历史机遇。

教育共同体是一个交往互动的动态变化过程。"交往、共享、协调参与是道德法则和目的普遍化的唯一途径。"孔子学院作为教育共同体的组成形式,是一个开放的系统,成员之间彼此相关、互通有无、自主自新,可根据其服务对象、所在地域、中方合作机构等多个维度进行网络化的集体交往,如全球孔子学院、独立孔子学院课堂,以及其下设课堂、教学点实体超过 2 000 个,每年由各孔子学院联合召开数十个区域、国别联席会议,中方院校召开所承办孔子学院会议,孔子学院总部召开全球孔子学院大会,是推动各成员之间交流办学经验、分享共同特质、提升集体荣誉感、促进文化差异相互交融的有效形式,从而不断激发成员创造力,推动共同体的动态健康发展。

教育共同体存在于以教师为主导、学生为主体的教学关系之中。[1]2017 年,全球孔子学院有中外专兼职教师 4.6 万人,开设各类汉语教学班次 7.3 万个,各类学员 230 万余人,教师和学生群体之间的关系特点千差万别,这就需要通过不断完善的制度和规则来维护教学关系以及教育共同体的正常运转。构建全球孔子学院教育共同体,要推进教师队伍专业化、职业化建设,以及教学资源、教学方法的标准化、系统化建设,并结合各国、各地相关政策、需求特点,制定"统分结合"的教学指导体系。同时,不断适应各国学生信息化、智能化的学习需求,实现从传统教学模式向以信息化为主的现代教学方式转变。

汉语作为全世界使用人数最多的语言,具有一定的公共产品特性,而汉语作为孔子学院的主要传播内容,又赋予孔子学院教育共同体和平性、包容性的精神特质。未来孔子学院应以构建人类命运共同体的使命为指引,在语言教

---

[1] 林上洪."教育共同体"刍议[J].教育学术月刊,2009(10):20-21.

学的基础上，不断挖掘、拓展其文化功能，为需求日益旺盛的中外国际交往创造机会、搭建平台，同时向英国文化委员会、歌德学院等机构学习有益经验，增强公益性，强化国际性，进一步推动全球教育共同体目标的实现。

文章最后指出，当今世界正处在大发展、大变革、大调整之中，全球治理体系和国际秩序变革加速推进，在全球治理的任何一个领域，没有中国的参与都难以取得成功，世界也期盼中国在全球治理中发挥更大作用，为应对全球性挑战提出中国方案。全球教育治理作为全球发展治理的一项重要内容，在全球治理体系中拥有独特的地位和作用。中国教育部部长陈宝生提出，要实现"到本世纪中叶中国教育将稳稳立于世界教育中心，引领世界教育发展的潮流，中国教育标准成为世界标准"，就必须科学谋划、统筹推进新时期教育对外开放与人文交流工作，主动在全球教育发展议题上提出新主张、新倡议和新方案，构建孔子学院全球教育共同体就是其中之一。孔子学院属于中国，也属于世界，承载着构建人类命运共同体的天然使命，要在促进中外语言文化交流合作和互学互鉴，推动多元多彩的世界文明发展，构建人类命运共同体、利益共同体和责任共同体上做出新的更大贡献。

来源文献：李璐. 依托孔子学院构建全球教育共同体[J]. 对外传播，2018（08）：61-63.

孔子学院建设之初，学界即开始研讨其对高等教育发展产生的影响，宏文灼见时有涌现，其中，阐述论断文章居多，实证研究较少。连大祥、苗莉青《孔子学院对中国高等教育出口的影响：来自中国合作大学的证据》（*Effects of Confucius Institutes on China's Higher Education Exports:Evidence from Chinese Partner Universities*）一文，从经济学视角出发，采用实证研究方法，从中国的省级层面考察了孔子学院对其中方合作院校外国留学生的影响。

文章研究指出，孔子学院对中方合作院校吸引更多外国学生来华学习发挥了积极作用，从而增加了中国的高等教育出口，提升了软实力。其中，对非学历留学生的影响尤为显著。对于学历生来说，只在中国的中西部省份有显著的正向影响，在东部省份没有影响。此外，成为留学生来华学习目的地的其他

重要影响因素还包括地区生产总值（GRP）、政府提供的奖学金以及方言的盛行度。其中，前两个因素与该地区的外国学生数量呈正相关，而方言的盛行会对外国学生进入该省大学就读产生阻碍作用。

文章对中方合作院校的情况进行了较为系统的梳理，中方合作院校主要集中在经济和教育相对发达的东部地区。其中，北京的中方合作院校多达126所，占总数的26%。中方合作院校数量位居第二位的是上海，有46所，占比接近10%。中西部地区的合作院校则相对较少。许多省市拥有的合作院校不足10所。贵州省和内蒙古自治区各只有一所中方合作院校。中方合作院校的分布与一个地区经济发展的成熟度和教育资源的丰富度有关。在486所中方合作院校中，有227所是普通高校，161所是"211工程"大学，98所是"211工程"和"985工程"大学。①重点大学共有259所，占中方合作院校总数的一半以上。当选择中方合作院校时，重点大学并没有受到区别对待。在申请设立孔子学院时，外国合作伙伴可以自主选择中方合作院校，或向国家汉办提出申请，由汉办向他们推荐中方合作院校。在这两种情况下，被选中的中方合作院校都必须具有完成相关任务的能力。中方合作院校必须高度重视其孔子学院工作，并能够将孔子学院的发展融入该校的整体发展计划之中。中方合作院校的顶层设计和总体规划对孔子学院的长远发展起着决定性的作用。

文章认为，孔子学院是一个致力于汉语教育和文化推广的组织，中方合作院校必须具备实力和资源，能够在相关领域，特别是在汉语教学，以及中医、书法、舞蹈、旅游、京剧等促进中外文化交流的领域进行课程开发。此外，中方合作院校应该能够根据外方承办院校的具体特点和所在地区，为孔子学院的发展提供差异化的支持。汉办根据中方合作院校的孔子学院的表现，对中方合作院校进行评估。中方合作院校也会产生一定的成本，因为一些有价值的资源从这些院校转移到了孔子学院。但同时，中方合作院校在此过程中也会加快自身国际化的进度，尤其在人才培养、科学研究、社会服务、国际合作和留学生

---

① 211工程，即面向21世纪，中国重点建设100所左右的高等学校和一批重点学科。该工程由国务院批准，于1995年11月开始实施。985工程指的是中国自1998年5月开始实施的创建世界一流大学的工程。

教育等方面受到积极的影响，并从中获益。

在高等教育的国际化方面，作者指出，我国高校将国际化纳入其长期发展规划，这些规划主要包括高校自身建设、高校教师队伍建设和人才培养三个方面。中方合作院校拥有很好的平台，能够与孔子学院的外方承办院校进行合作，在国际化进程方面要容易很多。中方合作院校为其教师提供更多的机会，向外方承办院校学习并参与到与外方承办院校的交流当中，同时也配合其孔子学院开展工作。在这一过程当中，中方合作院校的教师学习了国外先进的教育和管理理念，并获得了开展科研合作的机会。此外，中方合作院校还提供海外实习机会，拓展交流渠道。成为孔子学院志愿者对学生的专业研究来说也是一个很好的学习机会。他们可以把理论应用到实践当中，丰富自己的国际经验。与非中方合作院校相比，中方合作院校可以提供更多的双边学生交换项目和学习机会。

中方合作院校吸引了更多的外国学生来其学校留学。这些学生的目标可能包括学习知识、获得学位、学习外语和拓宽视野等。外国学生对其留学的国家和大学的选择取决于许多因素，如留学目标国的教育质量、目标国学位的被认可度、对目标国的良好印象和积极评价、目标对象的准确信息、合作教授和可获得的奖学金等。通过与孔子学院的合作，中方合作院校开展诸如汉语教学、讲座、旅游、留学咨询等项目，帮助外国学生提高汉语水平并全面了解中国。因此，来中国学习的外国学生更有可能选择中方合作院校。此外，孔子学院奖学金也使中方合作院校受益，因此这些院校会更加受到外国学生的青睐。

文章得出结论：孔子学院的中方合作院校对非学历留学生有显著的正向影响。一个省的孔子学院中方合作院校越多，来这个省学习的外国留学生的人数就越多。然而，除中西部地区外，这种积极效应并不适用于学历留学生。

来源文献：Donald Lien & Liqing Miao. Effects of Confucius Institutes on China's Higher Education Exports: Evidence from Chinese Partner Universities[J]. *International Review of Economics & Finance*, 2018（57）:134-143. 王硕译。

特色孔子学院对中外人文交流和全球孔子学院影响的扩散起到积极的推

动作用。林航、蔡超云《以特色孔子学院为视角的中国教育服务出口模式研究》，从跨学科的视角对特色孔子学院的发展情况及其影响因素等开展了分析和阐述。

文章指出，目前，商务、中医、戏曲、武术、旅游等特色孔子学院已达67所。经过11年的发展，特色孔子学院从2006年全球3所发展到2016年全球67所，分布于31个国家或地区。虽然全球特色孔子学院数量持续增加，但相较于孔子学院的发展规模，其总体还处于起步阶段。随着特色孔子学院的迅速发展，其在海外覆盖范围持续扩大，分布的国家和地区逐年增加。其中，欧洲和美洲成为特色孔子学院数量增长最快的两大洲。整体来看，特色孔子学院的分布呈现出如下洲际特征：集中分布在美洲、欧洲等高收入国家，分散分布在亚洲、非洲国家，大洋洲集中于收入水平较高的澳大利亚。截至2016年，特色孔子学院已有特色各异的22种小类，文章将其整合为6大特色分类，分别是中医类、艺术类、商务经贸类、农业饮食类、教研传播类和职业技能类。其中，商务经贸类多达29所，占比最高。

文章通过构建引力模型，进行实证分析，研究了特色孔子学院设立的影响因素。首先，通过零膨胀负二项模型和随机效应负二项模型进行基准回归检验，发现影响特色孔子学院设立的主要因素有：中国对外直接投资存量、孔子学院存量和文化距离等。然后，通过泊松模型和排序LOGIT模型进行稳健性检验，证明模型的回归结果是稳健的，得出影响特色孔子学院设立的相关结论：一是，中国对外直接投资越多的国家越有利于特色孔子学院的设立，因为这样才能满足当地中资企业对跨文化人才的需求；二是，孔子学院数越多的国家越有利于特色孔子学院的设立，因为这样才能满足当地汉语学习者日益多样化的学习需求；三是，文化距离越大的国家越有利于特色孔子学院的设立，因为这样才能满足当地人民对于中华文化的了解需求。

作者进而指出，教育出口已经成为国际服务贸易的新兴方式，是我国新的出口增长点。结合实证研究结论，为了推动特色孔子学院的快速发展，提出以下政策建议：

一是高度重视特色孔子学院的设立与发展。孔子学院作为汉语言文化推广和传播机构,已经成为推动我国教育出口贸易发展的重要力量。而特色孔子学院的设立与发展应该被提高到重中之重的地位。特色孔子学院的设立和发展有利于促进中华文化的多样化、特色化传播,提升国家文化软实力;有助于促进海外孔子学院的可持续发展,有利于中国教育出口贸易发展。

二是鼓励与所在国中资企业合作办学。实证结果表明,海外中资企业因素显著促进了特色孔子学院的设立。特色孔子学院的发展应与住在国中资企业紧密联系,建立"特色孔子学院为中资企业提供跨文化人才、中资企业为特色孔子学院提供资金支持"的合作机制。鼓励住在国中资企业与特色孔子学院合作办学,鼓励中资企业员工到特色孔子学院进修,培养了解中外文化和意识形态的跨文化人才,以提高中资企业形象,提升中外民心相通水平,深化中外经贸联系。

三是推动现有孔子学院向特色化转型。实证结果表明,孔子学院存量因素显著促进了特色孔子学院的设立。特色孔子学院应开设在汉语教学开展基础较好的国家,即孔子学院数量较多的国家。在原有的汉语教学基础上进一步深化,重点推动课程特色鲜明、办学理念突出的孔子学院向特色化转型,以提升孔子学院的办学质量,推动中华文化的深度和广度传播。

四是推动更多特色孔子学院在中外文化差异较大的国家设立。实证结果表明,中外文化差异因素显著促进了特色孔子学院的设立。特色孔子学院应更多地布局于文化距离较大的国家,增强住在国与中国的文化认同感,增强住在国国民对特色孔子学院等中华文化推广机构的认同感。同时派遣优秀的教师、志愿者,确保文化传播的质量,以汉语和中华文化的传播为桥梁,深化特色孔子学院住在国与中国的文化联系,进而推动国与国之间的经贸发展。

来源文献:林航,蔡超云.以特色孔子学院为视角的中国教育服务出口模式研究——基于负二项式模型的实证分析[J].上海商学院学报,2018,19(05):92-100.

【小结与思考】

与往年的文献相比，2018年探讨孔子学院与教育国际化发展的文章主要集中在相关研究中，专题研讨的文献数量较少，如扈启亮、潘卫民《"一带一路"背景下湖南省高校海外孔子学院建设探究》[①]等。与之相对应，在"一带一路"和"双一流"语境下研究教育国际化并论述到孔子学院的文献数量有所增加，如陆小兵等《"双一流"战略背景下我国高等教育国际化发展反思》[②]，喻恺等《"一带一路"战略下我国高等教育国际输出的机遇与挑战》[③]，朱以财、刘志民《"一带一路"背景下高等教育人才联通：要义、角色与路径》[④]，刘进等《"一带一路"呼唤怎样的高等教育》[⑤]等。

相关文献中，不可忽视的现象是：基于孔子学院平台的教育合作和教育国际化的发展，更多地与地方高校、高职院校，或以省份为基础单元结合在一起。这种发展动向可以从下列文章标题中略见一斑。有关地方高校的，如程雁雷《"一带一路"背景下地方高校的教育国际化理念——以安徽大学为例》[⑥]，郭伟、赵明媚《"双一流"战略下地方综合性大学国际化发展思考——以"一省一校"入选高校为例》[⑦]，刘琪《"一带一路"倡议下西部高校对外交流与合作面临

---

① 扈启亮，潘卫民."一带一路"背景下湖南省高校海外孔子学院建设探究[J].牡丹江大学学报，2018，27（05）：120-123.

② 陆小兵，王文军，钱小龙."双一流"战略背景下我国高等教育国际化发展反思[J].高校教育管理，2018，12（01）：27-34.

③ 喻恺，胡伯特·埃特尔，瞿晓蔓."一带一路"战略下我国高等教育国际输出的机遇与挑战[J].清华大学教育研究，2018，39（01）：68-74.

④ 朱以财，刘志民."一带一路"背景下高等教育人才联通：要义、角色与路径[J].高校教育管理，2018，12（05）：8-14+46.

⑤ 刘进，闫晓敏，哈梦颖，杨莉."一带一路"呼唤怎样的高等教育[J].重庆高教研究，2018，6（04）：58-68.

⑥ 程雁雷."一带一路"背景下地方高校的教育国际化理念——以安徽大学为例[J].大学（研究版），2018（06）：47-48.

⑦ 郭伟，赵明媚."双一流"战略下地方综合性大学国际化发展思考——以"一省一校"入选高校为例[J].河北大学学报（哲学社会科学版），2018，43（01）：50-56.

的挑战及对策》①等。与高职院校有关的,如李珊珊、卢丽虹《"一带一路"背景下的职业院校国际合作办学协同创新路径研究》②,郭静《"一带一路"视角下职业教育国际化的行动策略:基于政策框架与实践模式的分析》。③ 以省份和以类别或个案大学有关的,如陈乃芳《"一带一路"倡议与国际交流合作——以北京外国语大学为例》④等。

地方院校、高职院校,包括一些民办高校也对教育国际拓展与合作表现出较高的关注与发展诉求,它们都在自身院校发展定位的基础上去寻求国际化指标可能的落脚点和增长点。加大合建海外孔子学院的力度也是其途径之一。曾几何时,孔子学院刚起步时,"985"院校是承建孔子学院的重镇,地方类院校虽有介入和参与,但是规模和程度有限。现在这种普遍参与和积极性的彰显,既折射出孔子学院建设发展中的新动向,也体现了我国高等教育国际合作与协同发展动力结构的丰富。此外,孔子学院的承建主体也日趋多元,成为孔子学院力量建设中一个值得探讨的问题。正如连大祥文章中所提出的问题那样,"孔子学院对中国高等教育出口的影响"到底体现在哪里?来自合作大学的数据是非常重要的依据。那么检验或者说验证孔子学院对高等教育国际化影响的标准是什么呢?每年的全球孔子学院大会也都会探讨这个问题。应该讲,建设主体的扩散和普遍参与应该是孔院国际教育合作带动性和贡献度的指标与表征之一。中国各种类型的大学都在不同程度上介入海外孔子学院建设中,并以此为平台开展国际教育合作实现协同发展之时,也正是孔子学院进入新常态的体现。

结合这样一种现象,再来思考"教育共同体"的理念也不无启发。一方面全球孔子学院的结构性存在已然是一个共同体,特别是"一带一路"倡议后,

---

① 刘琪."一带一路"倡议下西部高校对外交流与合作面临的挑战及对策 [J]. 重庆高教研究,2018,6(01):12-19.

② 李珊珊,卢丽虹."一带一路"背景下的职业院校国际合作办学协同创新路径研究 [J]. 四川职业技术学院学报,2018,28(06):133-137.

③ 郭静."一带一路"视角下职业教育国际化的行动策略:基于政策框架与实践模式的分析 [J]. 教育与职业,2018(05):28-34.

④ 陈乃芳."一带一路"倡议与国际交流合作——以北京外国语大学为例 [J]. 大学(研究版),2018(05):48-51.

区域共同体意识和行动更加显著,"一带一路"倡议贯穿亚欧非大陆,打造教育共同体需要多区域、多国家的合作。我国高等教育还需要进行自我改革,从松散型向系统化转变,建立不同层次的交流机制与合作平台,如区域合作平台、多边合作平台、院校合作平台等,多方助力,形成推动我国同沿线国家教育交流合作的合力。教育部在《推进共建"一带一路"教育行动》的文件中提出了打造沿线国家"教育共同体",为提供"一带一路"建设所需的人才、智库支持和文化理解,采取了政策扶持、渠道互助、学历互通互认等措施。沿线国家教育共同体的建设是我国高校国际化教育发展的一个新的方向,为我国高等教育的对外开放提出了新的要求。① 孔子学院合建院校之间的各种教育协同项目使这样一个教育网络得到拓展,内涵得到丰富和填充,功能得到发挥和延展,应该讲以上还是一种外部视角的阐述。而从国内大学角度出发,对教育国际合作与协同发展的共同体意识还是相对薄弱的。国内承办院校因为年会、片会和专题工作会议等机会有交流的平台和空间,这在一定程度上形成了一定"集体观"和共同体思维,但是如何以共同体为基础去驱动,去培育挖掘更宽泛、更具有拓展意义的国际教育合作共同体,可能还是留白的,或者即使有,也是个案性质的。现在的中方合作院校之间没有促进彼此交流和分享经验的渠道。因此,这些中方合作院校没有形成合力。对于新加入的中方合作院校来说,他们没有机会向其他院校学习,因而不可避免地要从自己的错误中吸取教训。② 可以说,孔子学院在国际教育领域的资源价值没有得到相应的开发和应用,或者说孔子学院的媒介功能没有得到重视,其教育功能的发挥也主要在语言教学和文化互动方面,基于孔子学院的国际教育合作与协同发展的"产品链""功能链""价值链"都需要去链接和对接。或者更直接地讲,孔子学院作为教育公共产品的功能拓展和价值开发值得再去审视和重视。各高等院校作为孔子学院建设者和工作者聚焦并践履了自身的工作,但可能也需要更多地去考虑国内相

---

① 马知遥,况哲宇."一带一路"下的高校国际化教育研究[J].天津市教科院学报,2018(01):13-16.

② Donald Lien & Liqing Miao. Effects of Confucius Institutes on China's Higher Education Exports: Evidence from Chinese Partner Universities[J]. *International Review of Economics & Finance*, 2018(57): 134-143.

关方和合作者。当这样一种外部视角和内部链条同时发挥作用的时候，对孔子学院高等教育贡献度的阐述和评估应该会有更值得期待的景象与维度。

　　服务的观念无论在孔子学院建设还是教育国际合作领域都得到不断加强，语言服务、教学服务、咨询服务、经贸服务[①]等都陆续开展起来。孔子学院自身发展类型的多样，为孔子学院服务职能、教育功能的丰富和深化提供了可能，无论在国际教育合作促成方面还是教育功能的实施方面都创设了新的机遇。在2018年的文献中有一篇题为"文学孔子学院"的文章，篇幅不长，在此笔者无意对内容进行摘要与评述，单想谈一谈由此标题带来的一些思考。借用文化类型学或者文化形貌论的说法，孔子学院发展中几种相对稳定的模式已经在一定程度上成为孔子学院的形貌景观：汉语教学型、文化传播型、学术研究型和特色孔子学院。而特色孔院之"特"，主要体现在主体教学内容、文化活动主旨，以及支撑院校的资源供给等方面，是一种特质性的国际教育服务。高校语境下对国际教育合作的范畴是有共识的：科研协同、学生互通、师资研修、校际往来等，这在"面上"是普遍遵循的合作路径。而特色孔子学院具有在"面"的基础上开创创新点、突破增长点的可能性，在孔子学院新常态建设中，面上的规范与标准是一种推进，点上的聚焦与开拓也为其纵深发展提供了可能。由于特色孔院在资源聚合与配置方面的稀缺特质，它所能发挥的教育服务功能与国际合作功能就更有针对性。也许在辐射面和普惠程度上受限，但是孔子学院在纵深方面一定需要找到着力点，进行深耕细作，在结构上实现突破，而区域发展、类型发展、特色发展都将孕育新的期待。正如2018年度报告序言所倡导的统分结合的治理框架所言，一方面全球共同体意识要强化、公共性的实践要加强，彰显共性，规范全球治理；而另一方面区域合作、领域合作、特色合作也不容或缺，"两手抓，两手都要硬"。

---

① 周永源，张国军.中国高等教育服务贸易发展现状、问题及对策[J].国家教育行政学院学报，2018（07）：53-58.

第三节 话语重建与讲中国故事

"国强语言强,国盛语言盛"既是客观事实也是学术共识,伴随海外孔子学院的发展和文化产业走出去等的推进,文化的全球发展与话语重建已在一定程度上提上日程。张西平《开创中华文化全球发展的新局面》一文,梳理了中华文化海外传播的成绩,也指出了开创新局面仍待努力的方面,特别是话语重建方面需要面对的挑战。

文章强调,我们必须认识到中国文化走出去绝非一路凯歌。中国文化将随着中国国家整体实力的崛起,重新回到世界文化的中心,但在整个过程中伴随着与西方文化占主导地位的世界文化格局的博弈,这个历史过程必将充满变数,一切都是崭新的,我们需要认真向世界学习,同时,西方国家也应该适应整个历史的变革。对西方来说,中国重新回到世界重要地位,不仅要改写世界的经济格局和政治格局,也必将对世界文化的格局重新洗牌。由于我国政治制度和文化传统与西方国家存在着重大差异,西方媒体至今仍惯用冷战思维来看待中国,他们往往从一些政治性文化问题入手,频频发起攻势。在当今国际舆论场被西方国家主导的情况下,如何应对西方国家在文化上的不理解、误解乃至进攻挑衅,是我们在文化走出去时必须考虑的问题。

要确立文化自信,走出对西方文化的过度迷信是国内思想文化变革的重要问题。改革开放以来,中国在世界上地位的改变使我们开始考虑文化的重建和精神世界的重建。此时,我们发现,百年来,我们一直以西方为师,相当多的国人还沉迷在对西方文化的崇拜之中。西方文化自然是相当优秀的文化,但在其强大的历史中渐渐忘记了向东方的学习,忘记了其作为一种地域性文化所具有的局限性。与此同时,国人在学习西方文化时,不少人对自己的文化逐渐生疏,传统文化的伟大价值似乎只在书本之中,甚至连对自己近代历史的叙述也开始模糊。

从中国文化的觉醒和西方文化摆脱文化的傲慢这两段发展来看,中国如果重新回到世界文化的中心,与西方必然有着文化和意识形态的严重分歧。双方要通过长期的文化对话和文化斗争才能找到一条"和谐"之路。"和而

不同""斗而不破",这或许是我们与西方文化长期相处的基本形态。为此,我们应开创中国自己的传播学理论,在世界范围内尝试建构新的文化话语体系,逐步占据文化对话的制高点。一方面,要努力建构中国自己的新文化价值体系,向西方展示中国文化的魅力;另一方面,我们应充分理解当今世界格局发生重大变化背后的文化背景,充分利用新兴工业国家与我们的经济政治诉求的连接点,塑造出新兴发展中国家新的文化价值体系和话语系统,从而逐步建构一种在吸纳西方文化基础上的全新的国际文化话语体系,掌握世界文化的主导权。

要加大中国学术走出去的力度,通过破除19世纪以来的西方学术话语迷信,重建中国的话语权。目前我们的文化推广中最为薄弱的环节就是中国思想和价值的传播以及中国话语权的提高。其原因在于国内人文社会科学走出去严重滞后。在文化传播中,语言是基础,文化是外围,思想是核心。目前国家投入的经费主要是在语言和文化上,在让人文社会科学走出去,让世界了解一个"学术的中国""思想的中国""理论的中国"方面做得不够理想。

作者主张,我们应该从更长时段、以更宏大的视野来审视中国话语的重建。中国学术走出去就不再仅仅是宣扬中华文化本身,而是在文明互鉴的基础上,学习多种文明,要走进考古现场、走进多种语言深处、走进丰富多彩的民族生活的核心,唯有此才能真正发现东方的价值、多元文化的价值,反思西方的学术体系和话语的不足与问题。我们必须认识到,超越西方现代学术体系,建立更为完善的现代学术体系和话语体系是中国真正成为一个强国的重要标志。

来源文献:张西平.开创中华文化全球发展的新局面[J].对外传播,2018(04):52-54.

逄增玉在《当代中国文化国际传播的现状与路径述论》一文中对当代中国文化国际传播的多方面内容与多元化方式进行了较为全面的梳理与阐述,结合国际环境和语境,对更多可资借鉴和依赖的方式与路径做了分析与探讨,也针对近年来中国文化、中国形象国际传播和塑造的方式与内容存在的若干不足提出了建议。

文章指出，语言和教育是文化传播的最有效方式之一。在中国的留学生教育快速发展的同时，中国在海外进行汉语与文化国际传播的机制日益完善，孔子学院已经成为汉语与中华文化国际传播的最大和最有效的平台。目前孔子学院在全球数量大发展的同时，即将面临发展模式转型和深度发展问题，运营模式、发展模式、教育模式都在进行深度、梯度发展转型与探索。为适应发展形势，孔子学院总部/国家汉办与国内外高校联手，次第进行了海外孔子学院本土汉语教师培养基地建设、国内高校招收海外汉语国际教育硕士和新汉学博士培养等工程，已经取得明显成效。此外，海外华文学校也是海外汉语与中华文化推广的主要基地。在孔子学院和中国文化中心设立之前，欧、美、日等国家一直利用本国教育体制中的汉学或东亚学科的培养模式，培养了一批批声誉卓著的汉学家，通过他们使自己国家的人民了解中国与中国文化，也通过他们在本国进行汉语与中国文化的教育、推广与传播。当今孔子学院与中国文化中心已经遍布世界，它们与住在国的大学教育体制中的中文与汉学教育产生了若干矛盾和模式的冲突，这些冲突也体现出一定的跨文化传播模式的适应与调整问题。因此，如何化解二者的模式矛盾和冲突，是中国文化海外传播中亟须重视和解决的。

来源文献：逄增玉. 当代中国文化国际传播的现状与路径述论[J]. 现代传播（中国传媒大学学报），2018，40（05）：14-20.

运用传统思想体系中的核心概念分析孔子学院的传播问题，能否带来别开生面的学术期待呢？何国华、安然《孔子学院跨文化传播影响力研究》一文做出了新的探索与尝试，文章在对"传播影响力"及第二层次"跨文化传播影响力"的内涵进行分析的基础上，从阴阳视角对孔子学院跨文化传播影响力中自我形象与他者形象的理论关系进行了解读，提出"孔子学院跨文化传播影响力"是个动态、双向博弈、多维取向的过程，其结果呈现为正面、负面、中性的多维取向。孔子学院的跨文化传播影响力既是过程，也是结果的体现。

文章对孔子学院的跨文化传播影响力进行了界定，它是指孔子学院在跨文化传播过程中，借助网站、报纸、电视等各种媒介力量，以汉语教学、文化

活动、宣传教育等方式，使受众在对孔子学院的认知、情感、行为等方面尽量达到合乎自身对外传播目的的能力，这种目的体现为受众能接受汉语的学习，理解中国文化，正面、客观地了解并友好地看待与中国的关系，以逐步提升我国的国际形象与文化影响力。孔子学院跨文化传播影响力的大小可通过实证测量受众认知、态度、行为三个层次的改变程度来进行衡量。理想中的孔子学院跨文化传播影响力应该是正面效应完全占据主导，没有任何负面效应的存在。但事实上由于孔子学院的主体性质、受众差异或媒介报道倾向等诸多因素的影响，现实中孔子学院的跨文化传播影响力呈现为自我形象与他者形象即正面效应与负面效应的复合，两者互为矛盾，不断变化。个体对孔子学院形象的认知往往同时包含了正面和负面两种，两者既对立又统一，且你中有我，我中有你，在一定时期内这种形象认知是稳定的，从而决定了人们对待孔子学院的情感与行为。但随着对孔子学院的深入接触以及外界因素的干扰等，这种认知及其产生的情感、行为也是不断变化的，这种由无数个体集合而成的对孔子学院的认知、情感、行为实际上就是其跨文化传播影响力的体现。因此，孔子学院跨文化传播影响力呈现出动态的、双向博弈的、多维取向过程。理论研究源于实践需要，孔子学院的飞速发展既具有全球性，又突显本土性特色，孔子学院独特的发展规律和跨文化传播特点对理论发展提出了新需求，促进了新的研究领域的出现。

文章基于跨文化研究的要义，旨在以共同性为目标寻求视域创新，超越自我形象与他者形象的博弈，从视域创新角度厘清孔子学院跨文化传播影响力的实质，采用说服传播的精细加工可能性模型，以影响说服和传播效果的三个条件，即 AMO 三因素为理论框架，寻求提升孔子学院跨文化传播影响力的途径。A（能力）取决于受众自身对信息的阐述或知识储备；M（动机）是指受众对处理信息的渴望程度，它取决于受众与传播情境；O（机会）是指受众在接受信息时的情境对信息加工起到促进还是阻碍作用。以此为分析框架，结合孔子学院跨文化传播实践的特点，疏解孔子学院跨文化传播影响力中自我形象与他者形象的矛盾。提升孔子学院跨文化传播影响力可从提升受众的 AMO 水平三方面考虑。主要包括：1. 良好的跨文化认知、跨文化适应能力：A 因素水平的

提升策略。2. 弱化政治传播功能，关联国际社会热点议题：M 因素水平的提升策略。3. 推进院企合作：O 因素水平的提升策略。

文章最后指出，研究运用阴阳视角对孔子学院跨文化传播影响力做出自我形象与他者形象的解读，并非意在强调二者的对立性和不平等性，而是以共同性为目标寻求视域创新，超越自我形象与他者形象的博弈，从视域创新角度厘清孔子学院跨文化传播影响力的实质，并寻求提升孔子学院跨文化传播影响力的途径。

来源文献：何国华，安然.孔子学院跨文化传播影响力研究——基于阴阳视角的解读 [J]. 华南理工大学学报（社会科学版），2018，20（01）：81-89.

在传播的视角下，孔子学院的文化交流与互鉴、对话与融通一直是研究者们的关注点之一。不断凝练特色、光大效用是一个方面，而发现问题、探索解决的路径也是必不可少的。马梦真《孔子学院文化传播过程中的几个问题及解决方法》一文提出了自己的见地与主张。

文章认为，孔子学院在文化传播方面的问题主要集中在两个方面：

一是传播内容趋于表面化。孔子学院传播中华文化，不是简单的对外传播，而是要通过一定的形式向世界展示中华文化所蕴含的精髓。但是目前有的孔子学院虽然开展了多方面的文化传播项目，然而学生在参与的过程中，对于这些内容的认知只停留在物质理解的层面上，活动举办得热热闹闹，但却犹如蜻蜓点水，他们并没有真正领会到中华文化的深层次内涵。国外很多人对中医产生了浓厚的兴趣，他们认为中医是非常神奇有效的医术，然而中医学深层次强调的是情绪和精神对人身体系统的影响；很多孔子学院开设有太极拳课程，受到了学生们的欢迎，但是太极拳的学习不只是对打法的练习，它还蕴含着形神合一的意念及柔和之术。中华文化有它独具特色的意蕴在里面，孔子学院在开展文化活动时，不能仅仅停留在形式上，而是要通过形式挖掘出中华文化的深度内涵，并努力让学习者通过表象看到本质，这样才能将中华文化的内涵深深印刻在他们的心中。

二是传播方式趋于程式化。各地孔子学院非常重视组织和开展形式多样的文化活动。举办丰富多彩的文化活动，可以让学生亲身体验中华文化，激发他们对中国文化的兴趣。例如孔子学院利用中国传统的节假日，开展节日主题讲座和实践活动。春节时组织学生学习包饺子、剪窗花；中秋节品尝中国月饼，品味和体会中国家庭团圆的理念。还有的开设了中华文化特色课程和讲座，全方位地介绍中国经济社会各领域的文化内容。然而，这些文化形式在实际操作过程中难免会出现一定的程式化，千篇一律、一成不变的文化活动逐渐使受传者产生审美疲劳。随着孔子学院在全球各地开花，中华文化也逐渐在世界传播，影响了很大一部分人群，他们对于中华文化的了解和认知度逐渐提高，中国传统的文化节日、风俗习惯也被熟知，鉴于此，孔子学院在传播方式上要有所创新，不能拘泥于那些已经被世人所熟知的文化活动形式。

作者认为，在汉语文化传播的过程中，我们可以多去借鉴其他二语传播组织的优良文化传播方式，防止闭门造车。作者指出了可资参考借鉴的内容：1. 塞万提斯学院注重精神层面的活动。主要内容涉及国家的艺术、文学、思想与社会科学、历史与科学、地理概况、美食、风俗等。尤其是欧洲文艺复兴以来西班牙所宣传的"人文精神"被无数世人所关注，西班牙殖民时期以来的拉美文明与历史也得到越来越多的传播。西班牙塞万提斯学院在传播其文化时，"主要将优势资源集中在资助高端的多学科的国际学术思想交流、输出代表本民族强势文化传统的政治学、宗教学、经济学、哲学等课程，选派并资助各种渠道的专家学者向海外推销本民族的思想和精神产品等方面，营造了国际交流中的优势竞争文化氛围，也极大地增加了西方传统的物质消费品的文化品牌价值"。2. 歌德学院注重合作融合的文化活动。文化传播走合作交流、融合发展之路，这是歌德学院最成功的经验之一。"歌德学院从一个朝向西方的窗户变成了文化合作的伙伴，这是这么多年才得来的变化。"歌德学院中国总院长米歇尔·康·阿克曼颇为自豪地评价北京分院的工作时，他深有体会地说"本土化再创造非常重要，否则水土不服，所以我们非常看重合作伙伴"。"如今我们的落脚点是交流，为中德两国艺术家提供一个文化交流和共同创作的平台，举办各种各样的文化活动。"孔子学院的文化传播不仅要在目标上覆盖从儿童到老人的各个年龄段各个层次的社会群体，而且要在目标国社会层面融入，要

实现中国的"文化在场",不但我们自己要有所获,也要让对方能有所获,实现"共赢"。①

来源文献:马梦真.孔子学院文化传播过程中的几个问题及解决方法[J].文学教育(上),2018(07):152-154.

特色孔子学院无论在数量还是内容方面都得到长足发展。中医孔子学院、戏曲孔子学院、武术孔子学院等应运而生,闫晓松《基于孔子学院平台的中国民族音乐国际化传播研究》一文,阐述了音乐孔子学院在促进民族文化传播方面所产生的影响。

文章谈到,丹麦皇家音乐孔子学院是全球首家以"中国音乐的教育与推广"为核心的特色孔子学院,力求打造海外"中国音乐中心",注重专业性与普及性推广相结合,为丹麦皇家音乐学院的本科生及研究生开设与中国音乐文化相关的、程度较高的学分课程。学院目前开设的常规课程有中国打击乐重奏课、中国作品室内乐课、中国音乐赏析课、中国乐器演奏课和汉语课等。同时,为了配合丹麦教育部关于高中音乐生的教育规划即所有高中音乐专业的学生都应该了解非欧洲国家的音乐知识,音乐孔子学院为高中生们开设了中国音乐史和中国传统乐器课程。与此同时,孔院为高中音乐生开设了和音乐有关的汉语言类课程。音乐孔子学院一直致力于用音乐讲好中国故事,让自身成为辐射欧洲的中国音乐文化名片,为所在社区的普通居民和中小学生开设普及性的音乐体验课程,并组织以中国音乐为主题的展览、讲座以及各种形式的演出活动。孔子学院还强调推广音乐与传播文化并重、积极推进合作与人才储备建设、编选适宜的民族音乐教学内容与教材等。

文章指出了在海外传播中国民族音乐的过程中,孔子学院所面临的困难及其主要原因,如文化观念的差异、缺乏师资和教材,以及受众群体的不同等。大部分国外听众不熟悉中国音乐,对中国音乐有陌生感、距离感甚至是排斥感。由于对中国音乐文化经验的缺失,这类听众需要在参与音乐活动时与其日常艺

---

① 转引自:叶隽.作为理念的文化外交及其柔力强势——以德国孔子学院为例[J].国际观察,2010(06):72-77.

术经验发生关联。

立足传播实践,作者提出了基于孔子学院平台传播中国民族音乐的策略:积极发挥孔子学院的辐射作用,深化孔子学院文化内涵建设;凝聚内力打造平台,扩大民族音乐影响力;联合海外社会办学力量,实现资源优势互补;深入挖掘国内音乐资源,积极开展音乐人文交流合作;构建多元立体的传播网络,打造中国民族音乐传播新时代。

来源文献:闫晓松.基于孔子学院平台的中国民族音乐国际化传播研究[J].大连大学学报,2018,39(02):64-69.

"讲好中国故事,传播好中国声音"是习近平新时代中国特色社会主义思想在国际传播方面的重要内容,沈正赋《讲好中国故事的叙事逻辑与媒体策略》一文围绕这一问题阐发了相关观点。

文章指出,今天,我们在全球话语体系格局下毋庸讨论"要不要讲述中国故事"和"为什么要向世界讲述中国故事"等问题,而是要关注并缜密思考"讲述怎样的中国故事"和"怎样讲述中国故事"等更加现实的命题,它关涉认识论和方法论的辩证统一。不同民族、不同国度的受众,长期在本土文化的熏陶下形成了不同的思维方式、语言修辞、审美习惯和文化习俗。在中国广受欢迎的中国故事,未必符合国外受众的审美趣味。这就需要我们针对传播的目标受众对中国故事进行文本的重新审视和传播流程的再造,根据目标受众的接受心理和习惯的接受方式,契合我们对外传播的目的,对中国故事进行二度创作,为国外受众量身定做符合他们审美口味的文化消费产品。"讲述"实际上就是叙事,如果从叙事学的层面来审视和考量中国故事,逻辑起点就应当是"讲述什么",即讲述的对象及其内涵。

那要讲什么呢?作者认为,要讲述中国发展道路的故事、讲述中国优秀传统文化的故事、阐释"中国梦"的故事。

而关于中国故事的叙事策略,作者提出三点:1.以情感为精神纽带,向海外华人讲述"情感中国"的故事。2.以文化为认知图谱,向世界讲述"文化中国"的故事。3.以"他者"为中立的第三方,向世界客观讲述"现实中国"

的故事。

关于中国故事的传播路径,文章重点围绕四个方面进行了论述:其一,充分发挥外宣平台作为对外讲述中国故事的主渠道、主阵地作用。其二,善于把海外华文媒体作为讲述中国故事的依靠对象和辅助力量。其三,有效利用国外传统主流媒体作为讲述中国故事的多元衍生平台。其四,把新媒体打造成为对外讲述中国故事新的成长空间和传播落点。

作者还提出,中国的外宣平台包括专业的外宣媒体以及孔子学院等其他平台。这些外宣平台大多根据目标受众的思想观念、价值取向、阅读习惯和审美趣味,确定传播内容和形式,力求实现传播效果最大化。

来源文献:沈正赋. 讲好中国故事的叙事逻辑与媒体策略 [J]. 国际传播,2018(03):26-31.

与上文的关注一致,王怡仙在《孔子学院如何讲好中国故事》中阐发了其观点与主张。

作者认为,随着不同国家、不同民族之间经济、文化等方面的交流合作不断扩展,全球化已成为当代社会一种不可逆的潮流,而语言文化对人类社会的重要性在这种背景之下尤为突显。在某种程度上,全球化意味着一定的趋同化。语言是文化的重要载体,因此,保持人类语言的多样性,尤其是从维护人类文化多样性的角度而言,尤为关键。从另外一个角度审视,全球化进程使得国家之间的相互竞争由传统的政治、经济层面更多地转向了文化层面。如美国著名政治学家亨廷顿所言,"文化共同体正在取代冷战阵营,文明间的断层线正在成为全球政治冲突的中心界线"。[①]将本土文化推向国际,使之被更多的人接受、认可,成为提升国际形象、争取国际话语权的重要方式。语言是文化的基础,也是文化的载体,语言的传播必然伴随着该语言所承载的文化的传播。人们在学习一种语言的时候,自然而然就会接触到该语言中所记录的文化世界。对于外国人而言,想要学好汉语,就必须对中国文化有所了解。也正是因为如此,

---

① (美)塞缪尔·亨廷顿著,周琪等译. 文明的冲突与世界秩序的重建 [M]. 北京:新华出版社,1998:105.

孔子学院以语言为依托，为中华文化的世界传播提供了一个与众不同的平台。

改革开放以来，中国和世界之间的联系越来越紧密，但当前，中国文化的"入超"现象依然较为突出。中国是一个文化资源大国，然而我们却未能将这种优势很好地在文化传播方面发挥出来。而在这一方面，孔子学院恰好为推动中国文化走向世界提供了长期的海外文化基地。同中国与其他国家互办的偏政策性、短期性的活动，如民间团体互访、文化年等不同，孔子学院与外国大学、外国政府及企业等联合办学，实现了文化传播的双向互动，更具针对性和实效性。因此，从这个角度来看，孔子学院具有很大的发展空间，在一定程度上摆脱了国际政治层面的局限，更加倾向于民间的交流交往。

作为一个开办在海外的汉语推广机构，孔子学院面临的一个最直接、最现实的问题就是跨文化传播。信息全球化促使争取文化领导权成为国家之间软实力竞争的重要指标，在快速累积的信息流的冲击下，国家间的文化安全问题日渐突出，并且由全球化所引发的民族国家边界的模糊，使得文化安全问题有可能上升到保持国家凝聚力、维护国家主权的新高度。文化安全是一个国家集体感知的概念，维护文化安全的行为需要由政府来完成。不同国家对文化安全的认识和理解不同，即使在同一国家，由于发展阶段等因素的不同，人们对相似的文化传播事件也会做出不同的判断。因此，孔子学院第二个十年的发展，应着眼于在海外繁荣发展的同时，进一步讲好中国故事。

作者进一步指出，孔子学院的未来发展应在传播理念、传播方式和传播内容上进行改善与创新。在传播理念上，孔子学院应围绕构建人类命运共同体展开文化传播。在传播方式上，孔子学院应不断创新发展，以更好地适应不同的文化环境。文化差异是客观存在的，在文化交流的过程中，如果我们一味以自己的叙述风格、叙述方式、叙述习惯来讲述中国故事，很可能会导致文化误解的出现，甚至引发不必要的冲突。要想达到预期效果，我们就要融入当地，采用当地受众易于接受的方式，将中国故事、中国声音准确无误地传播出去。这也意味着，我们要充分了解不同国家和地区的受众心理，用当地人喜闻乐见的叙述方式来讲述，在讲述的时候要尽量做到客观、公正、细腻。在这一方面，孔子学院中外合作办学的模式可以十分灵活地适应当地受众的需求，真正做到因地制宜。

在传播内容上，孔子学院可以对当代中国文化进行一些深入探讨，并加强对外派教师和志愿者的培训。目前，孔子学院基本采取的是"汉语+"的模式，并通常附带如武术、中医等中华传统文化的教学，而对当代中国文化涉猎较少。中华优秀传统文化的宣传固然重要，但如果仅仅停留在肤浅的涉猎，那么就有可能在传播过程中导致文化的庸俗化。换言之，中国一些有形的传统物质文化虽然可以吸引外国人的兴趣，但是长久来看，并不能全面呈现中国文化的核心和精华。很显然，这种浅层次的文化传播有待进一步发展，这需要传播者改变叙事方式，在跨文化传播手段、策划方案等技巧性问题方面有所突破。

来源文献：王怡仙.孔子学院如何讲好中国故事[J].人民论坛，2018（25）：138-139.

【小结与思考】

文化传播、对外文化交流、跨文化互动等话题和研究伴随着全球化程度的深化、中国的发展和孔子学院建设的推进，在近几年的研究文献中占据越来越多的比重，且与孔子学院的关联度很高。这其中有宏观层面的论述，或者讲观点或者说现象或者谈问题，也有微观层面的专题分析，如武术、舞蹈、中医、茶文化等。应该讲，伴随这个话题探讨的不断深入，有两个现象是不可忽视的，一是研究中的问题敏感性和反思意识越来越强，与之前表达中华文化走出去的新奇和赞誉、成绩及分析相比，现有研究更多地去探究现实与预期之间的差距，以及在跨文化互动中对自身文化的反观和更有效的传播思路。在内容的选择方面，特色的、主题式选题越来越多，这一方面源于参与合建孔子学院的大学类型越来越多，比如体育类、艺术类、戏曲类院校等；另一方面，海外孔子学院及其当地的文化需求也越来越多样，一些品牌文化活动陆续形成，一些民族文化特色的孔子学院应运而生。

2018年在文化传播相关的文献中，有关民族体育、民族音乐、中医、书法、茶、戏曲等具有民族特质的内容比较集中。这些较为典型的文化符号带有比较浓厚的民族印记,其与众不同之处,在对外传播和中外交流中确实有一定的优势,辨识度较高。但也应该看到,目前的传播方式主要还是以"自然态"的呈现为主,这种民族文化的气质到底应该以怎样的面貌和方式开展跨文化互动?在教学设计或者活动筹划中如何确立主题与目标,充分发挥民族文化资源优势?如何创造性地开展传播?如果说15年前设立孔子学院之初,学员观摩茶艺、习练太极、学习剪纸、体验节庆习俗可以满足一定的感知中华文化的需求。今天,学员可以通过高清、立体、多维的视频影像甚至互动式的动漫来进行感知或者自我学习,那么孔子学院的文化活动和跨文化交流到哪里去,要提上日程了。不然,就会像年度文献中较为共识的观点所述:流于空泛、表面化、程式化、内容单一等。提出问题是可贵的,至少迈出了自我完善的第一步,但只是搁置而不去解决,也是无谓的一声叹气!到底要聚焦什么样的民族文化,又如何言说她的故事呢?

作为服务孔子学院,从事语言与文化传播的工作者来讲,在此想提出三点建议以抛砖引玉,校正于大方之家。一是选择聚焦怎样的民族文化?二是开展文化传播的指导理念是什么?三是民族文化传播纵深发展的可能性思考。

孔子学院的主体工作是汉语教学,无论是语言教学中所涉及、嵌入的文化知识点,还是文化活动主题的设立都不能绕开内容选择的问题。中华文化内容宏富,选择余地大,是优势,但是如果定位不准确,理念不明确反而会陷入纠结和被动。从近些年的实践来看,所选的内容通常是剪纸、结编、茶艺、书法、绘画、歌舞等,不胜枚举,主题多样。这些内容从性质上讲具有共性,都属于经验文化层面,也就是流通于日常生活中的文化。这些内容不是无根之木、无源之水,它们根植于历史和中华文明的土壤,是活跃在今天社会生活中的要素,具有现实意义和当代价值,易感知、可体验。在孔子学院文化传播中,选取生活中的,而不仅仅是"历史"或者"文献"中的生活要素,注重文化要素的"社会性"和"当代性",是建议所在。但值得深思的问题是:因为这些内容日用而不知,所以也常常不太去探究其背后的文化逻辑与意义,去厘析其所承载的思想观念和思维特质,去分析其所发挥的文化功能与影响,以及其所塑造的文化秩序与动力。是我们在讲故事和言说讲解的过程中的某些不到位、不

全面、不生动等影响了传播的效果。从文献来看，对这一问题的存在具有共识意义，也有一些文章在努力追问探究解决的可能路径。不同的行业、职业、社会角色的回答可能不一，作为高等教育工作者，更愿意在立足教学特质和教育属性的基础上开展文化互动与传播实践。

孔子学院是跨国教育机构，教学具有主体意义，语言学习和文化活动是密不可分的，就像第一课堂和第二课堂之间的互系互惠关系一样，汉语教学和文化活动要在统一的教学指导思想和设计下来开展。孔子学院步入新常态是一个系统工程，要更加突出两个融合：一是语言和文化的融合，二是不同主题文化之间的融合。文化故事可以是单主题的深入，把戏曲、武术、中医等主题做强做深做精，走"高精尖"的道路，使民族文化之魂魄得到彰显。如果可能，这条道路坚持下去，或许能在一定基础上形成诸多民族文化主题的特色孔子学院。

应该看到，大多数孔子学院目前缺少较为充足的专业民族文化教学资源，特别是师资力量不足，走纵深发展道路有一定的难度。那么现实而理性的选择是什么呢？笔者认为，中国故事也可以是多主题文化的聚合，这种聚合不是碎片的拼凑，一定要在教学目标设定和教学设计的思路下开展。文化活动不是"装点门面"的"锦上添花"，如果说"巡演"具有集中、集成和媒介或传播的功能，而现在要思考和着力的是在日常教学中如何把民族文化呈现、讲述出来，把教学设计本身做成动听的故事。

以山东大学中华传统文化研究与体验基地为例，作为孔子学院总部/国家汉办首批设立的汉语国际推广基地，该基地一直致力于探索沉浸体验式的文化教学与传播实践。例如"中式艺术生活"主题体验就在2课时大概100分钟的课堂上，使学生对"琴棋书画、诗酒茶香"有一个较为综合的认识。学生可能在日常生活中多少接触到其中的一些内容，碎片化的感知能帮助理解，但主题聚合的综合呈现确实能产生集成性的、意想不到的学习效果。在对内容和知识大致了解的基础上，重点体验茶道、花艺、香道和古琴。通常，在古琴悠扬的乐声中，师生身着汉服，诗词起兴，抑扬顿挫，此时茶香四溢，莲花状的香篆袅袅盘旋。一位老师用草木枝芽塑造"采菊东篱"的花艺和深邃，而学生在观摩教师示范的过程中如痴如醉，被民族文化的神韵所深深吸引。而后，学生们带着这种深情和兴奋开展小组合作学习,开展全身心投入的浸濡式学习。或者自己操练,或者集体探究,或者焦点争执,或者合力创新,在"环境+情境+语境+心境"的组合中,愉悦地学习到新知,诗词、音乐、服饰、茶、香及其所代表的"雅文化"生活,以及中国人的审美、思想和行为方式等,触及感受中华民族文化的温度与温情。

如果在孔子学院的课堂上能经常体验到这样的温度和温情,学员就能通过亲身体验,建构意义,形成自身对中华文化的理解,可能很多学员就会主动地去言说中国故事。类似"中式艺术生活"这样的体验设计还有很多,它们都将有代表性、典型性的个体甚至是碎片的文化符号进行整合和综合呈现,使学生在一定的单位时间内,有逻辑、分层次地开展体验式学习。孔子学院通常拥有汉语教师志愿者团队或者师资团队,茶文化、汉服、诗词也不是"童子功"才艺,只要有较为明确的教育理念、教学目标,就能创造性地开展课程和教学设计,开展跨文化的互动。体验基地在教学改革和文化创新传播实践方面做出了探索,相关研究成果也初露端倪,如王彦伟、张一萍《留学生文化体验课程实施关键要素质性研究》[1]等。希望这种教学创新、传播实践与专题研究共同推进的模式能发挥组合拳效应,在跨文化传播、中国话语重建和讲好中国故事方面带来别开生面的景致。

第四节 理论探索与跨学科研究

符号与意义是符号学的核心要义,孔子学院呈现并表达了中国语言文化符号,但是就其整体和全貌来看,全球孔子学院共同体本身就是当代中国与世界交流对话的一个符号。如何定位理解这个符号及其所产生的意义,认知这个符号意义的定性和生成的逻辑,特别是对孔子学院合理性的解释及其在国际社会所遭遇到连续不断的解构式消解,如何理解这样的挑战,寻找挑战表象背后的逻辑性?卢德平《孔子学院意义的建构和延伸》一文,分析了表征,揭示了

---

[1] 王彦伟,张一萍.留学生文化体验课程实施关键要素质性研究[J].云南师范大学学报(对外汉语教学与研究版),2018,16(06):81-89.

内里，延伸拓展了认知孔子学院意义的学术视野和思路。

文章指出，《孔子学院章程》明确宣布的语言文化传播意向，在西方被解读为软实力的政治意向。即使是孔子学院教材和教学侧重于中国语言文化内容，也被解读为政治内容的故意缺位，或被解读为以政治缺位方法实现对历史和当代政治维度的故意遮蔽。[①] 作者提出，与其围绕孔子学院行动的意向性开展缺乏根据的争论，不如从孔子学院的行动过程入手，探讨孔子学院在异邦所形成的意义建构问题。意义是行动的效果验证，孔子学院的意义体系，是学习者及其利益关联人群实践的结果。如果说中国设立孔子学院获得了什么回报，那么这种有益于学习者自身，以其自主性建构为前提的意义体系，不过是对于中国孔子学院巨大经济投入的验证性回报。收获一种意义体系，获得世界各国广大汉语学习者的积极评价，这种以他者为中心的评价，构成了孔子学院事业的真正意向。

嵌入异邦语境的孔子学院，因和异邦者的经验发生关联，而产生意义界定和解释的需要。人们对孔子学院产生感觉和认知，是因为在经验中获得了关于孔子学院活动的新的经验。新的经验，与已有的经验产生联系，构成经验之流中的新元素。同时，这样的新经验，又成为今后其他经验的参照。经验是建构、理解意义的必要性来源。将新经验中的意义编进经验者的经验系统，则是对意义的实践性衍生。参加孔子学院的语言文化教育活动，实质是在增加新的学习经验，这样的经验对今后的经验会产生什么样的贡献，取决于学习者的自主判断和选择。在孔子学院具体的语言文化教学活动中，参与者获得了意义解读的需要，也实践着对于相关意义的价值归类。可以看出，孔子学院的意义是实践性的，也是主体兴趣关联性的。

作者认为，孔子学院的意义，不可能通过事先预制的方式简单输出他国。进入异邦，不仅仅是地理空间含义上的进入，而是一种实践的进入。在实践过程中，嵌入他国的生活经验，其意义的生成，根本上取决于对象国的实践者。实践是否可行，实践之后是否产生意义，产生什么样的意义，都是孔子学院无

---

① Jennifer Hubbert. Ambiguous States: Confucius Institutes and Chinese Soft Power in the U. S. Classroom[J]. *Polar: Political and Legal Anthropology Review*, 2014, 37(2): 329-349.

法预制的。虽然如此，孔子学院嵌入异邦经验，确实提供了意义生成的客观条件。但是，这种客观条件不能等同于学习主体对于孔子学院意义的自由建构。孔子学院的意义问题，实质上处于客观和主观、过程与效果的关系之中。对孔子学院意义的解读自由，其限度在于实践者的认识。孔子学院意义的开放性，其边界在于建构者的自我兴趣关联度。

对孔子学院意义的解读，包括对孔子学院的性质判断，产生各种摩擦是必然的。孔子学院的意义建构，本身就是在各种摩擦的语境下，协调、实践、认同的结果。意义存在于实践之中，取决于具体的建构者及其实践过程；同时，意义是效果，难以事先控制。孔子学院预制的是对语言文化教育活动的策划，而非对于语言文化教育活动所能实现意义的规定。

目前欧美一些国家对孔子学院提出的一些尖锐批评，从政治想象出发，以对中方动机的想象式归因，而做出偏离孔子学院性质的政治化意义建构，但这种建构，无论过程和结果如何，实质上都忽视了孔子学院的真实意义建构者的主体性和自主性。在孔子学院学到什么，有什么用，孔子学院是什么，孔子学院带来了什么，这些涉及孔子学院本质特性的判断和理解，真正的话语权在于孔子学院的自主性学习者。廓清关于孔子学院的各种非议和争论，实质是要把西方一些政治家借助政治权力攫取的话语权交还给孔子学院的语言文化学习者。学习者是自主的实践者，他们作为对象国的合格公民，以其学习行动及理智的判断和思考，在建构和延伸着孔子学院的意义。这也是孔子学院意义所蕴含的民主性特质。将关于孔子学院的各种争论，还原到这样的思路，不仅对于孔子学院自身，而且对于对象国的学习者以及政府官员，都是非常重要的。

文章还指出，教学情景是孔子学院意义的基础部分，也是增容和扩散孔子学院意义系统的出发点。孔子学院是否能够以教育意义为起点，逐步增长主体性意义，进而拓展到生活意义，并走向一个更高层次，进入对象国的社会意义网络，最终落脚于对象国的信念体系，是一个值得遐想的命题。孔子学院的意义建构表现出层次性，显示出延伸的宽广性。将孔子学院的意义固化，将其局限于教学情景之内的基础意义，阻止其向主体性意义、生活意义、社会意义、信念意义延伸，并以"软实力"名号盖棺定论，正在转化为美国部分政治家抨

击孔子学院的政治动机。这也是围绕孔子学院形成的各种争论的症结所在。

作者认为,孔子学院的文化意义具有普遍的适用性。在孔子学院教学实践中常见的包饺子、书法、剪纸等符号化的实践活动,似乎都指向了中国文化。然而,就教学过程而言,这些符号化的实践首先指向的是食品制作、中国式写字、小游戏。如何把这样的具体定位转化为对于中国传统文化的索引,似乎需要做出包括定义在内的观念性解释。不可否认,这些具体、可感的实践方式,为意义索引提供了凭借。从食品延伸到中国人饮食的团聚氛围,从写字延伸到中国文字的历史,从剪纸延伸到中国人的审美态度,则是向中国文化意义的延伸。但是,孔子学院课堂的学习者是否具有对于中国文化的索引能力,或者说,是否会产生索引中国文化的需求,则是我们考察孔子学院意义时不得不思考的问题。这又涉及我们讨论的核心问题:孔子学院的意义,是在于提供中国文化形式,并从中呈现相关意义;还是通过中国文化的符号载体,让学习者产生一种新的经验,并使之关联到自我的生活兴趣,生成新的意义?由后者观之,孔子学院的意义不是中方的文化供给,而是学习者将中国文化的符号载体,通过参与实践,与自我的生活旨趣关联起来,从而形成孔子学院之外的意义。孔子学院的意义不存在于所提供的中国文化之中,而存在于中国文化的符号载体和学习者的自我旨趣发生关联之处。因实践而产生关联,因关联而生成意义。意义是一种可以延伸的影响。巴尔特所说的意义是引用和索引,就是从引用处、索引处指向了被引用和被索引之处。意义就在被引用和被索引之处。孔子学院的意义在孔子学院之外,在学习者通过参与实践,引用到自我的生活、自我的社会。世界上宝藏无数,然而只有把这些宝藏和自身关联起来,这些宝藏才相对于关联者产生意义和价值。孔子学院的意义逻辑揭示了同样的基本规律。

来源文献:卢德平.孔子学院意义的建构和延伸[J].文化软实力研究,2018,3(05):40-48.

在推动当代中国价值观念的国际传播过程中,不仅需要精心地构建属于中国的、具有中国特色的当代中国价值观念话语体系,而且还需要采取恰当的

传播策略来实现当代中国价值观念话语体系的良好传播,提升传播的广度与深度,以达到提升话语影响力和国际话语权的目的。左路平、吴学琴《当代中国价值观念话语体系的对外传播策略研究》一文在此方面做出一些探究。

作者的观点是,当代中国价值观念话语体系对外传播的方式多样,包括政治交往、经济交往、文化交往和学术交往中的价值观念传播与寄载;当代中国价值观念话语体系传播的具体路径,包括通过媒介能力建设推动中华文化走出去和利用传播活载体等进行价值观念的负载与传播,同时,要依托孔子学院、中国的各类驻外机构来推动当代中国价值观念话语体系的传播。

文章指出,孔子学院在当代中国价值观念话语体系对外传播中具有关键作用。孔子学院在进行汉语教学的过程中、在举办各类丰富多彩的活动中,要有意识地、自觉地运用当代中国价值观念的对外话语体系,传递中国声音。为此,还要从以下几个方面着手:

首先,继续加强孔子学院建设,推动投资模式的多样化,增加孔子学院建设投入中的社会资本,保障孔子学院拥有充足的资金支持。2011年,孔子学院曾和中国的茅台集团达成合作协议,合作项目包括孔子学院每年举办"茅台杯"国际围棋大赛,将茅台酒文化纳入孔子学院的教材中,建立孔子学院专项发展基金等。[1]可见,企业出资和孔子学院合作办学的方式,是一种双赢的战略,在帮助企业进行国际宣传的同时也为孔子学院的发展带来资金支持。在这个过程中,当代中国价值观念必然会因蕴含于中华文化之中而同时被传播开来,中国的价值理想、文化内涵、生活观念也会在世界范围传播开来。这对树立当代中华民族文化自信、传播中国价值观念都具有助力作用。

其次,继续推动孔子学院为构建和传播融通中外的中国话语做贡献。孔子学院作为汉语教学机构,其主要职责就是推广和教授汉语,而对外话语体系的构建和传播又极度依赖语言。"中国走向世界的过程,就是与世界对话的过程。国外受众对中国的声音是否愿意听、听得懂,关键要看中国与国外的话语体系、

---

[1] 孙宜学.中华文化国际传播:途径与方法创新[M].上海:同济大学出版社,2016:133.

表达方式能否对接。只有实现话语体系的相通共融,才能与世界有效沟通。"①而且,"话语体系表面上是一个'说什么话、怎么说话'的语言表述问题,实质上是一个涉及思维方式、思想认同、价值立场等多方面的重大问题"。②可见,只有借助融通中外的中国特色话语进行对外交流,才能让他国人民更好地了解和认知当代中国的现实情况,而且所运用的话语也应该寄载着中国人民的价值观念和思维方式。为此,孔子学院在对外汉语教学中更是肩负着构建对外话语体系的使命,"构建融通中外的话语体系,既要体现中国立场、中国气派,又要把握国外受众的思维习惯,运用国际上能够广泛接受的表述方式,使我们的对外话语易于接受,易于传播"。③

来源文献:左路平,吴学琴.当代中国价值观念话语体系的对外传播策略研究[J].探索,2018(01):180-189.

在主权、安全、领土完整等传统国家利益的维护方面,国家扮演着清晰的角色,是最主要且最重要的维护者。中国海外利益议题的出现,向中国的国家角色提出了挑战。郎帅《中国海外利益维护中的国家角色探析》一文分析了相关挑战,也探讨了解决问题的思路。

文章提出,国家利益是主权国家"思维和行事的必然逻辑",是一国外交政策制定的基础。国家利益不是从来就有的,它的源起决定了某些利益在结构上的优先性,也决定了对这些利益进行维护的必要性。在中国传统国家利益不断稳固的形势下,大量新型的利益正在不断涌现。中国海外利益的持续拓展表明,我国国家利益的发展已经进入到了一个新阶段,这对国家的传统维护角色提出了挑战。主要包括:中国海外利益"是什么"的挑战,中国海外利益"海外性"的挑战,国家应对能力相对不足的挑战。

文章提出,孔子学院就是中国海外利益"海外性"的挑战的组成部分。海外利益与传统国家利益最明显的区别在于它的"海外性",即利益与风险"两

---

①③ 王晓晖.加强国际传播能力建设,精心构建对外话语体系[J].马克思主义与现实,2014(04):1-3.
② 吴学琴.以多层次对外话语阐释中国价值观念[N].光明日报,2015-07-02.

头在外",处于他国的领土范围之内。从地域分布来看,中国海外利益已经遍布全球。从海外利益面临的风险来看,其"海外性"特征使得中国难以进行管控。曾卓曾经总体考察了中国海外利益面临的风险:国际环境类风险,指国际体系结构变化引发的矛盾;政治类风险,指对象国发生战争、政策变更等;安全类风险,指恐怖主义袭击、海盗滋扰等;自然灾害类风险,指地震等;文化差异类风险,指因风俗、宗教等不同而酿成的事故;商业类风险,指合作伙伴失信、汇率变化等造成的经济损失。① 中国海外利益的分布,很大程度上与这些风险区域相重合。

文章指出,2013年以来,中国海外利益的拓展进入到了一个新阶段。"一带一路"建设为中国海外利益的发展带来了新契机。中国同"一带一路"沿线国家政治交往的增多、经济贸易往来的增加、人员流动规模的增大、基础设施的改善,以及资金流通的频繁,势必会触发新一轮的海外利益增长潮。在此情形下,国家亟须明确其在海外利益维护中的角色定位。相对于其他主体,虽然它不是海外利益的唯一主体,但它是最重要的利益承载者和最主要的利益维护者。

作者认为,受限于维护经验和自身实力,中国现有的维护举措尚不能满足保障海外利益的需要。在未来的海外利益维护中,国家需要扮演好三重角色:利益评估者,明确海外利益的真实价值所在;原则审视者,根据形势发展检视重大外交原则;现代化治理者,更新自身的治理观念,提升自身的治理能力。

来源文献:郎帅.中国海外利益维护中的国家角色探析[J].沈阳师范大学学报(社会科学版),2018,42(06):65-69.

在国际竞争的大背景下,建设一套科学、客观、可量化、可操作的中国文化走出去效果评估体系,逐渐成为现实需求和学术诉求之一。李怀亮的《浅析中国文化走出去效果评估体系的构建》一文,尝试在以往成果现象描述和意义探究的基础上,对文化走出去的效果进行指标分解,做出基础性、原则性和

---

① 曾卓.中国海外利益面临的主要风险及保护[J].江南社会学院学报,2013(03):52-57.

框架性的探索。

文章认为，中国文化走出去效果测评的范围是：中国媒体国际传播的效果评估；国家大型文化交流与传播项目的效果评估；中国文化资本、产品和服务走出去的效果评估；中国文化海外用户消费行为模式研究，以及对走出去支持政策进行绩效评估。

中国文化走出去效果评估体系的建立，应当遵循自主原则、创新原则和文化自信原则，从认知、态度与行为三阶段传播效果入手，构建整体评估框架，用中国文化国际市场竞争力、国际社会影响力和国际价值引导力构建评估指标体系。在国际市场竞争力层面，可以对中国文化产品和服务在国际市场上的占有率、国家大型文化活动、中国媒体的国际发展及中国资本对国际文化市场的投资效果进行评估，侧重于覆盖率、到达率和市场占有率等指标。在国际社会影响力方面，需要侧重对中国文化内容在国际市场上的占有度和受欢迎度进行测评，通过需求偏好、用户黏性等指标来测评国际社会对中国文化的态度效果。对中国文化的国际价值引导力，显在层面可以从标准和议程设置等方面进行观测，比如具有风向标性质的国际重大奖项评比标准和重要国际论坛的议程设定；潜在层面就需要对中国文化产品国际消费者的行为方式改变进行测度。

在指标体系设计方面，文章提出了自身的考量。中国文化走出去的形式和渠道多种多样，每一种文化形式走出去都有各自特点，不可能构建一套适用于所有文化形式走出去的效果评估体系。因此，在设定评估指标体系时应当以文化交流、文化传播、文化消费、消费者行为的相关理论为支撑，充分挖掘利用国内外各种数据，对各种统计、调查、模型和指数分析方法进行研究，按不同文化走出去形式的具体情况构建适合其特点的最佳效果评估子系统，各子系统有机结合构成效果评估总的指标体系。

具体来说，研究中国文化走出去的五种子效果评估体系包括：国家主导的大型文化交流项目和文化活动走出去的效果评估子系统；文化对外投资和文化贸易的效果评估子系统；中国传统媒体和新媒体的海外传播效果评估子系统；中国传统文化价值和社会主义核心价值观走出去的效果评估子系统；中国传统文化和饮食文化海外传播的效果评估子系统。指标体系的具体设定可参考以下因素：1.中国文化国际市场竞争力，包括了广度、市场占比、用户规模、参观旅游人次、覆盖率、受众构成、访问量、订阅数、点击率等，是一个越多越好的概念。2.中国文化国际社会影响力，则包括了需求偏好、用户黏性、接触频度、持续时长、深度收看率、深度访问率等。这两个指标体系的可量化度是比较强的，但还属于认知和态度的浅层效果层面。3.中国文化价值导向力（行为）是在更深层次上引起用户行为的改变。全球价值导向力是中国文化走出去效果评估的最高维度，衡量的是中国文化传播意图对国际受众行为的强化程度。

来源文献：李怀亮.浅析中国文化走出去效果评估体系的构建[J].南开学报（哲学社会科学版），2018（03）：68-75.

孔子学院研究的跨学科印记越来越明显，表征描述、内涵分析和价值挖掘的视角和剖面也越来越多，话题日臻丰富。王琦《2005—2017年孔子学院研究的关键话题及学科跨度》一文，以国内外孔子学院研究期刊文献为研究对象，着重分析了孔子学院研究的五个关键话题的学术呈现与演进、学科分布与跨度等情况。

文章对孔子学院研究热点进行全景呈现。指出，从研究热点的总体特征来看，孔子学院研究主题丰富，热点突出，但各主题间的聚类特征不明显。各研究热点间虽具有一定的关联性，但并未形成代表性的聚类网络，研究主题呈现出较强的灵活性和分散性。关键词出现的频次与关键词所具有的中心性并不存在严格的正相关关系，即出现频次高的关键词并不一定具有更强的中心性，中心性强的关键词也不一定出现频次高。对该类节点所指代的关键词进行挖掘可以拓展孔子学院研究的深度与广度。

从研究热点的问题指向来看，国内研究主要围绕的内容包括：汉语教学、"一带一路"、文化传播、汉语国际推广、软实力、公共外交、汉语国际教育等；国外研究主要围绕的内容包括中国（China）、软实力（soft power）、公共外交（public diplomacy）、汉语教育（Chinese language & education）和投资贸易（investment & trade）等。国内外研究的关注热点问题既有共性也有差别。在共性方面，国内外都较为关注孔子学院在中国软实力建设和公共外交，尤其是文化外交层面的功能和价值。在特性方面，国内研究关注孔子学院的汉语教学、汉语国际传播的现状与发展以及孔子学院在"一带一路"倡议实施中的功能与价值等相关问题，而上述热点在国外研究成果中较少提及。但是近年来国外孔子学院研究也陆续出现探讨孔子学院汉语教学问题的文章，是国外研究热点开始转向的一种具体体现。

文章基于图谱分析指出，国内外孔子学院研究涉及的学科虽具有跨学科特征明显的共同之处，同时也具有差异性：从学科跨度的均衡性来看，国内研究学科分布差异性较大。中国语言文学的主导特征相对明显，所占比例超过40%，其他学科多为辅助和补充，研究成果在整体数量上不占优势。由于孔子学院的基础职能是汉语教学，对外汉语教学、国际汉语教学专业研究能够与孔子学院紧密联系，顺时顺势而为，因此中国语言文学所占比例高是应有之义。但是这种偏向性也会导致一些问题，从研究所涉及的话题来看，国内其他学科专业参与较低造成的不均衡性难以满足当前孔子学院研究实现深度和广度发展的需求，尤其在孔子学院可持续发展研究这一关键话题领域，国内管理学、法学等相关学科专业的缺位使得孔子学院组织管理、制度适应和保障等重要问题难以从理论层面得到解答和指导。传播学、政治学和经济学虽然已经参与到孔子学院研究当中，但其所涉问题领域较窄，仍有很大的拓展空间。孔子学院在复杂的海外环境和国际力量的博弈中发展，会不可避免地受国际关系、法律、舆论等影响，这些问题无法由单一学科的学者进行有力的理论解释、实践推演和对策建言，因此孔子学院研究应该促进多学科的共同参与和跨领域合作。与国内学科的非均衡性相比，国外研究所涉及学科的比例相对均衡，并未出现国内某一学科过度集中的现象。这一方面由于国外孔子学院研究数量相对较少，难以体现学科成果数量的差异；另一方面也由于近年来海外学者开始关注除软实力和公共外交之外的孔子学院的相关话题，使整体学科分布情况呈现较为均衡的状态。

从实践性学科参与来看，国内孔子学院研究涌现了较多应用性学科或专业的研究成果，以实际运用和操作为培养目标的体育、武术、中医、音乐、美术、外语等学科或专业广泛参与到孔子学院文化传播的研究群体当中。随着孔子学院文化活动的传播和特色孔子学院的建立，海外对实践类文化专业人才的需求逐步提升，这为国内相关学科人员加入孔子学院体验项目的一线教学提供了机会，同时推动了相关研究的孵化，形成了以实践专业为核心、以孔子学院为平台、以传播现状与策略为主题的研究特色，这在国外研究中未曾出现。

文章在结论中指出，孔子学院研究文献在13年的积累、发展和演变中构建了一个研究主题丰富、学科涉及广泛、自我与他者视角交替的具有包容性和弹性边界的研究场域。无论是孔子学院框架下的汉语教学研究、孔子学院可持续发展研究、软实力和公共外交功能研究、经贸影响研究，还是"一带一路"框架下的孔子学院研究，都对我们认识、感知、理解孔子学院具有积极作用，对孔子学院在新时期、新阶段、新常态提质增效的发展也具有重要的借鉴价值。孔子学院研究在13年间取得了显著的进展，但同时也存在一些问题：首先，跨学科特征显著，但学科参与的均衡性不高，部分对孔子学院研究具有关键性作用的学科仍然缺位；其次，存在低循环、内消化的状态，相关成果更多在孔子学院研究范畴内被引用，而没有形成对外影响力；最后，聚合性不强，核心作者群较为零散，没有形成持续稳定的孔子学院研究网络。

未来孔子学院研究需要鼓励和吸引更多学科，尤其是管理学、法学、传播学、政治学、经济学等与孔子学院可持续发展密切相关的学科加入孔子学院研究队伍中，深化孔子学院的理论研究，使之与实践研究协同发展，增强孔子学院发展的多元支撑；同时发挥集群的力量，以孔子学院研究中心或智库为节点，促进孔子学院研究网络的构建和信息资源的共享，促进孔子学院研究和孔子学院的可持续发展。

来源文献：王琦. 2005—2017年孔子学院研究的关键话题及学科跨度——基于CiteSpace可视化图谱的分析[J]. 语言战略研究，2018，3（06）：42-55.

【小结与思考】

孔子学院建设实践逐渐进入到新常态，无论是建设速度、全球规模、质量提升、内涵与力量建设等方面都表现出了新的面貌，特别是应对外界舆论和

压力传导的心态与能力也呈现出一些变化。当海外不同声音包括非常规手段席卷而来的时候，孔子学院尽管受到一些冲击，但是并未影响其运行与信念。这让我们看到了孔子学院所受到的历练与渐趋成熟。尽管建设实践与理论探索之间不一定是直接的对应关系，但是孔子学院研究也像实践一样，的确是向着纵深方向发展。2018年，孔子学院研究与智库建设高峰论坛、首届孔子学院小型研讨会分别由山东大学和华南理工大学主办，前者被誉为"孔子学院进入内涵发展阶段"的转折点，也宣告了国内首家孔子学院研究智库的成立；后者是国内孔子学院研究代表性团队的深入交流与互动。尽管很多行业或者传播学、政治学等学科领域的会议中都有孔子学院方面的选题，也有不少关于孔子学院建设实践的专题工作会议，但是完整意义上的以学术为主旨的孔子学院研究专门会议，实事求是地讲起始于2018年。也希望这两个会议能持续举办，发挥引领作用。

从年度文献情况来看，孔子学院确实在汉语国际推广行业基础上，逐渐步入了一个更加宽泛的学术领域中，在教育学、传播学、政治学、经济学、社会学、管理学、符号学，以及海外汉学，甚至哲学等诸多学科的学术镜像中均有不同层面的介入，与汉语教学、中国文化走出去、国家形象、经贸往来、教育合作、语言服务、话语建构、国家利益等诸多研究命题都有关涉，跨学科研究的特质显著。除了专题研究成果，部分有关对外传播、中国海外存在等方面的文章，行文中都会阐述或者言及孔子学院，其作为教育存在、社会存在、学术存在的事实毋庸置疑。行业外的专家学者对孔子学院给予关注并开展研究实践，既是孔子学院影响扩散的体现，也是其跨学科研究和理论探索别开生面的折射。在孔子学院作为综合性存在的事实和学术表述中，可以洞悉到，时间的洗练和现实的历练确实使孔子学院研究越来越成熟。由文献可见，描述性的内容只是其中的一部分，探究性的内容、论述性的内容所占有的比重越来越大。所发布的观点越来越多元和独到，但修辞的使用越来越趋于平和理性，那种宽泛的、以现象代研究的、浅尝辄止甚至浮夸浮躁的表述越来越少了，行文的学术含量以及思想性、学理性挖掘的意识与研究实践都呈现出了新的风貌。伴随孔子学院内涵建设走向新阶段，孔子学院研究学术身份的建构也开辟了新的期待视野。

本节所选取的文章在某种程度上是对以上特征的呼应。《孔子学院意义的建构和延伸》，视野宏阔，走高举高打的路线，哲学思辨色彩强烈，极具思想性和启发性，但也不脱离焦点现象和关注热点。《当代中国价值观念话语体系的对外传播策略研究》一文为孔子学院相关研究，关注学界前沿。关于"话语"特别是话语权、话语体系的热度一直洋溢在每年的文献成果中。"话语是制造和再造意义的社会化过程"①，在年度报告 2016 的序言中也专门论述过该问题。话语，作为重要的符号，其意义传输的作用和对外身份、形象塑造的功用，以及与政治、权力的关联等，得到较为充分的研讨。孔子学院作为对外话语表述的一种方式，也进入了相关研究视野，并包含一定的深化拓展空间。"中国文化走出去效果评估体系的构建"，就可视为深入研判的一种尝试。文化走出去的说法伴随国家高速发展和汉语国际推广事业的兴起高频出现，在此基础上，进一步关注效果并对效果进行评估确实很有必要。其框架和指标的界定可能需要再细化完善，但毕竟提供了一种路径，使我们对文化走出去的认识和分析从现象走向内里，从表征走向结构，内向视角与机理剖析的色彩更加浓厚，期待这样的探讨能够持续。

《中国海外利益维护中的国家角色探析》《2005—2017 年孔子学院研究的关键话题及学科跨度》两篇文章均出自年轻研究者，前者将孔子学院纳入"海外利益"的框架中，所提出的"海外性"利益的说法颇具启发意义，后者则因为新方法的应用带来了不同的景致。在中国传统观念和国家利益结构中，海外诉求是相对薄弱的，这与历史传承和民族文化有关，与我们内圣外王，遵王道而非霸道的价值取向有关。但在全球化时代，"地球村"已经从学术预言成为现实存在，融入全球化，主动参与全球治理是当前毋庸争辩的国际共识和普遍规则，每个国家和民族的利益都是内外双向兼顾的，都不可回避全球化、新时代国家利益观照下的身份建构问题。"海外性"利益是国家利益结构中的应有之义，甚至是核心要义之一。海外利益的获取和保障，不是对内向性利益的削

---

① （美）约翰·费斯克. 关键概念：传播与文化研究辞典 [M]. 北京：新华出版社，2004：85.

弱,反而是一种加强,我们说"墙外开花墙内香"正体现了这样一个道理。如果中国的公司、企业不走出国门,怎能获得更多海外经贸收益?不是向海外供给中国语言文化教育公共品,怎会对我们日用而不知的母语文化价值进行再审视和再挖掘?怎会有如此强烈的保护、传承和对外传播的意识与实践?又怎会发现我们在跨文化交流中的内容缺失、失语短板和话语传输的瓶颈?孔子学院作为跨国存在的国际性机构,其"海外性"的标签较为明显,其受到舆论冲击和接受障碍的原因有很多,溢出传统国家利益观,屏蔽在民众传统国家利益认知接受门槛之外,确实是绕不过去的事实。尽管《中国海外利益维护中的国家角色探析》是一篇相关文章,言及孔子学院也不多,但是当其遇上孔子学院研究者的敏感,所捕捉到的信息扩散和学术联想带来了成果的增值。在海外国家利益、民族利益,以及在他利和自利兼顾的框架或者模式下去分析孔子学院的功能价值和影响,期间可能产生的学术增长点同样能激发学术探究的热情,值得期待。

如果说上文的观点颇具启示,那么《2005—2017 年孔子学院研究的关键话题及学科跨度》则在研究思路和方法上开启了一扇门。质言之,这是篇综述性文章,撰写综述、成果评述是有自身较为稳定的范式或者说体例、套路的。此类文章预期在观点和思想性上创新是比较难的,但该文章较好体现了新方法的应用对研究思路、学术发现的驱动和带动作用,及其对行文和表述创新的影响。CiteSpace 可视化图谱适应了当前信息和网络背景下,读图时代的心理特质、数据说话的论证特质,也体现了关联研究、对比研究等方法层面的解释功能。新方法预示着新的思路和可能的新发现。

孔子学院影响研究,从文献数量看,相关研究要多于专题研究,这一方面表明影响是一种宽泛的存在,与多领域有关联;另一方面也可以看出,孔子学院成为很多领域学术论证的论据或者支撑观点的素材,如《中国文化开放四十年的基本经验》[1]《中国的崛起、欧洲经验与世界新格局》[2]《论马克思主义

---

[1] 郑自立. 中国文化开放四十年的基本经验 [J]. 邢台学院学报,2018,33(04):66-70.

[2] 夏德明,何卫华. 中国的崛起、欧洲经验与世界新格局 [J]. 马克思主义与现实,2018(01):95-102.

意识形态话语权建设的国际比较优势》①《"一带一路"倡议与教育外交》②《论弘扬中华优秀传统文化的四层主体意识》③《文明对话与世界一流大学建设》④《语言经济学研究的深化及其对语言生活现实的解释——国内语言经济相关问题研究检视（2016—2017）》⑤等文章中都涉及孔子学院。有些观点主张具有建设性，如《比较教育视角下新时代中国语言教育政策的战略走向》⑥一文，在创建科学语言教育体系视角下谈及孔子学院，这有利于孔子学院语言教学规范性和规划性地开展。类似还有新汉学研究，自孔子学院总部2012年倡导实施"孔子新汉学计划"以来，海外汉学也出现了一些从传统走向当代的转向⑦，《国内政治学视野中的海外新汉学》⑧《跨文化视野下西方汉学家的知识传播研究》⑨等都有助于推动孔子学院研究的拓展。还有些文章尽管没有直接言及孔子学院，但是与语言发展密切相关，如屈哨兵《我国语言活力和语言服务的观察与思考》⑩一文，探讨了国际化进程中的语言活力和语言服务；从流入人口视角、原住人口视角、经济全球化视角阐述了城市化进程中语言活力表现及语言服务需求方面的问题。近年来，伴随"语言生活派"层出不穷的成果问世，这一观念也深入人心。有关语言外部性研究的新观点和新提法接踵出现，包括语言活力、语言复兴、语言扶贫、语言服务，以及语言安全等。从

---

① 谢晓娟，刘世昱.论马克思主义意识形态话语权建设的国际比较优势[J].马克思主义研究，2018（04）：105-112+160.

② 周谷平，韩亮."一带一路"倡议与教育外交[J].比较教育研究，2018，40（04）：3-9.

③ 袁宏禹.论弘扬中华优秀传统文化的四层主体意识[J].东北农业大学学报（社会科学版），2018，16（05）：76-79.

④ 许美德，陈艳霞，王洪才.文明对话与世界一流大学建设[J].重庆高教研究，2018，6（05）：3-19.

⑤ 刘国辉，张卫国.语言经济学研究的深化及其对语言生活现实的解释——国内语言经济相关问题研究检视（2016—2017）[J].云南师范大学学报（哲学社会科学版），2018，50（01）：22-33.

⑥ 冯增俊，姚侃.比较教育视角下新时代中国语言教育政策的战略走向[J].比较教育研究，2018，40（02）：89-95.

⑦ 孙雪霄.博士后出站报告：孔子新汉学的形成与培育[D].山东大学，2015.

⑧ 叶娟丽，王亚茹.国内政治学视野中的海外新汉学[J].厦门大学学报（哲学社会科学版），2018（06）：39-50.

⑨ 褚金勇.跨文化视野下西方汉学家的知识传播研究[J].国际传播，2018（06）：63-72.

⑩ 屈哨兵.我国语言活力和语言服务的观察与思考[J].学术研究，2018（03）：155-160+178.

这些视角去关照、分析语言生活中的现象和问题，提供了社会语言功能和价值的认知与认可，也丰富了语言学研究的视域。

在往年的报告中我们也曾提出孔子学院研究话语系统建构的问题，学术研究成果当然是其重要的支撑，相对于孔子学院建设实践所带来的社会影响，学术话语所产生的社会认知和价值认同确实有其自身的特色。多主题、多镜像、多学科、多领域的研究态势还具有接续拓展的空间，孔子学院跨学科综合研究学术话语系统的框架完善和内容丰富值得耕耘，更值得期待。

| 第五章 |

舆情研究

近年来,随着社会经济政治文化的发展,中国在国际事务中发挥着日益重要的作用,在国际舆论场上也吸引了越来越多的目光。孔子学院作为中国的一个"象征符号",在人文交流领域得到了海内外舆论的广泛关注。

新的发展阶段,孔子学院的建设与发展需要更加关注社会力量并统筹好与其的关系。公共舆论作为社会力量的一种,与孔子学院自身的稳定与发展密切相关。作为公共舆论的一种表现形式,媒体报道不仅传播与孔子学院相关的信息,也塑造着公众,影响公众的理解与态度,对孔子学院的外部环境和品牌建构起着重要作用。

网络时代,舆论传播场域呈现出愈发多元化的趋势[1],纸媒的地位不断受到挑战,网络媒体对舆论场的介入更加便捷、广泛和深入。舆情研究旨在通过孔子学院相关舆情数据的积累,聚焦境内外新闻媒体报道,努力还原和呈现本年度境内外孔子学院舆论生态,厘清媒体的话语生成机制和传播策略,以期为孔子学院良好舆论环境的构建与引导提供参考。

舆情研究的文献来源主要包括报纸文献、网络新闻和学术论文,采用了独立的检索方式,将机器采集和人工筛选相结合,力求数据的全面精确。报告以"孔子学院"或"孔院"10个语种的表述[2]为关键词进行全文检索,检索范围

---

[1] 李阳.新媒体视域下多元舆论场的博弈与融合 [J].江汉论坛,2016(08):134–139.
[2] 10个语种包括:汉语(简体中文和繁体中文)、英语、法语、德语、西班牙语、俄语、意大利语、日语、韩语、塞尔维亚 - 克罗地亚语。由于部分国家或地区"孔子学院"的拼写相同,实际检索结果涉及的语言可能会超过以上10个语种。

为全球27万余家新闻媒体网站,检索周期为2018年1月1日至2018年12月31日。经数据清洗,共获得境内报道74 419篇,境外报道(含我国港澳台地区)19 992篇,数据总量接近10万条。

第一节 境内媒体报道与评论

一、概览与分析

2018年度,境内媒体关涉孔子学院的报道涉及文化、政治、外交、经济等领域。本节将从报道数量、报道内容、报道来源和报道倾向四个维度对境内媒体营造的孔子学院舆论环境进行呈现和分析。

（一）报道数量

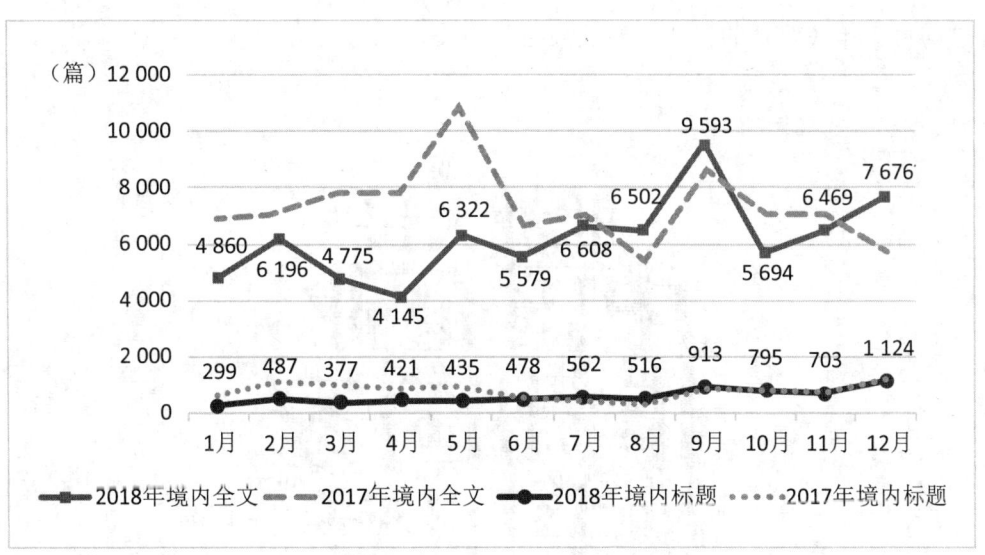

图 5-1 2018年境内媒体每月报道数量

全文中包含"孔子学院"的境内媒体报道（以下简称"境内全文"）总量为74 419篇,其中标题包含"孔子学院"的报道（以下简称"境内标题"）

总量为 7 110 篇（占总数的 10%）。与 2017 年相比（境内全文 93 000 篇，境内标题 9 074 篇），2018 年的报道总量有所减少。从境内全文来看，2018 年的报道高峰出现在 9 月，2017 年出现在 5 月；从境内标题来看，2018 年和 2017 年的报道高峰均出现在 12 月。如图 5-1。

报道高峰的出现与当月的报道内容密切相关。

从境内全文的角度看，2018 年 9 月份报道数量较多，主要与"中非合作论坛"北京峰会的举办有关。据统计，9 月份有 2 163 篇报道提到了"非洲"，其中内容涉及"中非合作论坛"和"中非关系"的报道达 1 724 篇。在 9 月境内全文高频关键词云中，"中国企业""中国梦""非洲人民""合作计划""中国文化""中非命运共同体""非洲梦""中非关系""非洲联盟""孔子学院""创业合作""非洲商品""全面战略合作伙伴"等关键词位居前列，如图 5-2。可见，"非洲"是当月境内新闻的报道重点。而 2017 年 5 月份出现的报道高峰，则是受到了在该月举办的"一带一路"国际合作高峰论坛等相关事件的影响。

从境内标题的角度看，2018 年与 2017 年的报道峰值均出现在 12 月份，这与每年年底召开的"孔子学院大会"相关。

图 5-2　9 月份境内全文高频关键词 TOP20

（二）报道内容

通过大数据词频分析技术，境内媒体报道内容的词云图①重点有三：一是高频关键词，二是高频话题，三是高频区域类关键词。

境内报道高频关键词中，"合作""发展""文化""汉语""大学""非洲""建设""一带一路""教育""习近平"等为本年度热门关键词。其中，大部分都延续了上一年度境内报道的高频关键词。与去年相比的明显变化是，"合作""发展""非洲""一带一路"等关键词的出现频次提高；"习近平"成为高频词。由词云图可见，涉及孔子学院的新闻报道中，合作发展仍是主流，中非关系占据了越来越重要的地位，习近平主席的指导思想以及与之相关的新闻占比不断提高，合作发展与"文化""汉语""教育""一带一路"等的关联度不可忽略，主题内容不再局限于"孔子学院"，总体基调积极正面。如图5-3。

图 5-3　2018 年境内报道高频关键词 TOP50

---

① 词云图的制作进行了人工干预，剔除了"孔子学院""2018"等与本节分析内容不相关的部分词汇。

从境内报道高频话题来看,"全面战略合作伙伴关系""习近平新时代中国特色社会主义思想""构建人类命运共同体""汉语桥世界大学生中文比赛""中非合作论坛北京峰会""二十国集团""全面深化改革领导小组""中华优秀传统文化""孔子学院中方院长"等内容最为突出,彰显了孔子学院在中国思想、政治、文化、外交和经贸等多个方面的功能影响。如图5-4。

图5-4 2018年境内报道高频话题TOP20

从境内报道中高频区域类关键词来看,被媒体提及最多的国家、地区或城市关键词为"非洲""北京"和"美国"等。非洲的"南非""肯尼亚""卢旺达",拉美的"巴拿马""阿根廷""巴西",以及欧洲的"葡萄牙""西班牙""俄罗斯""德国""英国""法国"等国家被重点提及,缘由之一可能是这些国家和地区与2018年孔子学院的建设实践密切相关。国内的"北京""上海"和"山东"被提及较多,这可能是由于北京和上海的城市特性与地位,及其在政治、外交、经贸等方面的活跃度较高;而山东是孔子故里,拥有孔子学院总部体验基地以及深厚的文化资源,在2018年还举办了"首届全球孔子学院山东文化旅游推广峰会"等活动。如表5-1。

表 5-1 2018 年境内报道媒体提及最多的国家、地区或城市 TOP10

序号	区域	提及数量（次）	序号	区域	提及数量（次）
1	非洲	92 457	11	阿根廷	16 134
2	北京	44 141	12	拉美	14 837
3	美国	38 914	13	德国	13 860
4	南非	23 925	14	英国	13 693
5	巴拿马	23 105	15	肯尼亚	13 458
6	葡萄牙	22 735	16	上海	13 364
7	泰国	21 209	17	卢旺达	12 500
8	西班牙	19 806	18	巴西	10 500
9	俄罗斯	19 400	19	山东	9 824
10	欧洲	17 248	20	法国	9 715

值得注意的是，境内报道中还涉及部分表明双边关系的高频词，排名前 5 位的分别是"中非"（11 109 次）、"中巴"（10 778 次）、"中拉"（10 495 次）、"中葡"（9 842 次）和"中欧"（8 011 次）。

（三）报道来源

2018 年，位居前 10 的境内报道媒体来源中，大部分为中国主流媒体网站，如搜狐网、新浪网、东方网等全国互联网门户网站，人民网、新华网、中国网等中央重点新闻网站，以及大众网（山东）等地方重点新闻网站，如表 5-2。人民网作为报道数量最多的中央重点新闻网站，其报道内容的高频关键词和高频话题与 2018 年境内报道的重合度超过 90%（见图 5-3 和图 5-4），彰显了中央重点新闻媒体在孔子学院相关报道中的舆论引导作用。中国主流媒体积极主动发声，成为网络媒体以及地方媒体的主要信息来源。

表 5-2 2018 年境内报道媒体来源 TOP10

序号	网站名称	报道数量（篇）	网站性质
1	搜狐网	7 256	全国互联网门户网站
2	人民网	3 294	中央重点新闻网站

（续表）

序号	网站名称	报道数量（篇）	网站性质
3	东方网	3 079	全国互联网门户网站
4	新浪网	2 815	全国互联网门户网站
5	新华网	2 254	中央重点新闻网站
6	中国网	1 701	中央重点新闻网站
7	大众网	1 177	地方重点新闻网站
8	中工网	980	全国互联网门户网站
9	中新网	795	中央重点新闻网站
10	光明网	755	中央重点新闻网站

进一步分析发现，政府网站[①]和教育机构网站[②]是孔子学院相关新闻的重要媒体来源，二者的新闻报道量分别为2 257篇和695篇。从政府网站来看，中央政府及机构网站、地方政府及机构网站的占比为59%和41%，如图5-5。

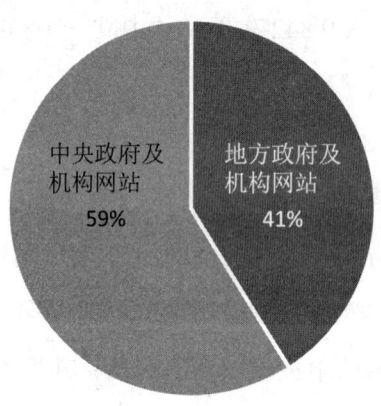

图5-5 政府网站的新闻来源分布

[①] 根据《政府网站发展指引》，政府网站分为政府门户网站和部门网站，政府网站应使用以".gov.cn"为后缀的英文域名和".政务"为后缀的中文域名，不得使用其他后缀的域名。本报告对政府网站的界定主要是英文域名以".gov.cn"为后缀的网站，主要包括中央政府及机构网站和地方政府及机构网站两个部分。

[②] 根据《中国教育和科研计算机网 EDU.CN 网络域名注册办法》我国高等院校、中小学校和各级依法设立的教育科研机构的通用域名后缀一般都为".edu.cn"。本报告对教育机构网站的界定主要是英文域名以".edu.cn"为后缀的网站。

排名前10位的媒体来源为中华人民共和国外交部、中非合作论坛、中国一带一路网、中国政府网、中华人民共和国商务部等网站。其中，中华人民共和国外交部网站发布的新闻最多，内容涉及政府人员的外事活动、外交部发言人答记者问等，如表5-3。

表5-3 政府网站的新闻来源TOP10

序号	网站名称	新闻数量（篇）
1	中华人民共和国外交部	713
2	中非合作论坛	132
3	中国一带一路网	102
4	中国政府网	92
5	中华人民共和国中央人民政府	61
6	中华人民共和国商务部	57
7	中华人民共和国驻大不列颠及北爱尔兰联合王国大使馆	26
8	中华人民共和国教育部	19
9	中国政府采购网	19
10	中华人民共和国国家旅游局	18

从教育机构网站来看，新闻报道量排名前10位的为中国人民大学、对外经济贸易大学和南开大学等网站，中国人民大学信息发布数量居榜首，如表5-4。

表5-4 教育机构网站的新闻来源TOP10

序号	教育机构名称	新闻数量（篇）
1	中国人民大学	120
2	对外经济贸易大学	91
3	南开大学	44
4	天津科技大学	40
5	北京大学	32
6	中央财经大学	25

（续表）

序号	教育机构名称	新闻数量（篇）
7	宁波大学	20
8	西南交通大学	18
9	南京农业大学	18
10	山东大学	16

这些网站的建设单位主要是孔子学院中方合作院校，以及关注孔子学院相关信息的各级教育和科研单位，报道内容多为与孔子学院相关的会议、比赛等信息。

（四）报道倾向

通常而言，报道倾向分为正面、中性与负面三种。[①] 分析发现，正面报道占比 47%，中性报道占比 51%，负面报道仅占 2%，总体报道态度较为积极。如图 5-6。

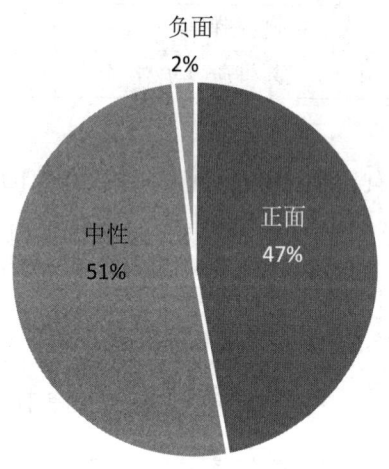

图 5-6　2018 年境内报道倾向分布

从报道倾向的历时性变化来看，正面报道占比最多的为 9 月，此时恰逢

[①] 采用国际通用的自然语言处理情感分析方法，基于情感词典，系统会自动计算文本中正面词汇、中立词汇、负面词汇出现次数与情感程度，从而判断文本的情感倾向。

中非合作论坛举行，境内主流媒体积极发声，以正面宣传为主。中性报道占比最多的是 12 月，作为承上启下的月份，总结回顾类报道增多，这类报道多以客观理性的态度对相关事件进行陈述与分析。总体而言，积极和中性的新闻报道大多涉及孔子学院的教学及文化活动，以及孔子学院大会等重大事件。负面报道较多集中在 1 月和 10 月，主要包含少量提及孔子学院的社会新闻，以及围绕"软实力""中美摩擦"等话题展开的讨论，部分地方和自媒体平台的表述较为激进。如图 5-7。

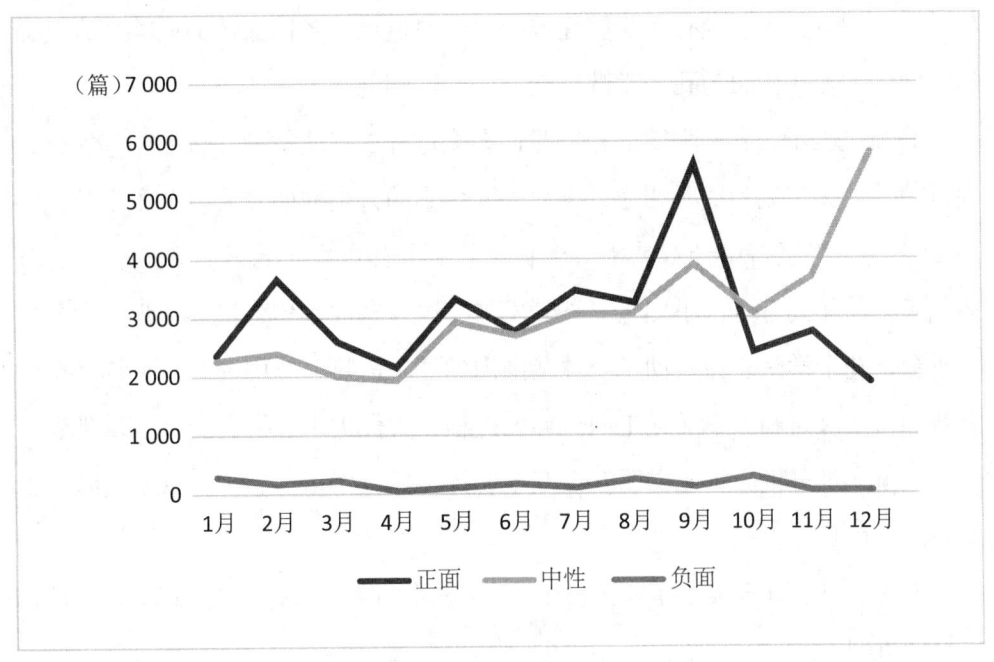

图 5-7　2018 年境内报道倾向每月变化趋势

二、报道与评论

2018 年度境内媒体关涉孔子学院的报道与评论较往年有所增多，为更好聚焦不同领域专家学者从不同角度对孔子学院做出的分析评论，本节内容按照报道主题分为三类：一是围绕孔子学院功能和影响的分析评价类报道，二是围绕孔子学院自身建设与可持续发展的对策建议类报道，三是围绕孔子学院质疑与指责的回应反驳类报道。

（一）围绕孔子学院功能和影响的分析评价类报道

2018年度，境内媒体广泛关注和深入报道了孔子学院在发展建设过程中的功能和影响等问题，对孔子学院的身份建构和角色定位进行了理性分析和解读，充分发挥了舆论引导的积极作用。

孔子学院总部/国家汉办党委书记、副总干事马箭飞在《中国教育报》发表题为"办好孔子学院 贡献中国智慧"的文章，他指出，党的十九大报告提出的一系列重要思想为孔子学院建设提供了总遵循，各国人民共同构建人类命运共同体的宏伟构想为孔子学院发展开辟了广阔前景。

马箭飞表示，孔子学院的初心是面向全球开展汉语教学、传播中华文化，促进中外人文交流和民心相通，推动多元多彩的人类文明发展。孔子学院创办13年来，始终坚持中外双方平等合作、互利共赢的办学模式，砥砺奋进、开拓创新，从无到有、从小到大，蓬勃发展、遍及全球。作为世界认识中国的重要平台，孔子学院有力推动了全球范围内的"汉语热""中国热"持续升温，有效加快了汉语和中华文化走向世界的进程，为促进中外人文交流、增进中外人民友谊、推进世界多元文明互学互鉴发挥了独特作用，做出了重要贡献，受到各国人民热烈欢迎。

来源文献：马箭飞.办好孔子学院 贡献中国智慧[N].中国教育报，2018-01-24（01）.

党的十八大以来，习近平主席在外交场合多次阐释人类命运共同体理念。党的十九大报告再次明确了中国特色大国外交要建设新型国际关系，构建人类命运共同体。这一系列重要思想对孔子学院建设事业，具有重要而深远的理论和现实意义。天津师范大学副校长钟英华在题为"孔子学院助力构建人类命运共同体"的文章中指出，孔子学院能够为构建人类命运共同体贡献力量。文章关于孔子学院功能与影响的表述主要包括以下几个方面：

孔子学院最基本的办学功能是教授汉语和传播中华文化。以语言架起中外民心相通的桥梁，能够加深我国与相关国家的相互了解。孔子学院的快速发展加强了我国在汉语教学、文化交流等方面的国际合作，增进了我国与世界各国人民之间的理解与友谊，促进了汉语和中华文化逐步走入各国人民的日常生活，也推动了我国哲学社会科学走向世界。

孔子学院促进了民心相通。例如，肯尼亚蒙内铁路是"一带一路"建设的重要设施联通工程，其管理人员、列车长和乘务员大都毕业于内罗毕大学孔子学院，他们帮助改善了肯尼亚民众的出行方式、提高了其生活品质，还能用流利的汉语与中方人员交流，同时也起到了促进人文交流、心灵沟通的纽带作用。

孔子学院在多年实践探索中，根据不同国家的地域、国情和文化，形成了一套共建共管机制。中方和外方共同组成理事会，注重双边需求、双边目标，将汉语国际推广与所在国家和地区的实际需求有机结合，自主设计和决定项目的规划蓝图，共同面对建设遇到的问题。这充分体现了共商共建共享原则，彰显了休戚与共、风雨同舟的责任共担精神。正是由于始终坚持这一机制，孔子学院不仅顺应了中外民众日益增长的交往意愿和学习需求，也为自身持续发展打下了坚实基础。

来源文献：钟英华.促进语言文化交流 完善共建共管机制 孔子学院助力构建人类命运共同体（新知新觉）[N].人民日报，2018-06-22（07）.

浙江师范大学孔子学院非洲研修中心包亮、徐丽华在光明网理论频道发表题为"孔子学院：用教育助力中非命运共同体建设"的文章，详细论述了孔子学院在中非合作中的功能作用。文章指出，近年来，中非之间人文交流活动日益频繁，孔子学院作为中非间最大的教育共同体，在中非人文交流等领域发挥了独特的桥梁和窗口作用，在构建中非命运共同体的过程中起到了重要的助推作用。

2004至2018年，非洲孔子学院已经累计培养培训各类学员140多万人，他们致力于本国的发展和建设，同时也活跃在中非交流的各个领域，不仅是民心相通的实践者，更是中非友好的促进者。除了语言教学，孔子学院还开设武术、职业教育、中医普及等不同种类的课程，开展"汉语桥"等形式多样的文化活动、学术讲座，让走进孔子学院的非洲民众，在学习汉语、努力改变自身命运的同时，也了解到一个更加真实、立体、全面的中国；孔子学院也成为中方在非洲讲好中国故事的一个具有感召力、公信力的窗口和平台。

同时，孔子学院还走出校园，积极发挥社会服务功能，与非洲各国各类机构开展多种形式的合作。由各国孔子学院组织的人才招聘会累计为非洲各国青年牵线搭桥提供了数千个就业岗位；为中资企业提供点对点服务，培养并满足了中资企业对本土汉语人才日益增长的需求，有力地促进了中国企业融入非洲当地的营商环境。另外，以孔子学院为平台，中非承办院校每年定期召开孔子学院理事会，推动了各类互访以及在此基础上开展的学术研究项目，让双方有了更多交流互鉴的机会。如浙江师范大学以非洲汉语教学为起点，以非洲学术研究为重点，结合涉非人才培养、对非交流合作，形成了全国领先的对非教育合作机制，有效地促进了学校自身的发展等。

来源文献：包亮，徐丽华.孔子学院：用教育助力中非命运共同体建设 [EB/OL]. http://theory.gmw.cn/2018-09/13/content_31149702.htm. 检索于 2019 年 8 月 5 日。

北京师范大学姚建彬在《人民日报海外版》上发表文章《孔子学院助推中国文学海外传播》，他指出，孔子学院作为汉语国际教育和中国文化海外推广之重要平台、重要渠道的形象，已经日益清晰而稳固。在这么多年的发展历程中，其多维度功能正日益彰显出来，从最初的单纯以汉语教学为核心任务，已经逐渐发展为以汉语教学为主、其他文化交流活动为辅的运行格局。孔子学院对于推动中国文学在海外的传播所发挥的作用日益明显，所扮演的角色愈发重要。

从中国文学海外传播大计来看，孔子学院的出现，盘活了海外传播的多重资源，延伸了传播的途径，拓展了传播的空间，丰富了传播的手段与方式。从长远发展来看，各国孔子学院因地制宜地将中国文学海外传播纳入自己的工作版图，势必丰富各地孔子学院自身建设与发展的内涵，为孔子学院的日常汉

语教学和中国文化推广活动增加了分量和魅力。中国文学海外传播大业同全球孔子学院的可持续发展，完全可以建构一种互利互惠共赢的格局。

孔子学院介入中国文学海外传播，不仅有效拓展了中国文学海外传播的空间，而且有效增强了中国文学对海外受众的吸引力和感染力，使得中国文学在海外的传播以更加生动、近距离的方式呈现出来。孔子学院的介入，明显增加了中国文学海外传播交流的管道，激发了中外文学双向乃至多向交流沟通的可能性，从而为打造人类命运共同体准备了可资凭借的精神资源。

因地制宜、有所选择地发挥孔子学院在中国文学海外传播中的积极作用，具有值得关注、值得期待的多重功能与意义，这不仅有助于提升孔子学院自身的内涵式发展，而且有助于建构丰富、立体的中国国际形象，有助于展示中国文化的深沉魅力，在世界范围内，在中华民族同世界其他民族之间，搭建较目前更为丰满而富有情感和温度的民心相通的桥梁。

来源文献：姚建彬.孔子学院助推中国文学海外传播（文学聚焦）[N].人民日报海外版，2018-03-28（07）.

《光明日报》通过采访参加第十三届孔子学院大会的来自不同国度、不同身份的老师和学生们，以"孔子学院：拓宽中外语言文化交流之路"为题，记录了他们对于孔子学院的看法。

来自埃及的孔子学院奖学金获奖学生许萌萌表示，孔子学院搭建起了一座桥梁，将她与她所热爱的中华文化紧紧联系到了一起。对于这些学习中文的外国人来说，孔子学院帮助更多的人实现了学习汉语、了解中国的梦想，他们也成了名副其实的"中国通"和中外文化交流使者。英国谢菲尔德大学前校长、孔子学院总部理事会理事博内特在大会上表示，中国以修建桥梁等基础设施著称，但人类交往中最重要的桥梁却非钢铁或石头所建。"孔子学院的中国教师和员工是优秀的民间大使，世界各地的社区民众通过他们，感受到了中国的友善和奉献。"美国乔治梅森大学孔子学院66岁的"老"学生戴担义则表示，"孔子学院将中国与世界人民紧紧连在一起，促进了语言相通、民心相通，这是孔子学院对全人类的贡献"。

在孔子学院的发展过程中,很多孔子学院在教授汉语的基础上,因地制宜开设技能、商务、中医等特色课程,逐渐形成自己的办学特色,也为构建人类命运共同体、推动各国共同繁荣发展做出了积极贡献。孔子学院不仅通过"汉语+"等方式按需培训,为"一带一路"建设提供了大批精通汉语、了解中国的人才,还成立了"一带一路"研究中心、"海上丝路孔子学院",每年举办有关"一带一路"的学术讲座、高端论坛、国际会议达200多场,为"一带一路"建设提供智库支持。此外,孔子学院还为中国与沿线国家各领域合作牵线搭桥、提供服务。

"孔子学院是中国教育改革开放、走向世界的产物,也是中国与世界各国教育交流合作的成功典范。"教育部副部长田学军说,希望中外各界继续携手同心,心心相印,推动中外人文交流的大路越走越宽,为构建人类命运共同体、共创人类社会美好未来贡献智慧和力量。

来源文献:周洪双,李晓东. 孔子学院:拓宽中外语言文化交流之路[N]. 光明日报,2018-12-07(04).

(二)围绕孔子学院自身建设与可持续发展的对策建议类报道

新时代,孔子学院建设进入到内涵发展与改革创新的新阶段。如何加强资源的有效配置和供给,解决汉语教师不足问题,拓展服务功能,构建一个集语言教学、文化交流、学术研究和社会服务于一体的综合平台,促进中外语言与文化交流,是值得广泛思考的问题。

国务院副总理、孔子学院总部理事会主席孙春兰在第十三届孔子学院大会上发表题为"推动孔子学院高质量发展,为构建人类命运共同体贡献力量"的讲话。她指出,构建人类命运共同体,推动各国共同繁荣发展,需要更好地发挥语言在增进理解、凝聚共识、促进合作、深化友谊中的独特作用。孔子学院要创新教学方法,加强师资队伍建设,健全质量评价体系,打造汉语教学权威平台。要开展丰富多彩的文化活动,发挥汉学家的文化使者作用,培育人文交流综合平台。要实施"汉语+"项目,因地制宜开设技能、商务、中医等特

色课程，建立务实合作的支撑平台。要坚持开门办学，发挥双方办学优长，培养更多熟悉对方国家的优秀人才，构建国家友好交往平台，为深化中外友好、构建人类命运共同体做出贡献。

来源文献：孙春兰：推动孔子学院高质量发展 为构建人类命运共同体贡献力量 [EB/OL]. http://www.xinhuanet.com/politics/2018-12/04/c_1123807457.htm. 检索于 2019 年 8 月 5 日。

山东大学校长樊丽明接受《中国社会科学报》记者专访时指出，孔子学院是中华文化"走出去"的一个重要组成部分。面对新时代的要求，孔子学院要通过调整节奏、改善结构、增强定力等措施，强化构建"制度信任"机制，有效吸纳社会力量参与，以期实现更稳定、更优质的可持续发展状态；构建以智库、基金、学科、团队建设为主要内容的"四位一体"支撑体系。

在智库和基金方面，要着力建设跨学科、开放型、国际化的"孔子学院与对外文化传播"智库，将其打造成一个立足新时代、新起点，助推孔子学院健康发展的国家级智库，力争在孔子学院的改革与发展中有所作为。在智库功能定位方面：一要做好资政服务，即通过政策、环境与需求研究，为孔子学院决策与治理提供新的建议和方案；二要做好问题挖掘，即通过深入实践、舆情研判与案例分析，为孔子学院的能力建设以及完善支撑体系提供理论；三要做好话语分析，即通过对孔子学院功能、定位与贡献的解读，在社会与孔子学院之间建立更多的沟通渠道，深化公众的认知与了解，扩大孔子学院在海内外的影响力。

来源文献：张清俐. 扩大孔子学院国际影响力 [EB/OL]. http://www.cssn.cn/xspj/jgpj/201803/t20180319_3880126.shtml. 检索于 2019 年 8 月 5 日。

浙江师范大学吴强在《人民日报海外版》刊载的题为"让学术研究引领孔院新发展"的文章中指出，经过十几年的快速发展，孔子学院建设已经到了提质增效时期，接下来如何谋划新的发展？这需要对已有工作进行总结和反思，再采取合理可行的创新举措。在吴强看来，孔子学院除汉语教学和传播中华文化之外，其功能可以根据自身的不同情况进行拓展。其中，孔子学院开展学术研究，主动融入所在大学的学术共同体内，会提升孔子学院的办学品质和办学影响。目前举措主要有：

一是发挥桥梁作用，助推中外大学学术合作。比如在埃及苏伊士运河大学孔子学院的促成下，浙江师范大学与苏伊士运河大学合作共建中国研究中心。浙江师范大学将以中国研究中心为平台，不断加强两校在教师访学、进修，学生交换与联合培养，经典文学作品互译以及学术科研等领域的合作。

二是举办学术研讨会，助推中外学术交流。如坦桑尼亚达累斯萨拉姆大学孔子学院举办"一带一路"背景下中坦非传统领域投资的合作机遇学术研讨会、澳大利亚阿德莱德大学孔子学院举办当代中国高端论坛等。

三是翻译和出版著作，助推中国作品走出去。如2017年9月，莱顿大学孔子学院邀请余华参与"翻译工作坊"，组织余华与荷兰翻译家林恪进行对话，围绕余华小说集的翻译和出版，展开了多次学术对话和翻译交流等活动。

四是多种举措并用，助推孔子学院深度融入。如邀请大学共同体成员参加孔子学院举办的活动，为大学中文系的汉语教学提供互补性教学服务，利用有关高层次的学位项目获取更多学术共同体成员的支持等。

来源文献：吴强.让学术研究引领孔院新发展[N].人民日报海外版，2018-11-02（09）.

郑州大学韩晓明在《中国社会科学报》发表文章《科学制定汉语传播规划 深度参与全球文化治理》。文章指出，随着中国特色社会主义进入新时代，汉语国际传播规划需要进一步立足全球视野、突显中国担当，在以下几个方面采取切实行动。

第一，更新语言传播理念，推进传播模式转型。语言传播应是一个双向互动的过程，不同语言之间应该是互利共生的关系，彼此在互融、互鉴中共同发展。汉语在承载和传播中国故事、中国主张、中国价值的同时，也应注重打造互动平台，充分吸收和借鉴其他国家的优秀文化成果。在汉语学习者或使用者比较集中的国家和地区，应推进汉语与当地社会生活的结合，包容多种海外

华语变体的出现，鼓励汉语传播实现本土化发展。汉语国际传播有责任在构建人类命运共同体的框架内，引领新型语言传播模式，与世界各国各地区共享语言传播成果。

第二，加强内、外部资源整合，形成汉语传播合力。汉语国际教育和海外华文教育，是汉语国际传播的两大支柱。孔子学院（课堂）的快速发展为21世纪以来汉语加快走向世界发挥了巨大作用，而遍布世界各地的华文学校则是中华文化海外传承的主要依托，是扩大汉语国际传播的重要支点。长期以来，两者各自发展，相互之间缺乏互动和呼应。随着全球汉语学习群体的扩大以及学习者低龄化的发展，两者的融合趋势越来越明显。不少接受汉语隔代传承的华人子弟进入孔子学院学习，而一些非华裔儿童也越来越多地进入华文学校学习。面对新形势，汉语国际传播也应顺势而为，统筹规划，打破内部体制机制和主管部门的藩篱，以全球汉语学习需求为导向，在不同层次上开展分工合作，科学配置资源，形成强大合力。孔子学院可专注于专业汉语教学、职业汉语教学和高端学术交流，海外华文学校则专门从事学龄前及中小学汉语教育，在人才培养上与孔子学院形成完整衔接。

第三，优化汉语传播全球布局，努力实现传播效益最大化。文章表示，汉语国际传播要统揽孔子学院（课堂）、华文学校及各国国民教育体系中的汉语教学，统筹规划全球布局，避免无序发展，更好地服务于"一带一路"建设的推进实施。目前孔子学院（课堂）虽然已经达到相当的数量，但是在一些国家分布相对集中，在另外一部分国家则很稀少，甚至还有一些国家是空白。此外，由于各国国情、（华侨）侨情不同，华文教育发展程度也极不均衡，还有一些华文学校面临着严重的生存问题。汉语教学虽然在一些国家已经进入国民教育体系，但教学水平参差不齐，师资配比失衡，正规化、标准化、专业化程度都亟待加强。汉语国际传播需要进一步完善顶层设计，通过优化孔子学院（课堂）的全球布局，加强对重点地区困难华校和新兴华校的帮扶力度，努力推动汉语进入更多国家的国民教育体系，不断提高汉语教学质量，使汉语国际传播实现持久、有序发展，实现传播效益最大化，助力中国深度参与全球文化治理。

来源文献：韩晓明.科学制定汉语传播规划 深度参与全球文化治理[N].

中国社会科学报，2018-09-11（03）.

厦门大学蔡武、郑通涛在《光明日报》发表了题为"加强汉语国际推广工作的若干思考"的文章。他们指出，近年来，随着中国国力的增强，汉语国际推广工作取得了令人瞩目的成绩，这与国家的高度重视是密不可分的。如何在现有基础上突破桎梏，科学选择发展路径，应从以下几个方面着力：

加强学科建设，争创世界一流学科。要充分利用创建"双一流"的新契机，对照我国的一流学科标准，加强与完善汉语国际教育学科的顶层设计，在师资队伍、培养质量、学科建设、科学研究与教育服务等方面狠下功夫，争创世界一流学科。

抓住历史机遇，主动对接国家战略。文化"走出去"战略的实施，"一带一路"重大倡议的提出，中国特色大国外交的开展以及人类命运共同体的构建，为汉语国际推广提供了良好的发展机遇，同时也对其提出了新的历史要求。只有将汉语国际推广与我国新时代政治、经济、社会、外交战略有机结合，才能发挥优势，更好地服务国家发展大局。

推进改革创新，提升孔子学院办学质量。孔子学院是当代中国"走出去"的文化符号，应创新语言文化交流机制，充分展示中华语言文化魅力，增强所在国民众学习汉语的兴趣；应完善师资队伍与教材建设，提升教师业务素质水平，着力开发本土化汉语教材；应制定质量评估标准，以效果为导向，从教育、社会、文化、外交等各个领域所取得的成效来全面考察其办学质量；也应该实现办学格局转型升级，加强实用型职业人才培养，助力当地经济建设。

依托大数据技术，打造汉语国际推广网络品牌。要融合移动互联、云计算、人工智能等最新技术，全面升级网络孔子学院等汉语国际推广网络平台，提高其运营水平与品牌效应；发挥大数据信息优势，及时有效地追踪全球汉语国际教育发展态势，实现信息与教学资源的实时传递与共享，提升核心竞争力；订立数字化产品规范化标准，保证数字化汉语学习产品质量，提高学习者的满意度。此外，网络安全不容忽视，要切实保障汉语国际推广网络平台的数据安全，保障中国语言与文化传播顺利进行。

深化产教融合，推动汉语国际推广产业化发展。一方面，可汲取英国文化委员会、德国歌德学院、西班牙塞万提斯学院等世界主要语言推广机构的成功经验，在符合市场化规律的前提下逐步形成灵活的产业运营机制，构建汉语国际推广产业网络。另一方面，应当坚持文化自信，勇于创新，把握汉语与中国文化的鲜明特征，充分发挥全球汉语教育市场竞争优势，开创新时代中国特色的语言文化产业道路。这样，可以在一定程度上减轻政府的负担，实现社会资源的优化配置，推动汉语国际推广事业可持续发展。

来源文献：蔡武，郑通涛.加强汉语国际推广工作的若干思考[N].光明日报，2018-12-23（12）.

在新的发展阶段，孔子学院需要在与外部环境和谐共生的状态下发挥更大的作用。"一带一路"倡议的提出与落地，为孔子学院持续发挥重要作用注入新的动力。教育作为人文交流最重要的载体之一，将在实现"一带一路"的宏观愿景中起着基础性、支撑性和引领性作用。

中国教育新闻网刊登了国家汉办黄湄的文章《优化孔子学院布局 助力"一带一路"建设》。作者指出，优化孔子学院布局对亚洲共同繁荣有重要意义。孔子学院建设总的指导思想在人文交流与民心相通的层面，正与"一带一路"的整体发展目标相契合，并彰显了未来在沿线国家进一步加强布局、深入发展的重要性与必要性。之前已有学者结合发展实例提出，孔子学院在"一带一路"的宏观语境下，第一，可以依托语言文化交流，为中外企业与社区提供政策沟通咨询与专业人才的语言培训；第二，可以通过文化活动与国际项目，促进教育合作和民间交流；第三，可以通过出版书籍、拍摄视频，举办会议等，为"一带一路"进行舆论造势；第四，可以聚合学术界与社会各界精英力量，发挥智库作用，为"一带一路"建设项目的实施献计献策等。

目前，"一带一路"沿线各国孔子学院建设仍存在空白地带，作者认为可以采取以下措施：第一，审时度势，充分考虑到可能存在的风险与挑战。深入推进孔子学院工作的前提是正视潜在的风险与挑战，尤其是对待潜在政治风险与道德风险较高的国家和地区要慎之又慎。第二，循序渐进，通过周边项目打好基础。在正式将建设孔子学院/课堂提上议事日程之前,可制定相应优惠政策,通过对代表性周边项目的推广,做好前期工作与外围工作。对于互联网覆盖较好的国家,还可以考虑推广"网络孔子学院",让学习者远程注册为学员,以慕课、视频互动、虚拟现实等远程在线教育的方式开展工作。第三,因地制宜,拓展投入渠道与特色发展。一是在必要时"输血",拓展孔子学院的投入来源渠道。二是提高"造血"能力,因地制宜、有的放矢地制定当地孔子学院发展规划,不断探索新的发展模式,精准满足当地需求,实现中外双赢,直接为当地师生民众带来福祉。

来源文献:黄湄.优化孔子学院布局 助力"一带一路"建设[EB/OL]. http://www.jyb.cn/zggdjy/tjyd/201801/t20180109_708163.html. 检索于 2019 年 8 月 5 日。

人民网国际频道发表题为"孔子学院可成为'一带一路'上的公共外交实践平台"的报道,介绍了天津外国语大学副校长余江在"一带一路"高端智库论坛上的讲话。余江指出,孔子学院可以成为公共外交的实践平台,助力"一带一路"上的传播交流。孔子学院本身就具有公共外交平台的属性,并已经有了广泛的认知度、较高的美誉度。做好孔子学院的公共外交,需注意以下几个方面:第一,应该把孔子学院建设中强化公共外交内生动力这个目的作为孔子学院自身建设的内生动力。第二,孔子学院中方人员要有公共外交的自觉意识,不要局限于教教汉语,写写汉字,打打太极拳。第三,孔子学院的可持续发展要瞄准一个重要方向,提升为学术研究以及中外文化广泛交流与合作的重要阵地,为中国的公共外交提供一个稳定且有良好民间认可度和美誉度的支撑平台。第四,孔子学院要注重为研究中国问题的学者及其研究服务,力促外国精英对其本国政策发挥积极影响。第五,要尽快把孔子学院的建设实现"一带一路"国家全覆盖。

来源文献:徐祥丽.余江:孔子学院可成为"一带一路"上的公共外交实践平台[EB/OL]. http://world.people.com.cn/n1/2018/0403/c1002-29905717.html. 检索于 2019 年 8 月 5 日。

海外舆论是制约孔子学院在境外发展的一个重要因素。自 2017 年末美国国家民主基金会首次提出"锐实力"的概念以来，欧美智库、媒体和学界以此为基本概念框架发动了新一轮舆论战，对中国、俄罗斯等国近年来为提升国家形象和国际影响力所做的各种努力横加指责。对此，境内媒体积极发声，主动应对西方以"锐实力"为主题的舆论战，为营造良好的国际舆论环境建言献策。

参考消息网刊载了清华大学史安斌题为"以理念创新回击西方舆论战"的文章，对"锐实力"的前生今世及其影响进行了分析和评述。文章详述了此次"舆论战"的背景以及对近期"外国代理人"等事件的影响。作者认为，"锐实力"概念的提出和近期引发的争议，一方面是世界进入"后西方""后秩序""后真相"时代的典型表征，另一方面则体现了西方知识界和精英阶层面对全球变局的"影响焦虑"，以及对自身民主体系条件反射般的自我维护。尤其是在中国领导人提出的"一带一路"倡议和"人类命运共同体"理念得到了世界各国越来越多有识之士的衷心拥护之后，西方主流社会的这种"影响焦虑"就更为突显。

从话语脉络来看，"锐实力"与美国政界和学界提出的"软实力""巧实力"等概念一脉相承。围绕"实力"这个词，美国政界和学界里应外合，根据国际情势的变化进行政策与话语的相应调整。美国提出"外国代理人"剑指中国媒体的举动，刚好和"锐实力"的概念相互呼应。这也将在未来一段时间里成为界定此类"媒体新冷战"的主要框架。总的来看，这套"实力"话语的内涵、外延始终在变，但其逻辑内核——即西方中心主义和美国国家利益至上的基本原则——始终未变。无论从历史的视角，抑或话语的层面，再或实践的维度，"锐实力"都体现出冷战思维的延续与升级。从本质上看，这既非科学的概念，也非价值中立的判断，而恰恰是高度政治化和意识形态化的"话语霸权"。

文章建议，我们应当更为积极主动地向国际社会说明中国为倡导建立更为公平、公正、合理的国际新秩序所做出的贡献与努力。例如，加强与"一带一路"倡议相关的大型工程或孔子学院等备受国际舆论关注的文化交流项目的新闻发布和舆论引导，提升驻外人员和海外华人的"全球胜任力"——包括媒体素养、跨文化沟通能力、危机传播策略和公共外交技巧等。面对新一轮以"锐实力"为主题的舆论战所提供的契机，我们应当跳脱西方媒体和思想界的"议题设置"，以"构建人类命运共同体"理念为指导，按照"突破遏制、回应挑战、补齐短板"的原则加强自身的理论建设和实践创新。

来源文献：史安斌. 史安斌：以理念创新回击西方舆论战 [EB/OL]. http://ihl.cankaoxiaoxi.com/2018/0312/2258162.shtml. 检索于 2019 年 8 月 5 日。

澎湃新闻网发表了中国人民大学王莉丽的文章《中国应正面应对西方"锐实力"舆论遏制战》，针对近期国际社会关于"锐实力"的争议做出了分析和建议。文章认为，"锐实力"的提出和热炒绝非学术和政策探讨，而是西方国家新一轮的对华舆论遏制战略，中国舆论界必须对此有清醒的认识。

文章指出，随着中国综合国力的提升和在国际政治、经济领域话语权的不断增强，中国日益走进世界舞台中央，成为世界舆论场的重要关注议题，但与此同时，中国应对全球各个领域及经济、社会、政治和文化等方面的公共外交能力却严重不足。在这样的背景下，基于"修昔底德陷阱"的担心和焦虑，加之长期以来的刻板印象和意识形态差异，美欧对于中国的误解和偏见舆论也甚嚣尘上。

近些年来，中国在对外传播、文化交流等方面做了一系列努力，投入了大量资金和人力，并仿效英国文化协会、德国歌德学院等国家文化传播的模式和经验，结合中国的实际情况，在全球范围内设立了孔子学院等项目和平台，以期为中国与世界各国公众的沟通提供平台。但是不可否认，中国在对外传播与文化交流领域还有很大的提升空间。在跨文化传播与交流过程中，存在着信息的编码、解码所导致的信息流失甚至偏差，中国需加强对世界各国的深入研究，遵循传播规律，寻求适宜的对外传播策略与方法，以避免因为历史文化、意识形态和政治体制等结构性差异造成的误解与误读。

面对来势汹汹的西方对华舆论遏制战略，中国亟须通过有效的对外传播加强与各国舆论界和各国人民的沟通与交流，让国际舆论场不但有美欧国家的声音，也要有我们中国的表达，中国与西方都不能局限于各自的舆论场进行自我对话，要真正实现在双向沟通中加强理解与互信。另外，在对外传播中，我

们要充分考虑到西方社会的舆论传播近两年来进入了以情感驱动舆论走向、社交媒体成为新主流媒体的后真相时代。要顺应后真相时代的受众特点和需求，掌握运用语言传播的技巧，积极施加舆论影响，使我们传播的语言模因在信息洪流中具备强大的传播力和影响力。

来源文献：王莉丽. 中国应正面应对西方"锐实力"舆论遏制战 [EB/OL]. https://www.thepaper.cn/newsDetail_forward_2039241. 检索于 2019 年 8 月 5 日。

（三）围绕孔子学院质疑与指责的回应反驳类报道

2018 年，对世界来说最重要的双边关系——中美关系可以说是波澜起伏、状况不断。孔子学院作为文化领域代表性的"中国符号"，不可避免地成为了"美国在人文交流领域攻击中国的标靶"。[①] 针对外媒对孔子学院的一系列批评和质疑，甚至戴着"有色眼镜"试图遏制孔子学院的做法，以环球网、中国日报网和参考消息网为代表的中国媒体纷纷发表观点与评论，从不同立场和角度为孔子学院正名，对以美国为代表的西方势力的错误认知以及负面宣传进行驳斥。

环球网以"美国原来是如此'小心眼'的国家"为题发表社评，回顾了 2018 年初一些美国精英猛攻孔子学院的相关事件，包括美国《国会山报》发表文章指责孔子学院、美国联邦参议员卢比奥敦促多所大学终止与孔子学院的合作、美国联邦调查局局长在参议院情报委员会的听证会上表示 FBI 将对与孔子学院有关的事务进行调查、《华盛顿邮报》专栏作家乔希·罗金针对孔子学院发表了题为"认识中国对美国大学渗透"的评论等。

文章指出，这些美国精英像"猎巫"一样围攻孔子学院，令人非常吃惊，可以想见孔子学院可能与美国社会发生了一些摩擦，也许孔子学院可以考虑做出某种调整，但孔子学院进入美国肯定是抱着扩大中美文化交流的善意去的。地位显赫的美国官员和学者如此咬牙切齿地斥责孔子学院，这是民族主义意识

---

① 周亭，温怡芳，贾文斌."他塑"视角下涉华国际舆情的困境与应对——以美国媒体涉孔子学院报道为例 [J]. 对外传播，2018（04）：19-21.

形态的歇斯底里发作。

美国有可能对孔子学院采取限制政策,但这伤及不到中国的利益。绝大多数中国人对于孔子学院在美国办不办得下去并不关心。多有一些美国人学习中文,孔子学院能够为他们提供方便,这是一个让中国人愉快的消息。学中文的美国人少一些,也不会让我们沮丧。说到底这是美国人自己的事情。

美国人说孔子学院破坏了大学里的学术自由,这是在对中美的文化差异上纲上线。孔子学院的教师、志愿者并不具备当情报人员或者线人的能力。通过孔子学院这一件事我们可以了解到美国有多么不自信,多么极端。中国无须对美方的这些过度敏感反应过于在意,这些事情让我们看清了美国社会的"小心眼儿",这也是中国崛起在外面世界产生涟漪的一面镜子。从美国人的激烈反应中我们也可以了解,中国这些年的开放还是非常透彻的,我们没有让警惕性成为阻挡开放的决定性障碍,我们坚持了让自己在开放中逐渐强大起来的战略选择,做到这点殊为不易。

来源文献:社评:美国原来是如此"小心眼"的国家 [EB/OL]. http://opinion.huanqiu.com/editorial/2018-02/11618570.html?agt=15422. 检索于 2019 年 8 月 5 日。

参考消息网发表题为"美保护主义伸向文化领域?有人已开始对中方这个组织下手"的记者文章,针对围绕孔子学院的相关争议对北京大学中文系教授张颐武进行了采访。张颐武表示,美国恶意针对孔子学院的主因是,美国有一些人对中国崛起不甘心,开始对中国任何方面都抱有敌意,并呈现一种自我保护的心态。美国这种只希望自己的文化在其他国家广为传播,而对外来文化在本国的传播抱有高度警惕的心态,就是美国方面想要极力维持、不愿放弃的单向"传播霸权"。

张颐武认为,如今不同国家之间扩大文化交流已经成为常态。例如建立于 1951 年、已遍布 78 个国家和地区的德国歌德学院,其功能专注于德国艺术、社会、知识的传播与交流,德语语言的学习和德语教师的培训是其职能的一部分。类似的还有法国的法语联盟,其所扮演的角色也是法国文化和语言的交流使者。和这些机构组织类似,孔子学院的功能是让其他国家的民众更好地了解

中国文化，其出发点是善意的，是符合世界整体文化趋势的。

张颐武最后说，孔子学院的方式体现出中国更尊重人类不同的价值观，通过求同存异，探求最大公约数。如果意识形态存在不同，那就搁置起来，通过单纯的文化学习，筑牢人文交流基础，奠定民间沟通的基石。只有以开放的心态尊重别人，才能实现对等的交流和平等的传播。

来源文献：汤立斌. 美保护主义伸向文化领域？有人已开始对中方这个组织下手 [EB/OL]. http://column.cankaoxiaoxi.com/2018/0316/2258699.shtml. 检索于 2019 年 8 月 5 日。

2018 年 3 月 14 日，美国众议院的新提案试图将孔子学院登记为外国代理人。3 月 21 日和 6 月 4 日，美国多名国会议员又通过提交《外国影响力透明法案》以及《反中国政府和中共政治影响力运作法》要求在美国的孔子学院注册为外国代理人。此事引发海内外媒体热议。

针对这一事件，我国外交部发言人华春莹在 2018 年 3 月 22 日举行的例行记者会上指出，美国孔子学院是应美国大学的自愿申请，由孔子学院总部、中国大学与当地大学本着"相互尊重，友好协商，平等互利"的原则，订立正式协议而设立的。孔子学院的宗旨是加强中国与有关国家教育、文化交流合作，增进两国人民之间的相互理解与友谊。华春莹说，孔子学院在很多国家都受到了热烈的欢迎，也为促进中国与有关国家间的相互了解、友谊和合作发挥了非常重要的作用。近期美方个别人发出的一些杂音，反映的实质和根本是怎么看世界、怎么看中国发展的问题，或者说能否真正摒弃冷战思维和零和博弈、非此即彼的过时观念，与其他国家开展互利共赢合作的问题。"君子坦荡荡，小人长戚戚"。中国在宪法序言中增添"坚持和平发展道路"，"坚持互利共赢开放战略"和"推动构建人类命运共同体"三方面内容，体现了中国致力于走出一条与传统大国不同的发展道路的坚定决心，致力于和世界各国共同发展繁荣的真诚愿望，以及致力于为世界和平与发展做出更大贡献的崇高目标，体现了中国将自身发展与世界发展相统一的全球视野、世界胸怀和大国担当。个别人如果没有这样的视野，没有这样的心胸和气度，自然不能理解。华春莹称希望那些人能摒弃过时理念,客观理性地看待当今世界的发展潮流和中国的发展进步。

来源文献:2018年3月22日外交部发言人华春莹主持例行记者会 [EB/OL]. https://www.fmprc.gov.cn/web//fyrbt_673021/jzhsl_673025/t1544556.shtml. 检索于2019年8月5日。

中国日报网接连多日刊载文章,同样对相关问题进行了点评和澄清。

2018年3月21日,中国日报网评论文章《美国重现"反华"猎巫行动》指出,近期一些美国政客以及新闻媒体试图诋毁正常的中美文化和学术交流,须当心"麦卡锡主义"的弦外之音。

文章认为,在美国,抨击中国和散布恐慌并非新鲜事,政客们经常沉迷于此,但不同于对中国建设性的批评,那些基于无知、偏见或恶意的批评是一种"猎巫行动"。美国联邦调查局局长克里斯托弗·雷、佛罗里达州的共和党参议员马可·卢比奥等近期针对"中国间谍"的表态纯属仇恨言论。在谈到中国时,美国政客、新闻媒体、甚至是权威人士的言论变得越来越令人不安,对他们中的许多人来说,这似乎只是他们丑化中国的默认模式。

文章引用耶鲁大学法学院教授蔡美儿的著作《政治部落:群体本能与国家命运》来描述目前美国的状态:美国人通过沉溺于伟大的意识形态斗争以及身份政治,以一种危险的、带有种族色彩的方式,俘获了美国的左派和右派,使他们无法正确地理解和处理与外国的关系。作者表示,不论我们称美国目前的举动为"麦卡锡主义"还是"猎巫行动",美国最近发展起来的这种趋势应视为一记警钟,提醒人们不要重蹈美国历史的黑暗时期。

来源文献:陈卫华. 美国重现"反华"猎巫行动 [EB/OL]. http://cn.chinadaily.com.cn/2018-03/21/content_35892371.htm. 检索于2019年8月5日。

2018年3月28日,中国日报网社评文章《美国政治家必须意识到孔子学院不是政治工具》指出,近期美国对孔子学院的指责毫无依据,是美国媒体的"错误假设"所造成的误解。文章引用乔治·华盛顿大学政治学和国际关系学

教授、中国政策研究项目主任沈大伟（David Shambaugh）的观点表示，美国媒体对于孔子学院的报道存在很多假设和暗示，比如，假设孔子学院以某种形式影响着大学所教授的中文课程，这种猜测是绝对错误的。自 2013 年乔治·华盛顿大学孔子学院设立以来，沈大伟一直对孔子学院密切关注，他表示"孔子学院对大学的汉语学习和中国研究没有任何影响，这种错误假设是媒体记者贸然断定的"。美国媒体往往会将一些传闻串联起来作为一个典型"事实"，他尚未看到表明孔子学院政治化的证据。

沈大伟建议提高透明度，特别是孔子学院应该向大学官方机构公开合同。塔夫茨大学的发言人表示大学与孔子学院的关系不会发生任何变化，因为孔子学院为学校提供了"宝贵的学习机会和文化贡献"。北佛罗里达大学、南佛罗里达大学和迈阿密戴德学院则表示将继续运营孔子学院，并称孔子学院并不参与政治或宗教活动。

来源文献：Zhao Huanxin.US politicians must realize institutes aren't political tools [EB/OL]. http://www.chinadaily.com.cn/a/201803/28/WS5abae092a3105cdcf6514b10.html. 检索于 2019 年 8 月 5 日，孟昀译，王硕校。

孔子学院作为非营利的公共教育机构，是由两国政府商定的教育和文化领域的重要合作项目，并非由中国单方面强加给任何美国学院或大学。2018 年 4 月 3 日，中国日报网在题为"孔子学院不是威胁"的文章中指出，在与国际关系相关的工作中，汉语和英语已成为中美两国年轻人的重要技能。近年来，美国年轻人学习中文和中国文化的热情不断升温。美国政界人士有义务与各级政府合作，帮助他们实现学习汉语的梦想。剥夺他们选择和学习的权利是不明智的，美国政客没有任何理由浇灭美国年轻人学习汉语的热情。

文章认为，孔子学院有助于美国年轻人了解真正的中国，中美两国人民可以通过沟通与交流实现相互理解，人文交流将为中美关系的发展奠定良好的基础。美国政客对孔子学院"影响力"产生的毫无根据的恐惧，来源于他们把中国视为敌人的错误判断。孔子学院的运作公开透明，严格履行协议和合同，美国没有理由担心所谓的"中国渗透"。

文章强调，中国和美国不是敌人，而应该是亲密的朋友和伙伴。中国的崛起是自然趋势，不仅有利于中国，也有利于世界。中国无意向美国输出社会主义意识形态。中国在美国建立孔子学院，是为了加深两国人民之间的相互了解、增进友谊。不幸的是，由于冷战思维和零和博弈逻辑，一些美国政客试图妖魔化中国，企图使中国成为美国的敌人。然而，他们的愿望永远无法实现，因为中美两国人民正在相互尊重、合作共赢的基础上共同努力，逐渐建立起强大的建设性伙伴关系，这符合中美两国人民的最大利益。

来源文献：Wu Zurong. Confucius Institutes are no threat[EB/OL]. http://www.chinadaily.com.cn/a/201804/03/WS5ac2d440a3105cdcf6515e3b.html. 检索于2019年8月5日，孟昀译，王硕校。

2018年4月28日，中国日报网发表记者文章——《美国教育工作者为孔子学院辩护》，通过引述多位美国专家的言论，回应近期美国对孔子学院的指责。

美国前驻华代表、美国亚利桑那州立大学事务副主任马特·萨尔蒙（Matt Salmon）表示，在孔子学院遭到广泛批评、数个大学与之终止合作的同时，美国国防部正在与孔子学院合作，尝试获得学习汉语的有效渠道。萨尔蒙对目前存在的孔子学院威胁美国国家安全的言论表示怀疑，"如果孔子学院确实对安全构成了威胁，那么国防部为我们的项目提供资金本身就是巨大错误"。他认为通过孔子学院平台开展中国语言与文化学习反而使美国国家安全得到加强。在展望中美教育交流的未来时，萨尔蒙建议美国不能放弃与中国的合作关系，"建设性接触"是必要的：”应该创造更多相互理解、沟通对话和互动交流的机会"。

中强基金会（China Strong Foundation）首席执行官约翰·霍尔登（John Holden）表示，孔子学院能够深入到美国社区，激发人们对中国研究的兴趣，这些研究机会可能是美国大学无法提供的。内布拉斯加大学林肯分校法学教授、前校长哈维·帕尔曼（Harvey Perlman）则认为，"孔子学院不是政治组织，也没有政治议程"。

来源文献：Dong Leshuo. US educators defend Confucius Institutes[EB/OL]. https://www.chinadailyasia.com/articles/67/138/235/1524881937103.html. 检索于 2019 年 8 月 5 日，孟昀译，王硕校。

2018 年 8 月 21 日，英国爱丁堡大学名誉教授肯尼斯·金（Kenneth King）在中国日报网发表题为"孔子学院是双赢项目"的文章。他指出，自 2005 年第一家孔子学院落地肯尼亚内罗毕大学以来，即使分布并不均衡，孔子学院还是在非洲如雨后春笋般涌现。孔子学院和孔子课堂在非洲基本没有遇到批评或争议，这和美国孔子学院遭受的严厉质疑形成了巨大的反差。而耐人寻味的是，美国批评孔子学院侵犯学术自由和在美国宣传中国的意识形态，却很少提及孔子课堂。美国有大约 500 所孔子课堂。有人对中学教育这个时段颇为在意，认为因为所处年纪的关系，中学生会比大学生更容易受到影响。如果孔子课堂真的被用于宣传目的，那么一场强烈抗议势必在所难免。然而，非洲的孔子课堂并没有产生类似反应的迹象，那么美国或欧洲的情况也并不会有太大差异。

孔子学院和孔子课堂项目的最大吸引力之一在于教师和学生将有机会短期访问中国。但这两个项目得以持续发展的另一个重要原因是中国国家汉办大力促进汉语作为第二语言学习的决心。今天，当许多国家将其对外贸易政策转向"本国优先"时，尤其是在中国还要忙于应对"一带一路"倡议的各类需求时，中国依旧保持了其坚定的承诺，这难能可贵。中国远非一个只可与非洲同享福而不能共患难的朋友。因此，金认为中国仍将继续大力推广孔子学院和孔子课堂，并继续支持更多的学者和学员学习中国，与中国共同进步。

来源文献：Kenneth King.【老外谈】孔子学院是双赢项目 [EB/OL]. http://cn.chinadaily.com.cn/2017lwt/2018-08/21/content_36799547.htm. 检索于 2019 年 8 月 5 日。

针对澳大利亚一面尝试修补对华关系，一面又质疑"中国影响"，欲裁撤新南威尔士州教育厅与孔子学院合办的中国文化项目这两种自相矛盾的做法，参考消息网对两位专家进行了采访,并撰写了题为"欲加之罪!澳大利亚'反华派'的表演,让这个机构再'躺枪'"的文章。

中国现代国际关系研究院南亚东南亚及大洋洲研究所南太平洋研究室主任郭春梅指出,由于孔子学院带有浓厚的中国色彩,一旦中澳两国舆论不友好,孔子学院就首当其冲。澳大利亚喜欢炒作孔子学院的"渗透",但实际上,这更像是"欲加之罪"。孔子学院的设立本身对澳大利亚是有利的,有助于当地学生学习中文、赴中国旅游、促进中澳交流等。孔子学院能够在澳大利亚迅速发展,很大程度上是顺应了澳大利亚本国的需求。美国、英国同样在澳大利亚设立众多学院,却并没有被澳大利亚定性为"文化渗透",这说明澳大利亚担心的并不是哪一个国家文化渗透的问题,而是澳大利亚还没有适应中国对澳大利亚影响力上升得如此之快。

在北京外国语大学国际关系学院副教授周鑫宇看来,孔子学院屡遭"躺枪",最主要的原因还是西方对中国存有偏见。这种偏见包括意识形态偏见和文化偏见两方面。此外,"躺枪"的次要原因在于孔子学院在体制上与中国政府关系紧密,以这样的面貌出现在西方一些地方,一旦遭遇一些特殊时刻,就会出现孔子学院被误解的情况。周鑫宇认为,应对此类情况也需要注重及时发声,充分沟通,民间在前,政府在后。"归根结底,孔子学院是做文化交流的机构,文化讲究以文化人,文化交流更是长期细致的工作。在文化沟通的视角下,做好文化交流需要更多地去交往、沟通,促进民心相通"。

来源文献:贾元熙,冯翀. 欲加之罪!澳大利亚"反华派"的表演,让这个机构再"躺枪"[EB/OL]. http://column.cankaoxiaoxi.com/2018/0618/2281098.shtml. 检索于2019年8月5日。

第二节 境外媒体报道与评论

一、概览与分析

2018年,境外媒体也对孔子学院极为关注。本节将从报道数量、报道内容、报道分布和报道倾向四个维度对境外媒体的舆情态势进行综合分析和图文呈现。

（一）报道数量

2018年全文中包含"孔子学院"的境外媒体报道（以下简称"境外全文"）总量为19 992篇，其中标题包含"孔子学院"的报道（以下简称"境外标题"）总量为3 653篇（占总数的18%）。与2017年相比（境外全文12 000篇，境外标题1 351篇），2018年境内全文和标题的报道总量均有所增加。

从报道数量变化总体趋势上看，同一年中，境外全文与境外标题的数据波动趋势较为趋同；而2018年与2017年相比，波动幅度差异较大，体现了境外媒体在不同年份关注的重点有所不同。就报道高峰的出现时间而言，境外全文中，2018年报道高峰出现在6月，2017年的报道高峰出现在5月；境外标题中，2018年12月份的报道数量最多，2017年则是2月份报道数量最多。如图5-8。

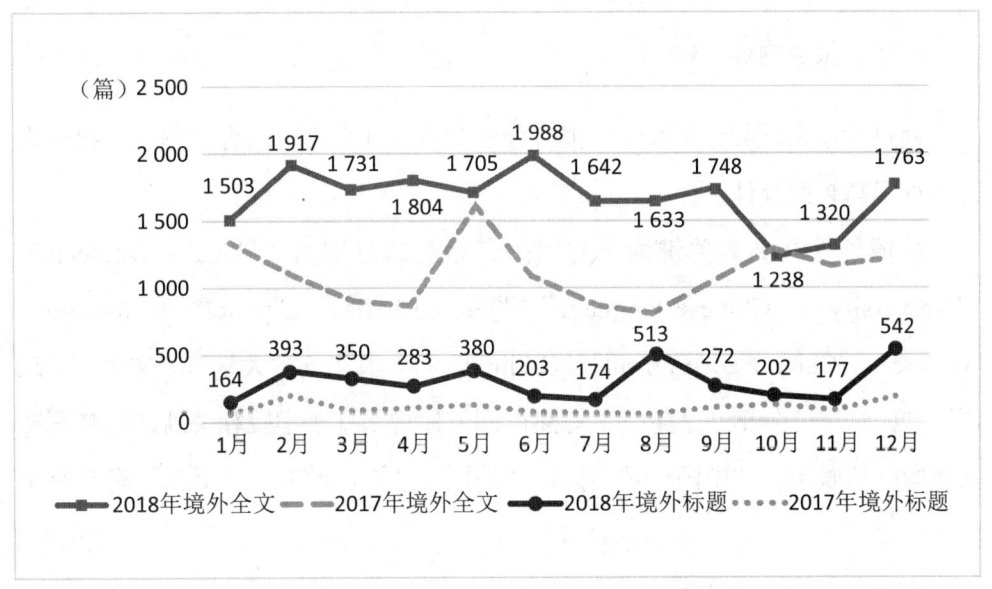

图5-8　2018年境外媒体每月报道数量

经分析发现，境外报道高峰的出现同样与当月的舆情事件密切相关。

从境内全文的角度看，2018年6月报道高峰的出现主要与以下事件相关：美国六名众议员提交《反中国政府和中共政治影响力运作法》法案，再次要求在美国的孔子学院注册为外国代理人；美国议员致函美教育部，要求调查华为与美国高校的合作项目等。在这些事件中，美国针对中国采取了一系列遏制行动，孔子学院作为"标靶"多次被提及。与之相比，2017年5月的舆情高峰则主要是受"'一带一路'国际合作高峰论坛"的影响，国家主席习近平的相关活动以及"一带一路"的功能影响力是外媒关注的重点。

从境外标题的角度看，2018年12月报道高峰的出现同样与"第十三届全球孔子学院大会"的举行相关，与境内部分相似。而2017年2月份报道数量较多则与当年"韩国签证"事件[①]相关。

不难发现，境外媒体同样对"一带一路""孔院大会"等与孔子学院相关的重大事件予以聚焦。但在和孔子学院相关的舆情危机事件上，境外媒体的关注度显著提升，特别是在美国境内发生的事件，美国媒体的广泛报道带动了全球媒体对孔子学院的关注。

（二）报道内容

通过大数据词频分析技术，报告分别对境外外文报道内容和华文[②]报道内容进行了高频词统计。[③]

从境外外文高频关键词来看，排名靠前的分别为"China""students""University""Chinese language""United States""people""foreign""culture""Chinese government""Beijing"等。其中，"大学""文化""汉语""大学"（包括"学生"）等热门词汇体现了孔子学院相关新闻与教育和文化的密切联系。"中国""美国""外国""中国政府""北京"等具有位

[①] 具体内容详见《孔子学院研究年度报告（2018）》。
[②] 主要包括简体中文和繁体中文。
[③] 与境内部分相同，词云图的制作进行了人工干预，剔除了"孔子学院""2018"等与本节分析内容无关的部分词汇。

置特征的关键词,则体现了外媒在报道孔子学院相关事件时通常将"中国"与"政府""美国"联系在一起。

同样在词云图中占据重要位置的关键热词还有"Africa""President""Xi Jinping""Belt and Road Initiative"等,说明"非洲""国家主席习近平""一带一路"等是境内外媒体共同关注的重点。另外值得注意的是,还出现了"influence""soft power""academic freedom""Donald Trump""Marco Rubio""national security"等与境内有显著差异的关键词和关键人物。这些词的出现频次虽然较低,但体现了外媒报道的价值倾向与位置立场。如图5-9。

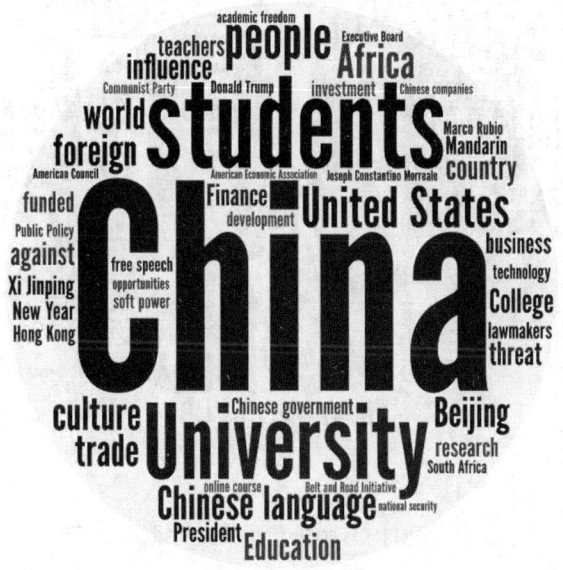

图5-9　2018年境外外文高频关键词TOP50

从境外华文高频关键词①来看,排名靠前的分别为"中国""美国""文化""合作""发展""大学""汉语""世界""国际""学生"等。对比分析发现,境外华文高频词与境内以及境外外文高频关键词均有一定程度的相似性(见图5-3和图5-9)。其原因主要是,以海外华人华侨为主要受众的境外华文媒体,

---

① 为了便于统计分析,下文将繁体中文统一处理为简体。

其报道内容除了大量转载来自中国境内的报道外,还会转译境外外文报道。与境外外文高频关键词相比,境外华文高频关键词整体基调更为积极;而与境内高频关键词相比,除了重合度更高的部分关键词,境外华文媒体还对"台湾""影响力""战略""中共""锐实力""川普"等关键词给予了关注。如图5-10。

图5-10　2018年境外华文高频关键词TOP50

（三）报道分布

1.报道数量与报道来源的地域分布。

从报道数量上看,来自美国、中国香港、中国台湾、澳大利亚、日本、西班牙、英国、加拿大、韩国、德国的报道分别位列报道总量前10位,如图5-11。这10个国家或地区的新闻数量占2018年境外新闻总量的78%,如图5-12。进一步探究其洲际分布,可以发现境外接近九成的报道（89%）来自于北美洲（38%）、亚洲（35%）和欧洲（16%）三个大洲,如图5-13。

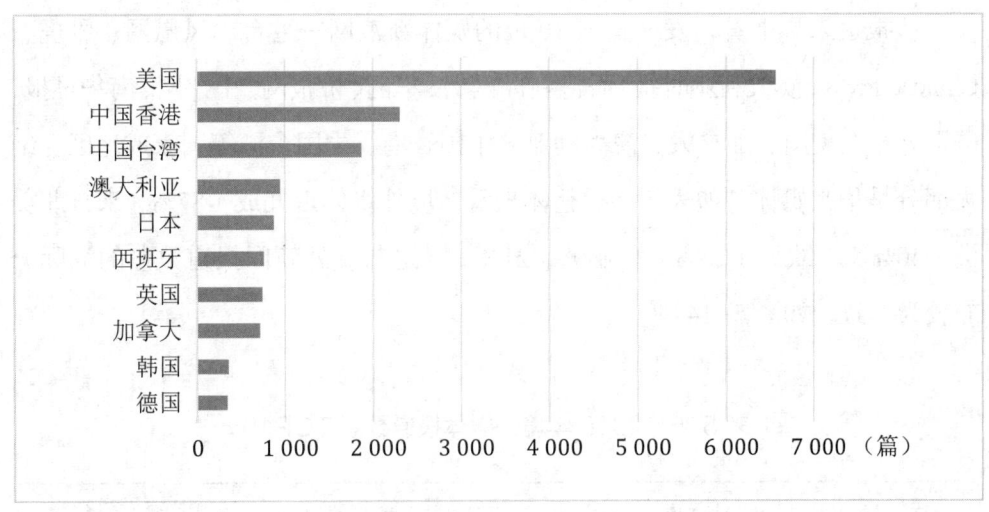

图 5-11　2018 年境外国家／地区媒体报道数量 TOP10

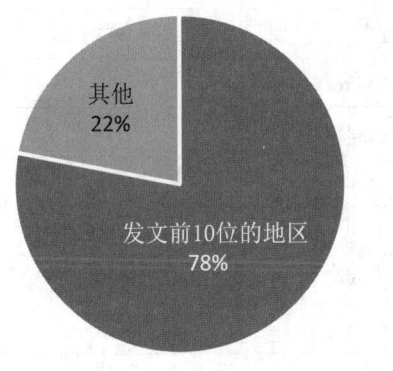

图 5-12　2018 年境外媒体报道数量 TOP10 地区占比

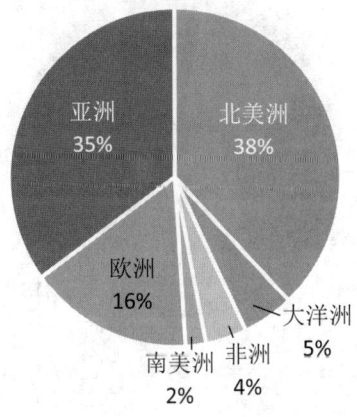

图 5-13　2018 年境外媒体报道数量洲际分布

从报道来源上看，发文量前10位的媒体新浪网—港台、凤凰网、雅虎、Chinese Press、澳大利亚时报、香港新闻网、澳华网、侨报网、中评网、南华早报，分别分布在美国、加拿大、澳大利亚、中国香港、中国台湾等国家或地区，绝大部分是华文媒体，如表5-5。整体来看，境外媒体近九成（87%）来自北美洲（40%）、欧洲（26%）和亚洲（21%），这与境外新闻报道数量的洲际分布较为一致，如图5-14。

表5-5　2018年境外媒体报道数量TOP10

序号	媒体名称	报道数量（篇）	来源国家/地区
1	新浪网—港台	971	中国香港、中国台湾
2	凤凰网	911	中国香港
3	雅虎	313	亚洲及欧美地区
4	Chinese Press	268	美国、加拿大
5	澳大利亚时报	243	澳大利亚
6	香港新闻网	184	中国香港
7	澳华网	155	澳大利亚
8	侨报网	139	美国
9	中评网	118	中国香港
10	南华早报	81	中国香港

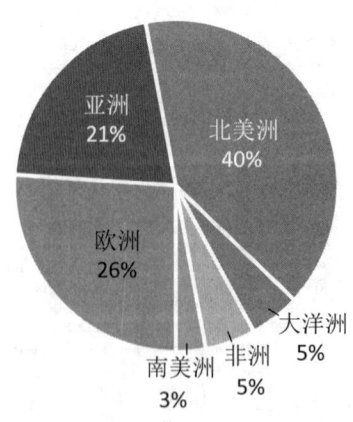

图5-14　2018年境外报道媒体数量洲际分布

对以上数据综合分析后发现,在关涉孔子学院的相关报道中,北美洲的媒体数量和报道数量都相对较多,这与北美洲媒体在国际舆论界的领先优势及其在境外媒体报道中的舆论导向作用相一致。大洋洲、非洲和南美洲的报道数量与参与报道的媒体数量均较少,这与当地媒体发展状况以及其参与孔子学院相关话题议程设置的影响力相一致。特别值得关注的是亚洲和欧洲地区,两地的报道数量与媒体数量趋势具有明显的反差:亚洲呈现出以较少的媒体数量生产较多报道数量的特征,多家媒体在孔子学院议题上持续深度关注,呈"集群效应",体现了亚洲媒体对中国以及孔子学院相关话题的关注度;而欧洲参与报道的媒体数量虽然多,但总体发文量较少,大量媒体可能只有一到两篇报道,议程设置较为分散,缺乏持续跟踪性质的深度报道。如图5-15。

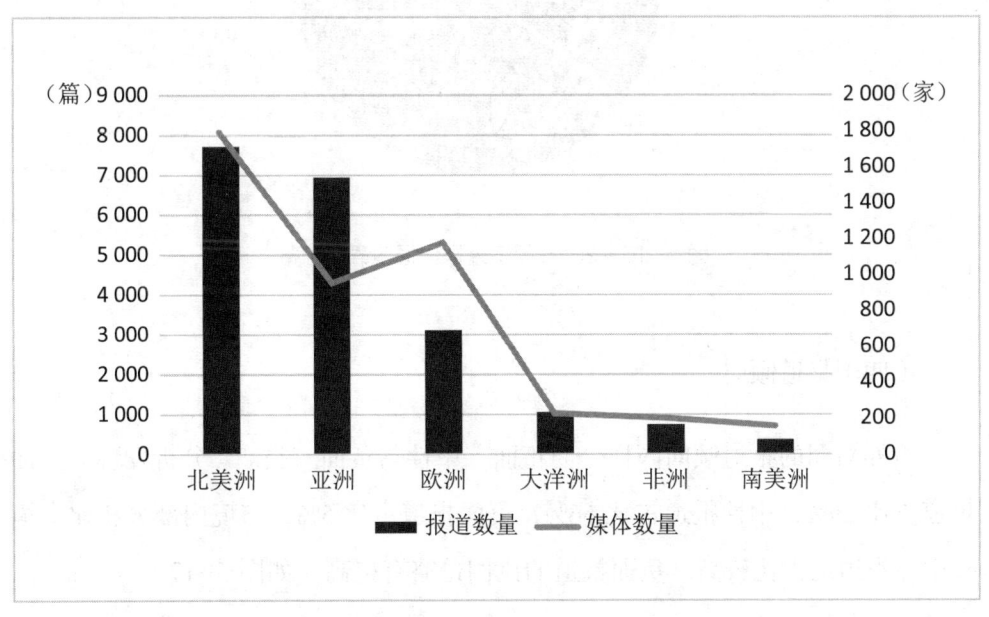

图5-15 境外报道数量及媒体数量洲际分布

2.语言分布。

2018年度新闻报道的语言分布与2017年相比变化不大,英语报道量仍然占据主流(43%),华文报道的数量(简体中文占21%,繁体中文占16%,总占比37%)仅次于英语。这与上文中发文量靠前的媒体大部分为华文媒体的分析结果相一致。西班牙语(8%)、日语(4%)、俄语(2%)、韩语(2%)等语种的占比量也相对较多。境外"涉孔"新闻主要辐射于使用上述语种地区的受众。需要说明的是,英语、汉语以及西班牙语为世界上使用人数最多或分布较广的语言,其新闻报道的分布也因此占据了主导地位。而日语、俄语、韩语等使用人数相对较少,其语种的新闻报道分布情况体现了这些语种区域受众对孔子学院相关话题的高关注度。如图5-16。

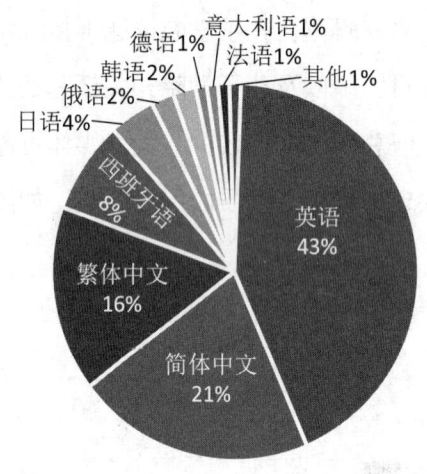

图5-16 2018年境外媒体报道语言分布

（四）报道倾向

境外新闻的报道倾向同样分为正面、中性与负面三类。[①] 分析发现,正面报道占比29%,中性报道占比66%,负面报道占比5%。与境内部分相比,境外中性报道的占比较高,负面报道的比例也略有提高。如图5-17。

---

① 同境内部分,采用国际通用的自然语言处理情感分析方法,基于情感词典,系统会自动计算文本中正面词汇、中立词汇、负面词汇出现次数与情感程度,从而判断文本的情感倾向。

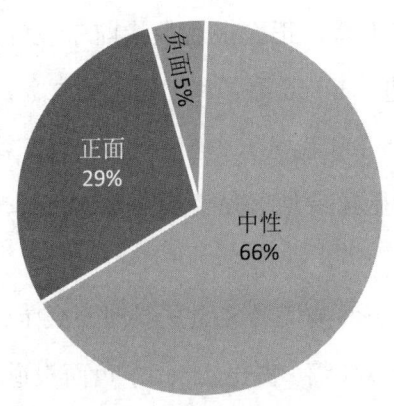

图 5-17　2018 年境外报道倾向分布

从报道倾向的历时性变化来看，正面报道在 9 月份出现的数量最多，内容主要涉及"非洲合作论坛"以及"庆祝中秋"等活动，这与境内全文报道数量的波峰一致（见图 5-1）；中性报道出现最多的月份是 6 月，与境外全文报道数量变化的波峰一致（见图 5-8）；负面报道的历时性变化波动较小，内容上总体呈同质化倾向，多有"老调重弹"之感。如图 5-18。

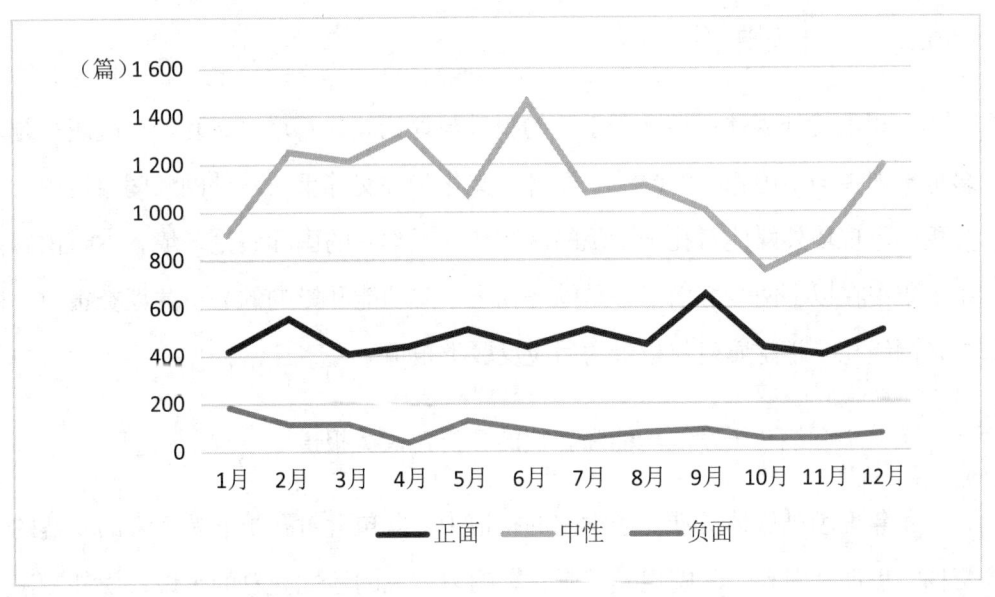

图 5-18　2018 年境外报道倾向每月变化趋势

从国家或地区分布上看,正面报道数量前三位的国家或地区是中国台湾（1 415篇）、中国香港（1 166篇）和美国（958篇）；中性报道数量前三位的国家或地区是美国（5 154篇）、中国香港（1 027篇）和日本（821篇）；负面报道数量前三位的国家或地区是美国（460篇）、澳大利亚（171篇）和中国香港（112篇）。

从洲际分布上看,正面报道最多的是亚洲（3 217篇,占比56%）,中性报道最多的是北美洲（5 921篇,占比45%）,负面报道最多的也是北美洲（532篇,占比51%）。

从语言分布上看,正面报道使用最多的分别是繁体中文（3 008篇）、简体中文（1 086篇）和英文（1 005篇）；中性报道使用最多的分别是英文（7 069篇）、简体中文（1 634篇）和西班牙文（1 560篇）；负面报道使用最多的是英文（486篇）、简体中文（483篇）和德文（33篇）。

从地区分布和使用语言的差异来看,正面报道主要来自以汉语和英语为主要语言的国家和地区；中性报道和负面报道则主要来自美国及一些亚欧国家,涉及的语种较复杂。这与整体境外新闻的分布状况比较吻合。

二、报道与评论

本年度境外媒体关涉孔子学院的报道与评论较往年增多,孔子学院越来越多地出现在与中国相关的政治、经济、文化和外交等重大事件的新闻报道中。为更好呈现境外媒体对孔子学院的认知和孔子学院的国际舆论环境,本节内容主要集中在以下两个方面：一是围绕孔子学院功能和影响的分析建议类报道,二是围绕孔子学院质疑与指责的回应反驳类报道。

（一）围绕孔子学院功能和影响的分析建议类报道

本年度境外媒体关涉孔子学院的报道中,既包含对孔子学院带来的利益的赞扬,也涉及对孔子学院规模扩张、影响力扩大的担忧。总的来说,境外专家学者对孔子学院的海外功能和国际影响的分析评价表现出客观和理性的倾向,并针对围绕孔子学院而展开的相关争议提出了建议。

　　商业内幕网（Business Insider）记者塔拉·弗朗西斯·陈（Tara Francis Chan）在题为"中国是赢家，因为它可以填补其他国家留下的'黑洞'"的文章中，引述了澳大利亚总理马尔科姆·特恩布尔（Malcolm Turnbull）的前中国问题顾问约翰·加诺特（John Garnaut）的说法。加诺特认为，孔子学院填补了其他国家在中国语言和文化教育方面留下的空白。他指出，中国之所以能够发挥这一影响，是因为美国、澳大利亚等国家停止了对中文教育和全球发展的投资，所以中国提供的关于提升汉语能力和加强对中国当代政治、历史的理解等方面的服务正好可以填补这方面的欠缺。孔子学院在促进中国语言和文化教育发展的同时，也在加强中国软实力建设和宣传中发挥了关键作用。加诺特认为，从本质上来说，是美国和澳大利亚给予了中国这种影响力。西方的大学"需要努力"才能重建他们对中国的认识、获取专业知识，这样他们就不必依靠中国政府填补空白。文章也指出，美国和澳大利亚不应该过多关注孔子学院的影响力，因为有更重要的涉及影响力的事件需要解决。不过，至少现在大家已经了解并在讨论孔子学院，因此从某种意义上来说，这种透明度对于解决问题有很大帮助。

　　来源文献：Tara Francis Chan. China is winning because it can fill a 'black hole' that other countries have left behind[EB/OL]. https://www.businessinsider.com/chinas-influence-operations-belt-and-road-confucius-institutes-2018-3. 检索于2019年8月5日，孟昀译，王硕校。

　　石英财经网（Quartz）特别项目研究员科米·里卡多（Kemi Lijadu）发表文章《中国的语言和文化中心正超出我们想象地在非洲快速成长》。文章称，据国际咨询机构统计，截至2018年，非洲的孔子学院数量发展到了48所，若论海外文化机构数量，中国目前仅次于法国，位居全球第二。文章引述加纳海岸角大学孔子学院当地负责人伊斯马尔·曼沙赫博士的话表示，受益于孔子学院教授的中文课程，很多加纳年轻人在与中国人交流乃至未来职业选择的过程中都占据明显优势。孔子学院正越来越受当地百姓欢迎，每学期在该学院接受语言培训的学生多达2 000人。

文章认为,尽管中国正在建设欧洲国家已经运营数十年的类似机构,但真正使孔子学院有别于西方机构的是其独特的组织框架:当地学校提供办公和教学场地,中国提供师资和办学资金。也正因此,孔子学院在美国一度受到争议,有人认为孔子学院被中国用来加深其影响推进其目标,并影响了当地学校的学术独立性。但反观非洲,人们却从未听闻孔子学院遭受抵制的报道。这几年,中国资金正让非洲大学的教学条件得到明显改善。对于西方国家对中国向当地文化机构输出其文化观与世界观的指责,曼沙赫博士表示,"孔子学院与海岸角大学的学术自由之间没有利益冲突。其目前教授的课程中没有历史,更多涉及文化方面,包括乐器、书法和舞蹈等"。文章指出,在许多非洲大学中,孔子学院是该大学进行东亚研究的唯一途径。

来源文献:Kemi Lijadu. China's language and cultural centers are growing faster across Africa than we thought[EB/OL]. https://qz.com/africa/1351749/chinas-confucius-institutes-in-africa-spread-mandarin-culture/. 检索于 2019 年 8 月 5 日,参考译文摘编于人民网美国频道 2018 年 8 月 13 日的报道《美媒:孔子学院在非洲并非如西方想象》[1]。

澳大利亚国际事务研究所网站(Australian Institute of International Affairs)刊登了澳大利亚弗林德斯大学语言学高级讲师杰弗里·吉尔(Jeffrey Gil)的文章《像草莓一样无辜:孔子学院和中国的影响力》。文章分析了孔子学院与法语联盟、但丁协会和英国文化委员会等机构的异同之处,阐释了孔子学院在澳大利亚等国引发争议的原因。作者认为,建立语言和文化传播机构是各国用来提升软实力的文化外交形式之一。孔子学院因其与中国政府的相关性而遭受批评。然而,政府在语言和文化传播机构中发挥作用很常见,塞万提斯学院、法语联盟、日本国际基金会等都与政府机构相关。中国的语言和文化传播机构之所以被区别看待,主要是由于中国是共产党领导的国家。

文章引用一位孔子学院院长的说法,将汉办提供的教材描述为"像草莓

---

[1] 科米·里卡多. 美媒:孔子学院在非洲并非如西方想象[EB/OL]. http://usa.people.com.cn/n1/2018/0813/c241376-30226222.html. 检索于 2019 年 8 月 5 日,胡青松译。

一样无辜",并补充说,"尽管这些教材像其他民主议会制国家的语言教材一样","没有任何争议性或复杂性",但是由于美国和澳大利亚对中国的看法和政策没有显著改变,加上两国对孔子学院的抵触情绪,因此通过孔子学院和孔子课堂传播中国语言和文化的行为并没有让外国政府和民众更亲近中国。文章还指出,在中国影响力引起更多关注的时代背景下,提高透明度有助于孔子学院成为中国语言和文化传播的合法途径,从而获得普遍接受和认可。

来源文献:Jeffrey Gil.Innocent as Strawberries:Confucius Institutes and Chinese Influence[EB/OL]. https://www.internationalaffairs.org.au/australianoutlook/confucius-institutes-innocent-strawberries/.检索于2019年8月5日,孟昀译,王硕校。

BBC中文记者林祖伟发表文章《美国继续关闭更多孔子学院:软实力变锐实力背后》,针对近来美国孔子学院的关闭危机及背后的原因和问题进行了分析。文章称,孔子学院致力推动外国人学习中文以及中国文化,被视为中国试图对外宣传其"软实力"的举措,但孔子学院在执行上却反而突显中国的"锐实力",令学术界忧虑其损害学术自由。文章引述了中国香港科技大学教授丁学良对这些争议背后的根源的剖析。丁学良认为,孔子学院和其他西方国家设立的类似文化机构有两大分别:第一,英法德的文化机构是独立运作,与当地大学没有关联,最多也只是与当地文化、教育机构合办一些活动,但孔子学院则在组织上与当地大学连在一起,这是触发很多争议的原因;第二,中国的海外机构,没办法很好地协调中西方政治体制之间的摩擦。丁学良很早就提议,孔子学院应该在组织上与当地大学分开。但是他认为,孔子学院虽然有争议,但不算是软实力的失败。他考察过很多关于孔子学院的案例,发现在一些与政治意识形态无关的事上,例如教中国书法、音乐、手工艺、舞蹈、中国菜等等,孔子学院的教学活动都挺受欢迎。

来源文献:林祖伟.美国继续关闭更多孔子学院:软实力变锐实力背后[EB/OL]. https://www.bbc.com/zhongwen/simp/world-45237598.检索于2019年8月5日。

(二)围绕孔子学院质疑与指责的回应反驳类报道

如前文境内部分所述,"某些美国议员要求孔子学院和其他涉嫌'促进外国政府的政治议程'的组织登记为'外国代理人'"是2018年度孔子学院的热点舆情事件。除了对孔子学院政府背景的指责,境外媒体对孔子学院的批评还包括"缺乏学术自由、缺乏透明度和缺乏互惠对等待遇"等。面对以美国为代表的西方国家对孔子学院别有用心的抹黑,境外多方媒体和专家学者客观理性地阐释了各自的评价和看法。其中有两种声音值得关注:一种是以美国相关人士为代表的部分专家和学者,他们多使用"极端偏执""思想封闭""麦卡锡主义"①等词汇,对美国过分打压孔子学院的行为进行了批评;另一种是以孔子学院外方院长、孔子学院教师等为代表的相关人士,他们列举了孔子学院带来的好处和利益,驳斥了针对孔子学院影响美国高等教育及政治议程的相关批评与指责,为客观认识孔子学院的作用价值做出了贡献。

美国洛约拉马里蒙特大学亚太问题研究专家汤姆·普拉特(Tom Plate),在中国香港《南华早报》刊载的文章《对中国学生渗透美国校园的担忧,揭示了美国人思想的封闭》中指出,中美政治文化的差距比不上火星到金星的距离。把美国的孔子学院视为潜在的、颠覆性的威胁,显示出许多美国人缺乏对中国的认知,甚至对本国大学也知之甚少。意识形态思维只会加深分歧和误解,东西方国家之间需要相互学习、彼此尊重。

文章认为,过于简单轻率地进行判断是一种通病,学界和知识分子似乎也不比政治人物对此更具免疫力。近来一股所谓"红色恐怖"风潮像草原上的暴风雨一样席卷得克萨斯州:两位国会议员夸张地表达了担忧,要求当地大学中断与中国官方的教育联系,尤其是孔子学院。有些人可能会想象出让许多人目瞪口呆但实际上十分幼稚的"恐怖故事"。

文章指出,美国的大学需要摒弃这种荒唐论调。加州大学洛杉矶分校就做出了令人尊重的举动。它坚持了自己的立场,以一个优秀的研究型大学该有的

---

① 麦卡锡主义是指1950年至1954年间肇因于美国参议员麦卡锡的美国国内反共、极右的典型代表,它恶意诽谤、肆意迫害疑似共产党员和民主进步人士甚至有不同意见的人,有"美国文革"之称。

清醒头脑和自信,无视围绕孔子学院的争议。该校政治学者马克·彼得森(Mark Peterson)领导的正式复审评估认为,加州大学洛杉矶分校孔子学院是推动多元文化的宝贵力量,而非危险的地下意识形态传播平台。在校学生表示,一竿子把中国教师和学生归类为"宣传机器人"的做法十分愚蠢。

文章认为,尚有一个问题需要解决,即广泛宣传的二元对比:所谓完全"开放"的美国社会和所谓完全"封闭"的中国社会之间的对比。显然这种对比夸大了事实。美国的大学存在一系列自身问题,其中之一就是政治同质化。哲学家约翰·格雷(John Gray)日前发表评论说,西方一些大学已经在不知不觉中沦为"热衷于清除思想犯罪的机构";对课程阅读材料进行"常规审查",规避"可能让学生感到不适"的材料;如果教员胆敢挑战主流校园共识,他们将会面临"噤声或者失业的威胁"。

来源文献:Tom Plate. Fears of Chinese infiltration on US campuses reveal the closing of the American mind[EB/OL]. https://www.scmp.com/comment/insight-opinion/article/2140869/fears-chinese-infiltration-us-campuses-reveal-closing. 检索于2019年8月5日,参考译文摘编于参考消息网2018年4月11日的报道《美学者认为:美抹黑孔子学院突显思想封闭》①。

美国《华盛顿邮报》刊登了该报北京分社前社长潘文(John Pomfret)题为"对孔子学院的愤怒分散了人们对中国真正威胁的注意力"的文章。潘文认为,一些美国议员对孔子学院发出威胁恰逢美中关系正引发严重关切之际。几十年来,美国对华策略曾以一种推断为前提,即只要美国支持中国崛起,中国就将随着时间推移变得越来越"自由"。然而,随着该推断被推翻,美国的政客似乎正孤注一掷地削减中国对美国的影响力,并意在将孔子学院置于刀尖之上。然而,国会议员威胁关闭孔子学院的行动是愚蠢之举,这种做法对美国应对中国带来的挑战无济于事。倘若美国学生确实如此容易遭受具有"偏见"的中国教材和教学方法的"洗脑",那么美国作为一个国家就已真正陷入进退维

---

① 美学者认为:美抹黑孔子学院突显思想封闭[EB/OL]. http://column.cankaoxiaoxi.com/2018/0411/2261239.shtml. 检索于2019年8月5日。

谷的窘境。

作者称，1996年他担任《华盛顿邮报》北京分社社长，他的同学们或经商，或在美国国务院、军队或中央情报局任职。尽管他们都曾学习中文，但似乎没有任何人因此而追随中国官方的观念。学习中文的当代美国人与他们没什么两样。其实，如今美国国会反对孔子学院的行动似乎更出于政治目的，而非基于任何来自孔子学院本身的所谓切实威胁。2018年2月，美国联邦调查局局长克里斯托弗·雷对国会表示该局正在调查孔子学院，但作者认为他已改变看法，克里斯托弗·雷在此后与高级反情报官员的对话已确认孔子学院并未被视为对美国国家安全的威胁。

作者认为，美国紧盯孔子学院而非其他事务是草率、冲动之举，这将使美国更难评估中国。这种做法难免使人想起20世纪50年代的麦卡锡主义，对孔子学院的狂怒喧嚣亦是如此。那些跟随一些美国国会议员起哄的人并未认清来自中国的威胁，反而使之变得更模糊晦暗。他们迫切希望对中国"有所作为"，但却试图向一个无害的语言培训项目开刀。

来源文献：John Pomfret. The furor over the Confucius Institutes is distracting from real Chinese threats[EB/OL]. https://www.washingtonpost.com/news/global-opinions/wp/2018/07/02/the-furor-over-the-confucius-institutes-is-distracting-from-real-chinese-threats/?utm_term=.82e604a9c4bf. 检索于2019年8月5日，参考译文摘编于参考消息网2018年7月4日的报道《美媒称孔子学院并非中国对美威胁：国会关闭它是愚蠢的》[1]。

《孔院如洪水猛兽？美前议员：逃避不是答案》，中国香港中国新闻评论网文章刊载了多位专家学者在美中强基金与孔子学院美国中心联合举办的"美中教育交流：40年接触"研讨会上的发言。

文章称，美国教育界人士对部分美国议员将孔子学院视若"洪水猛兽"，要求本州大学终止与孔院合作的做法普遍不表苟同，更有前资深美国国会议员

---

[1] 美媒称孔子学院并非中国对美威胁：国会关闭它是愚蠢的[EB/OL]. http://www.cankaoxiaoxi.com/china/20180704/2287886.shtml. 检索于2019年8月5日。

指出，要警惕麦卡锡主义沉渣泛起，逃避根本不是答案，多交流、多对话才是正道。

曾代表亚利桑那州担任十年美国国会议员的邵建隆（Matt Salmon）强调，那种声称教授中文和中国文化会给美国国家安全带来威胁的说法是令人难以置信的，这与国防部承诺投资亚利桑那州立大学孔子学院项目的事实不符。邵建隆认为，孔子学院这样的项目需要恰当的监督，美方要制定规范机制，确保孔子学院做它该做的事情。而实际上，现在美方的机制已经到位并且能够发挥作用。

内布拉斯加大学林肯分校前校长佩尔曼（Harvey Perlman）总结了该校与西安交通大学的学术交流合作给双方带来的好处。他表示，十多年前他与汉办签订合办孔子学院的合同时，中方接收并赞同了美方所做的修改，并表示希望使之与美国法律相符。现在孔子学院的合同没有任何不可接受的地方，在这个过程中，交流沟通极其重要。

主持研讨会的美中强基金首席执行官何立强（John Holden）强调了语言对于增进美中两国相互理解和信任的重要性，他认为，美国人需要加深对中国了解的同时，中国也要加深对美国的了解。

来源文献：余东晖. 孔院如洪水猛兽？美前议员：逃避不是答案 [EB/OL]. http://hk.crntt.com/doc/1050/5/1/3/105051335.html?coluid=7&kindid=0&docid=105051335. 检索于 2019 年 8 月 5 日。

俄罗斯莫斯科国立语言大学孔子学院院长安德烈·谢列兹尼奥夫（Andrei Seleznev），在俄新社发表的题为"孔子学院对在美国受到限制的风险做出评论"的文章中表示，孔子学院的主要任务是教育文化活动，不会以任何方式影响所在国国内事务。严格遵守所在国法律列入了《孔子学院章程》中。他认为，中国人利用"软实力"，传播有关中国及其文化的知识，希望在他国民众心中树立中华人民共和国的正面形象，这不是干涉内政，也不影响他国领导人所奉行的政策，并没有不妥之处。几年前美国也曾出现类似的情况，孔子学院在美国遭受严重压力，中国教师和组织的负责人被美国拒绝入境。中国政府对这个问题表示抗议和干预后，拒绝签证的决定被废除。但这是在奥巴马政府时期，谢列兹尼奥夫称，不好说特朗普会怎么做，不过他认为这个问题会向着对中国积极的方向解决。

来源文献：В Институте Конфуция прокомментировали риск попасть под ограничения в США[EB/OL]. https://ria.ru/20180322/1517010071.html. 检索于2019年8月5日，参考译文摘编于参考消息网2018年3月23日的报道《俄孔子学院院长斥美国抹黑：孔子学院严格遵守所在国法律》。①

美国明尼苏达州州立圣克劳德大学孔子学院院长凯瑟琳·约翰逊（Kathryn Johnson），在美国《明星论坛报》网站刊载的文章《孔子学院益处良多，并非威胁》中表示，孔子学院的主要任务是在美国的基础教育体系、大学校园和更广泛的社区内推广汉语和中国文化。自2014年5月州立圣克劳德大学孔子学院开设以来，孔子学院为明尼苏达州数以千计的学生带来了巨大的益处，使其能更好地成长为全球公民、明尼苏达州商业与农业的未来领导者。在州立圣克劳德大学，孔子学院让明尼苏达州中部5 000多名学生有机会了解中国，学习中国的语言和文化。明尼苏达州的学生、教师、教职工和管理者已经获得了200多份奖学金。很多人的生活得以改变，知识获得拓展，同时具有全球竞争力的未来领导者也得到了培养。

约翰逊还表示，中国作为世界第二大经济体、明尼苏达州农业最大出口国之一及明尼苏达州企业产品的主要进口国，大多数美国学生却仍对其不甚了解。孔子学院可以增进美国学生对美中关系的理解，通过增加精通中文的、有全球竞争力的大学毕业生数量来推动美国与中国贸易的发展。

来源文献：Kathryn Johnson. Counterpoint: Confucius Institutes are a benefit, not a threat[EB/OL]. http://www.startribune.com/counterpoint-confucius-institutes-are-a-benefit-not-a-threat/479020823/. 检索于2019年8月5日，参考译文摘编于参考消息网2018年4月10日的报道《美孔子学院院长文章：孔子学院在美

---

① 俄孔子学院院长斥美国抹黑：孔子学院严格遵守所在国法律[EB/OL]. http://www.cankaoxiaoxi.com/china/20180323/2259399.shtml. 检索于2019年8月5日。

绝非"威胁"》。①

美国之音的记者对几位孔子学院的学生和教师进行了采访,并以"走进孔子学院:美方院长谈发展与争议"为题发表了对孔子学院的看法。

在"来孔子学院学习的理由"问题上,一名学生表示是为了能和中国朋友对话,另一名学生则表示很喜欢学习不同文化。后者认为文化以某种方式影响着语言,因此人们无法在不了解相关文化的情况下学好一门语言。卫斯理安学院孔子学院美方院长尼古拉斯·斯特耐克(Nicholas Steneck)教授、西肯塔基大学孔子学院的美方代理院长马泰瑞(Terrill Martin)均表示,孔子学院专注于对不同年龄阶段的学生进行中文教学,中文学习与派遣教师教授中文课程是孔子学院的核心项目。亚拉巴马州的特洛伊大学负责学术事务的高级副校长厄尔·英格拉姆(Earl Ingram)则认为,孔子学院在美国数量众多是因为美国民众对中国感到好奇,孔子学院为他们提供了消息来源。

面对"学术自由是否受侵蚀"这一问题时,一些美国大学的负责人士表示,孔子学院的存在并没有影响学术自由。卫斯理安学院校长薇薇娅·福勒(Vivia Fowler)称,自孔子学院开设以来,卫斯理安学院从未犹豫过举行集会或邀请演讲者、访问者谈及敏感话题。天普大学孔子学院美方院长满禄(Louis Mangione)也表示,孔子学院没有干涉天普大学的学术自由。夏威夷(玛诺亚)大学孔子学院美方院长任友梅(Cynthia Ning)说,负责孔子学院事务的中国教育部直属单位中国国家汉办"从未指定教学内容,进行语言与文化传播的具体方法和内容完全由当地大学与孔子学院自己决定"。

美国国会成立的美中经济与安全审查委员会(USCC)发布的《中国海外统战工作:背景及其对美国的可能性影响》(*China's Overseas United Front Work Background and Implications for the United States*)的报告指出,孔子学院的中文教学充当了"增强中国软实力与提出北京认可的历史版本这一更大计划的一个重要平台"。对此,斯特耐克院长称,他并不否认 USCC 的这一结论,

---

① 美孔子学院院长文章:孔子学院在美绝非"威胁"[EB/OL]. http://column.cankaoxiaoxi.com/2018/0410/2261124.shtml. 检索于 2019 年 8 月 5 日。

然而他认为，这是任何政府都在从事的"文化外交"，任何相信政府赞助文化活动，却不在某种程度上抱有政治宣传目的的人都是非常幼稚的。他的工作就是确保美国的学生不仅能吸纳来自中国的信息，还能有必要的空间和手段对来自中国的信息进行批判性分析。任友梅院长提到，美国的大学得到多方资助，资助方总是会提出一些要求。汉办的指示如果是合理的，他们能接受就肯定会接受。如果接受不了，就不会去申请。

另外，针对中国政府利用孔子学院在美国收集信息并监视师生言行的批评，卫斯理安学院的福勒校长说，她没有听说，也不认为在她的学校有这种情况发生。

来源文献：走进孔子学院：美方院长谈发展与争议 [EB/OL]. http://www.voachinese.com/a/studies-in-usa-china-confucius-institute-fate/4580014.html. 检索于2019年8月5日。

美联社资深记者马修·彭宁顿（Matthew Pennington）发表题为"孔子学院对我们校园：有利的或有风险？"的文章，介绍了美国校园内的看法以及孔子学院工作人员的观点。

乔治梅森大学动画专业的学生刘易斯表示，她没有看到任何故意引导偏见的迹象，孔子学院是她在校园里最喜欢的地方之一。她认为"能有多元文化的经历是件好事，了解与美国关系紧张的国家非常重要，尤其是文化方面"。

孔子学院美国中心执行主任高青则表示，"对我个人而言，这似乎更多的是一种恐惧，或一种反华情绪，而不是阐述事实"。他拒绝接受间谍指控，"那些批评孔子学院的人的问题是，他们没有参观过孔子学院"。

根据内布拉斯加大学法学教授哈维·帕尔曼（Harvey Perlman）的说法，中国国家汉办在修改合同方面一直非常灵活，以使孔子学院服从大学的规定。孔子学院课程是根据承办大学的需求而量身定制的，具有自身特色，包括中国戏剧、传统医学和中国金融体系等相关内容。

来源文献：Matthew Pennington. Chinese institutes on US campuses: Advantageous or risky?[EB/OL]. https://www.boston.com/news/politics/2018/06/06/china-institutes-

on-us-campus-fount-of-learning-or-threat. 检索于 2019 年 8 月 5 日，孟昀译，王硕校。

悉尼大学孔子学院院长金杏在接受《澳大利亚金融评论报》资深编辑暨评论员罗伯特·博尔顿（Robert Bolton）的采访时指出，孔子学院在澳引发"软实力渗透"的争议是因为人们没有掌握准确、完整的信息。孔子学院的主要使命是提供汉语教学与文化交流平台，并未卷入任何政治性纠纷。

在金杏看来，中国之所以在澳开办孔子学院，是因为预见了中澳两国之间更多的就业与贸易合作机会，汉语及中国文化相关的市场需求才是驱动人们学习汉语的原因。据了解，2017 年和 2018 年，申请到悉尼大学孔子学院学习的学生人数都超过了一千人。

此外，金杏还告诉澳媒记者，面对正在崛起的中国及其日益增强的影响力，澳大利亚的政府和媒体无疑都需要思考新的应对策略和表述方式。因此，金杏期望孔子学院能够发挥桥梁作用，鼓励两国人民之间建立友好联系。"因为国家之间的关系最终取决于两国人民之间的关系。如果两国人民互相理解，两国及其人民就能和平共处。"

来源文献：Robert Bolton. Confucius Institute director Xing Jin rejects claims of soft-power influence[EB/OL]. https://www.afr.com/leadership/management/business-education/director-of-the-confucius-institute-rejects-claims-of-softpower-influence-20180806-h13lrn. 检索于 2019 年 8 月 5 日，参考译文摘编于人民网—澳大利亚频道 2018 年 10 月 24 日的报道《澳媒就"中国渗透"问题对话悉尼大学孔院院长》。①

BBC 中文记者林祖伟发表的另一篇文章《中澳关系紧张下 孔子学院触发的争议》中，介绍了多位专家学者针对孔子学院在澳大利亚引发争议的回应。澳大利亚弗林德斯大学语言学高级讲师吉尔（Jeffrey Gil）表示，澳大利亚当局对孔子学院的相关指控欠缺证据。吉尔认为孔子学院以教授语言及文化活动

---

① 澳媒就"中国渗透"问题对话悉尼大学孔院院长 [EB/OL]. http://australia.people.com.cn/n1/2018/1025/c408038-30362520.html. 检索于 2019 年 8 月 5 日。

为主，不一定涉及台湾、西藏和南海等问题，而孔子学院确实提供了语言方面的师资、教材，对那些资源不足的学校有利。代表160名中文教师的新南威尔士州汉语教师协会也表示，没有证据显示这些学院或课程有政治内容或翻译错误。在这些学校任教的并非"助理"，而是在当地有执教资格的教师。对于孔子学院被指传授中国版本的历史、意识、政治理解以及倾向中国的论述，格里菲斯大学旅游孔子学院副主任丁培毅教授表示不认同。他说，所有孔子学院的教材根据澳大利亚当地需求来编制，学院不受任何政治影响。实际上，当地居民十分欢迎孔子学院开展各项活动、教授汉语并传播中国文化知识。丁培毅也指出澳大利亚孔子学院面对的争议并没有在美国那么大，是美国"故意要把事情弄大，没有新闻就制造新闻"。丁培毅还认为澳大利亚一些政客带有"反全球化"和"民粹主义"的特质，有一些较为"极端"的诉求，提出了比较含有偏见的观点。

来源文献：林祖伟. 中澳关系紧张下 孔子学院触发的争议[EB/OL]. https://www.bbc.com/zhongwen/simp/world-45543977. 检索于2019年8月5日。

第三节 境内外舆情特征与观点分析

一、境内外媒体报道与评论

2018年度的新闻报道传递和反映了境内外社会舆论对孔子学院及中国相关事件的认知态度与关注程度。本节从宏观及微观视角，对报道进行比较分析，进一步剖析境内外媒体在报道孔子学院方面的异同，希望能够呈现孔子学院客观真实的舆论环境，为孔子学院的改革发展和改善海外传播环境提供借鉴与启示。

（一）境内外舆情特征

从报道规模上看，2018年度全文中提及孔子学院的境内和境外新闻总量比值约为7∶2，其中标题中包含"孔子学院"的境内和境外新闻总量比值约为 2∶1。与 2017 年的数据相比（全文与标题检索下境内和境外报道数量比值均接近 7∶1），2018 年境内新闻数量占比下降，而境外报道的数量占比显著上升，特别是标题中含有"孔子学院"的境外新闻报道数量，比去年增加了 1 倍以上。究其原因主要有两方面：一是以美国为代表的西方国家以孔子学院为标靶与中国开展舆论战，吸引了全球媒体的目光；二是 2018 年孔子学院在海外的分布范围以及总体数量的拓展①，使得境外媒体对孔子学院的发展和影响力给予了更多关注。如图 5-19。

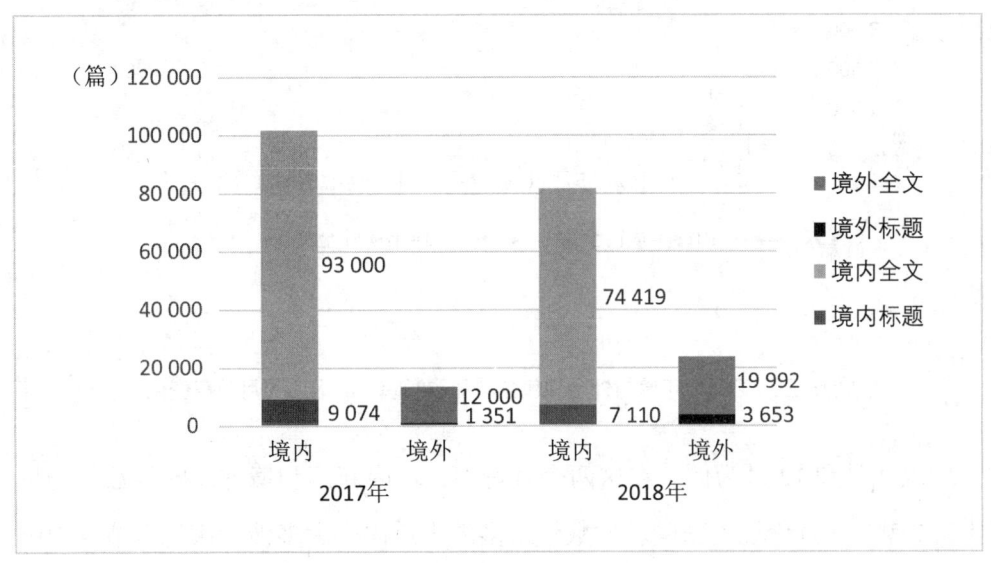

图 5-19　2018 年和 2017 年境内外全文及标题报道总量对比

从报道数量的月度变化趋势上看，2018 年境内全文和境外全文的报道数量消长并不同步，两者没有表现出显著相关性。前文已经提到，境内全文报道数量的峰值在 9 月，而境外全文报道数量的峰值在 6 月，两者的报道数量分别与当月的重大舆情事件密切相关。为了进一步印证新闻数量与孔子学院相关事件的联系，以及境内外媒体关注重点的异同，本报告对境内与境外媒体报道数量变化趋势趋同以及具有显著差异的几个月份的新闻内容进行了分

---

① 截至 2018 年底，首次建立孔子学院的国家与去年相比增加了 8 个，全球孔子学院的数量增加了 23 所。

析。如图5-20。

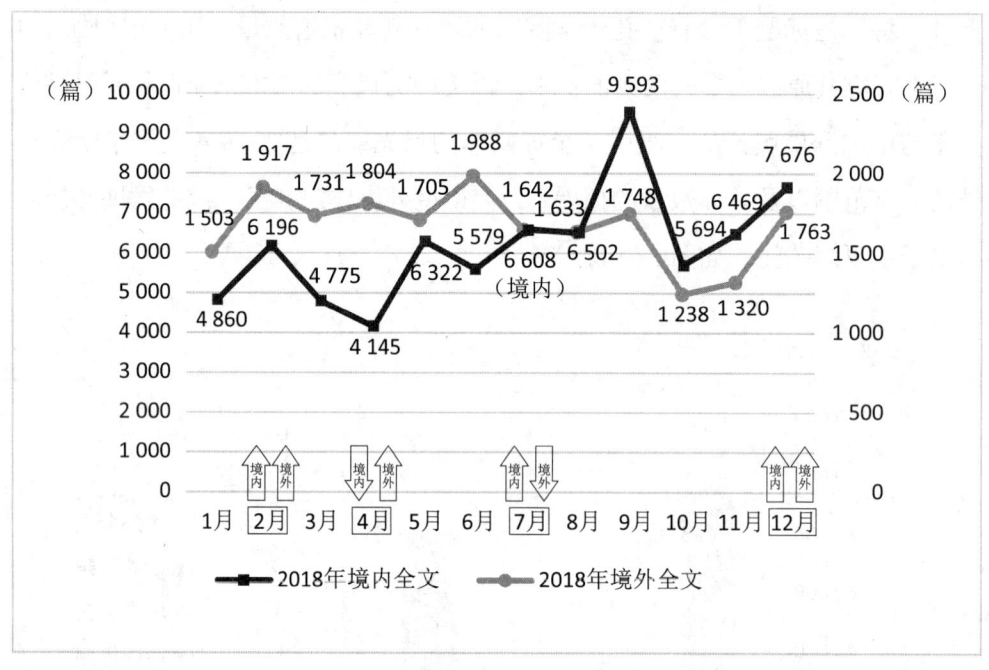

图5-20　2018年境内外全文包含"孔子学院"的报道每月数量变化

以2月和12月为例。在这两个月份中,境内新闻和境外新闻的数量均呈上升趋势。2月份境内新闻转发数量最多的报道内容大多涉及庆祝春节、中国年等活动,以正面宣传为主,主要新闻事件为"中国新年"。而2月份境外新闻除了少量对中国新年和活动展览的报道外,更多内容是关于对中国影响力以及孔子学院"间谍"风险的担忧,主要新闻事件为"美国联邦调查局局长在国会听证会上发表有关孔子学院为间谍机构的负面言论"。12月份境内报道最多的新闻主题为"第十三届孔子学院大会","中国改革开放四十年暨中国教育四十年",习近平主席的多次国事访问,"习近平主席出席二十国集团领导人第十三次峰会"等,报道内容涉及教育、国际关系、文化等多个领域。而12月份境外新闻报道中,涉及最多的也是"第十三届孔子学院大会"的相关内容。除此之外,美国两所大学宣布不再与孔子学院合作也引来一小波新闻热潮,外媒对此事议论的重点仍然是中国的影响力。由此可见,"中国春节"

等事件、连续多个与孔子学院相关的舆情事件，均会增加孔子学院的显示度，对整月新闻数量起到带动作用。境内外媒体的报道重点虽然有所差异，但"第十三届孔子学院大会"这一重大事件在境内外均引发关注。

接下来，以4月和7月为例。4月份，境内新闻的数量呈下降趋势，而境外新闻的数量却呈上升趋势。7月份，境内新闻的数量增多，而境外新闻的数量却有所回落。从内容上看，4月份境内新闻转发量最多的报道有"'汉语热'在印度持续升温""约有20所大学开设中文课""奥地利史上最大访华团签订15亿欧元大单""中国学者3天4夜跨国救援：幸好我的背后有强大祖国"等，没有明显的重大新闻事件参与。而境外新闻提及较多的报道内容主要关涉"美国'美中教育交流：40年高等教育之约'讨论会""得克萨斯州大学A&M体系结束与孔子学院的合作""苏格兰首席大臣尼古拉·斯特金访华"等话题。7月份境内转发量最多的报道有"习近平在卢旺达媒体发表署名文章""习近平引领构建中阿命运共同体""习近平在南非媒体发表署名文章""共绘中非'一带一路'新画卷""推动中非命运共同体建设加速前行"等。7月份是中阿（阿联酋）、中非关系发展的"大月"，因此境内7月份的报道重点围绕"习近平主席，一带一路，中阿、中非、金砖四国等发展中国家合作"等主题展开，而境外新闻没有明显的报道重点，内容较为分散。由此可见，若无重大事件发生，涉及孔子学院的新闻报道数量一般会有所减少。

总的来说，境内新闻数量上升的原因除了与孔子学院密切相关的重大事件外，还较多涉及领导人讲话、出访等政治外交活动，以及"汉语热""教育"等正面宣传；境外新闻数量上升则既有对孔子学院相关人文交流活动的关注，也包含对以"孔子学院"为代表的中国在世界的广泛影响的评述，关注重点更为聚焦。

从报道媒体上看，境内报道数量位居前列的大部分为中国主流新闻媒体网站（见表5-2），这些网站的影响力高，其报道内容常被地方媒体、互联网媒体广泛转载。而境外报道数量较多的媒体为华文媒体（见表5-5），在当地影响力较低，受众多为华人华侨。

为了进一步了解境外主流媒体的报道状况，以美国媒体为例进行分析，报告发现美国十大主流媒体中报道量最多的《华盛顿邮报》有 14 篇报道，总体来说数量偏少，如表 5-6。

表 5-6　美国主流 / 具有影响力的媒体 TOP10

序号	媒体名称	报道数量（篇）
1	Washington Post《华盛顿邮报》	14
2	AP（美联社）	13
3	Foreign Policy《外交政策》	12
4	The Hill《国会山报》	7
5	Chicago Daily Tribune《芝加哥论坛报》	3
6	New York Post《纽约邮报》	3
7	Baltimore Sun《巴尔的摩太阳报》	2
8	Tribune《论坛报》	2
9	Los Angeles Times《洛杉矶时报》	1
10	The Christian Science Monitor《基督教科学箴言报》	1

而在对孔子学院舆情产生较大影响的美国非主流媒体中，侧重报道亚太地区的《外交官》杂志、关注教育领域信息的《高等教育内幕》、保守党派的政治新闻网站《华盛顿自由灯塔报》、影响力主要集中于线上的新媒体《商业内幕》和以独特锐利的观点著称的新闻评论网站《每日野兽》等媒体的报道量相对较多，如表 5-7。从中可以发现，孔子学院相关议题在美国主流媒体中关注度不高，引发广泛关注的议题常见于某个领域具有显著影响力的媒体。

表 5-7　涉孔报道中美国非主流 / 引起广泛关注的媒体 TOP5

序号	媒体名称	报道数量（篇）
1	The Diplomat Magazine《外交官》	21
2	Inside Higher Ed《高等教育内幕》	18
3	Washington Free Beacon《华盛顿自由灯塔报》	9
4	Business Insider《商业内幕》	7
5	The Daily Beast《每日野兽》	6

值得注意的是，虽然总体发文量较小，远远低于境内主流媒体（人民网 2018 年发布提及孔子学院的报道 3 294 篇），但是境外媒体的影响力却非常广泛。特别是经过部分"小众的、右翼、反华或对华不友好的媒体"①转载发酵的少数议题，迅速引发境内外媒体的关注，对孔子学院海外形象产生了不利影响。一方面，这一定程度上反映了以美国为代表的西方媒体在引导国际舆论方面的优势地位；另一方面，部分境内外媒体对某些西方非主流媒体报道内容的广泛关注又反过来促进了孔子学院相关负面舆情的发酵。

（二）境内外报道与评论内容特点

基于前文摘录的境内外报道与评论，我们将从孔子学院的功能影响、意见建议、受到批评和引起争议的原因，以及针对孔子学院问题的反驳与回应等四个方面，考察和分析 2018 年度境内外报道的异同及其内容特点。

2018 年关涉孔子学院的境内外报道与评论的新闻体裁形式多样，包含新闻通讯、新闻公报、调查报告、专访、社论、述评、评论员文章、思想评论等。总的来说，具有时效性、理论性、思想性和依托于新闻事实的新闻性等特点，并表现出一定的政治倾向。从围绕孔子学院的相关认知观点上来看，境内外媒体报道的共性特征主要为：

第一，围绕孔子学院的功能影响，境内外媒体的分析和评价类报道均认为，孔子学院最核心的功能及任务是开展汉语教学和中外教育等方面的交流与合作，向世界人民教授汉语和传播中华文化，从而使世界了解和认识中国，促进中外人文交流和民心相通。

第二，针对孔子学院的意见建议，境内外媒体都指出，意识形态思维只会加深分歧和误解。东西方需要相互学习，相互尊重。为了认识更加真实的孔子学院，人们应该深度参与到孔子学院的学习、建设中去，而中国也应该增强主动意识，更加主动地介绍孔子学院的相关情况。

第三，除了孔子学院自身内部的资源配置和教学质量等业务问题，境内外

---

① 周亭，温怡芳，贾文斌."他塑"视角下涉华国际舆情的困境与应对——以美国媒体涉孔子学院报道为例[J]. 对外传播，2018（04）：19-21.

媒体对孔子学院受到批评和引起争议的外部因素的分析主要集中在以下几个方面：首先，批评和指责孔子学院的人并没有深入接触和了解孔子学院；其次，出于某种政治目的而将孔子学院作为"由头"；再次，意识形态上的偏见；最后，许多围绕孔子学院的批评和争议是媒体的刻意炒作甚至歪曲报道。

第四，针对孔子学院问题的反驳与回应，无论是境内还是境外媒体，都有相当数量的文章对孔子学院遇到的问题进行客观理性的诠释，内容主要包含以下几点：首先，孔子学院是正常的语言与文化教育交流机构，是两国政府商定的教育和文化领域的重要合作项目，符合法律规范。没有证据显示孔子学院干涉了他国的政治议程、学术自由或从事间谍活动等，西方批评者的指责是没有根据的。其次，孔子学院为参与其中的学生及其所在地区带来了实实在在的好处，例如提升学生职业竞争力、提供了解中国文化的窗口等，在很多国家都受到了热烈的欢迎。再次，在孔子学院与中国国家"软实力"建设的关系问题上，"服务于国家增进'软实力'建设的发展战略和目的，是孔子学院的使命也是一项其义不容辞的责任"。在国际社会上，政府在政策和资金等方面支持语言与文化推广，鼓励和希望相关机构以语言教学和文化交流与传播的形式服务于本国政府以及国家发展战略，是一个非常普遍和公开的事情。① 最后，不应该将孔子学院这样一个单纯的语言文化教育机构过度政治化，赋予过多的政治意义。

针对相同的事件，境内外媒体由于政治经济利益、价值观和意识形态的差异，以及其社会身份立场的不同等，对孔子学院的部分分析评价呈现出较大差异，体现在：

第一，在孔子学院的功能影响方面，境内媒体认为"在孔子学院面向全球发展的历程中，它的多维度功能正日益彰显出来，从最初的单纯以汉语教学为核心任务，已经逐渐发展为以汉语教学为主、其他文化交流活动为辅的运行格局"。② 孔子学院通过开展多种文化交流活动，推动中外在经贸、外交、教育、

---

① 宁继鸣. 新常态：孔子学院的完善与创新 [J]. 国际汉语教育（中英文），2017，2（03）：10-15.
② 王琦. 孔子学院"牵手"中外名校 愿作国际教育交流的"支点" [EB/OL]. http://www.xinhuanet.com/abroad/2018-10/16/c_129972208.htm. 检索于 2019 年 8 月 5 日.

政治和文化等多方面合作，从而促进世界多元文化发展。孔子学院是中华文化"走出去"的一个重要组成部分[①]，可以助力"一带一路"的建设发展，促进构建人类命运共同体。

境外媒体对孔子学院的功能影响的论述主要分为三个方面：从孔子学院传播中国语言和文化的角度来说，有观点认为孔子学院弥补了其他国家在这方面的空白，有助于支持当地的语言能力建设，帮助外国人学习中文、进一步了解中国，但也容易引起其他国家在语言学习方面对中国的过度依赖。从国防的角度来说，美国有专家认为，如果一个国家有更多的人具有中文能力，反而会加强这个国家的国家安全。孔子学院有助于提高美国人的语言能力，这也与美国的"关键语言计划""国家安全语言计划"等语言政策导向相一致。从国家战略方面，部分较为负面的观点担心中国利用孔子学院在海外学术机构中的影响力，推动"北京的地缘政治战略""超越了中国文化和语言教育"的功能与影响。

第二，在针对孔子学院的意见建议方面，首先，境内媒体认为孔子学院自身的建设发展，需要改善结构、有效吸纳社会力量参与、完善支撑体系、加强高校支撑力建设、加强海外本土汉语教师培养等。其次，应该加强传播能力建设，遵循传播规律等，寻求适宜的对外传播策略与方法，改善孔子学院国际形象和舆论环境，以避免因为历史文化、意识形态和政治体制等结构性差异造成误解与误读。再次，境内媒体提出希望通过孔子学院现有的广阔平台推动中国深度参与全球文化治理，助力"一带一路"沿线国家的传播交流，促进"一带一路"整体发展目标的实现。最后，对于外媒的无端抹黑，部分专家和学者指出，不需要对孔子学院"被关闭"等负面报道过于在意，孔子学院的运作是公开透明、合乎规定的，并且在绝大多数国家受到欢迎，中国要坚定文化自信。

境外媒体对孔子学院提出的相关建议数量虽然较少，但其视角与境内媒体不同。从孔子学院的切身参与者和受益者的角度，境外媒体提出不应该对孔子学院进行过多指责，而应该亲身来了解孔子学院为中外人文交流带来的好处以及孔子学院在管理机制、教育教学上的"合乎规范"。从孔子学院受到的攻

[①] 张清俐. 扩大孔子学院国际影响力 [EB/OL]. http://www.cssn.cn/xspj/jgpj/201803/t20180319_3880126.shtml. 检索于 2019 年 8 月 5 日。

击来看，人们认为提高透明度将有助于提高孔子学院在世界上的接受程度，孔子学院应该在组织上与当地大学分开，以此来减少摩擦。另外，部分专家学者也指出美国等西方国家要警惕麦卡锡主义沉渣泛起，对孔子学院引发的相关争议及"威胁"等不要一概而论。逃避不是答案，多交流、多对话才是正道。

第三，关于孔子学院受到批评和引起争议的原因，境内媒体认为，主要是由于美国等西方国家对于中国崛起的焦虑，对于自身体系的维护，以及民族主义、意识形态的发作等，这体现了西方国家面对中国影响力持续增强的不自信和偏执心态。此外，提防"中国渗透"的思潮已开始转化成为美国国家政策的一部分，中国已被确定为美国的"战略竞争对手"。关于孔子学院的争议已经突破了文化交流领域，反映了国际政治经济形势的变化。

境外媒体则认为美国的政客、媒体甚至权威人士并没有认清什么是来自中国的真正的威胁，将孔子学院视为潜在的颠覆性威胁的做法十分"幼稚"和"愚蠢"。

第四，在针对孔子学院问题的反驳与回应方面，境内媒体的观点主要集中在以下五点：其一，对孔子学院的"刁难"反映出的实质是西方国家秉持"冷战思维和零和博弈、非此即彼的过时观念"[1]，美国政客沉溺于"意识形态斗争"，无法正确理解和处理与外国的关系。某些政客的言论和媒体宣传是西方"丑化中国的默认模式"。[2] 其二，孔子学院为外国学生提供学习汉语的机会，西方政界人士有义务与各级政府合作，去帮助年轻人实现学习汉语的梦想。剥夺他们的选择的机会是不明智的。共三，中国和美国不是敌人而应该是伙伴，中国无意向美国输出社会主义意识形态。中国在美国所做的一切，包括对孔子学院的帮助，都是为了加深两国人民之间的相互了解和友谊。中国的崛起是自然趋势，不仅有利于中国，也有利于世界。其四，打压孔子学院是美国政治势力强行干预大学教育的典型案例，也是对美国宣传的学术自由的打脸。其五，

---

[1] 2018 年 3 月 22 日外交部发言人华春莹主持例行记者会 [EB/OL]. https://www.fmprc.gov.cn/web//fyrbt_673021/jzhsl_673025/t1544556.shtml. 检索于 2019 年 8 月 5 日。

[2] 陈卫华. 美国重现"反华"猎巫行动 [EB/OL]. http://cn.chinadaily.com.cn/2018-03/21/content_35892371.htm. 检索于 2019 年 8 月 5 日。

关于孔子学院教师在课堂上回避某些敏感话题的做法,这是作为一个中国公民去国外教授汉语自然而然的行为,是为了避免在中国境内引发争议。

境外报道则主要包含以下两点内容:其一,参与或接触到孔子学院的学生理应具有批判性眼光和分辨能力,如果这些学生这么容易就被"洗脑",那么这个国家可能确实存在麻烦。其二,外媒不否认中国日益增长的影响力和潜在的威胁,但普遍认为孔子学院只是"无害"的教育培训机构。孔子学院在促进语言与文化传播以及中外人文交流方面的贡献毋庸置疑,不应该将矛头对准孔子学院。

本报告认为,境内外媒体的报道与评论内容主要有以下特点:

从境内媒体的角度来看,围绕孔子学院功能影响的分析与建议等内容基本与国家政策和立场保持一致。官媒、学术刊物和社评文章从不同立场视角出发,为孔子学院加强社会身份建构增添说服力,为完善体制机制建设以及提质增效建言献策。这些文章普遍用词严谨、考究,切入视角较为宏观,政治性强。

值得关注的是,此类报道与评论类文章的观点趋同。究其原因,一方面在于境内主流媒体意图通过类似议题的反复报道来推动民众认知;另一方面,官媒、学术刊物和主流媒体的社评等从媒体属性上来说具有传递党和政府的声音、服务新时代中国特色社会主义事业、引导社会舆论等职能。因此,对孔子学院功能定位的表述上,必须兼顾政治性、思想性、学术性、国际性等特点,提供最为权威的思想与理论根据,符合主流价值观念。此类新闻报道评论虽然在境内外具有较高的影响力,但是大部分还是仅在相关领域引发关注,难以触及普通民众的视野,这也是境内民众对孔子学院的功能影响缺乏深刻认识的信息屏障之一。

与往年相比,2018年境内媒体回应和反驳西方国家的批评指责更为积极主动。从中国外交部的主动发声,到国内主流媒体的社评分析,都体现了境内媒体对于敏感问题不再刻意回避,而是摆事实、讲道理,迅速有效地回应外媒的歪曲事实和无端抹黑,体现了境内舆情生态的转变。在内容方面,境内媒体报道多引述他人话语,特别是国外各界人士的话语。而且,这类文章很多都刊载在以境外人士为主要受众的中国主流媒体的海外版上,以英文为主要报道语

言。这体现了境内主流媒体对国际受众需求的关注,以及对境外舆论的引导作用。

从境外媒体的角度来看,围绕孔子学院功能和影响的分析建议类报道呈现出多维视角,在分析叙述时多扮演帮助当地读者了解中国与世界的桥梁角色。对孔子学院相关争议的介绍并不拘泥于单一说法,常引述多人话语,力求对相关事实进行多角度呈现。内容方面,境外媒体遵循"以商品的形式呈现新闻"的出发点,一方面追求内容的可读性与吸引力,用词大胆,常以标题抓人眼球;另一方面不会刻意追求完全与国家主流政治立场相符,但也在一定程度上受不同政党及资本势力的影响。整体而言,境外媒体围绕孔子学院的功能和影响的分析建议类报道较少,中性和负面报道居多,体现了其价值立场与意识形态特征。

在境外媒体的回应和反驳类报道中,存在的一个显著特点,即为孔子学院发声的专家学者大多是曾经与中国有过密切接触、从事与中国事务相关的工作,或者是亲身参与孔子学院语言与文化教育教学的权威人士。尤其是孔子学院院长、承建大学的校长等,都是用其亲身经历的事实说话,提供了大量孔子学院的运作细节,增加了可信度。内容上,境外媒体与境内媒体类似,也多采用采访、记叙等客观中立的方式,援引他人话语呈现事实,开展评论。而媒体的立场态度则通过更为隐蔽的修辞、正负面评价的篇幅大小等体现出来。值得注意的是,外媒对2018年2月美国联邦调查局局长、参议员卢比奥对孔子学院批评的反驳,以及对美国《2019财年国防授权法案》等议案出台等新闻事件的报道,都显示出外国政府对于孔子学院相关议题介入的深度和广度都有所提升,并且政治层级越来越高,产生的影响越来越大,这也造成了境外媒体对孔子学院关注度的提高。总体而言,境外媒体为孔子学院进行辩驳的报道大幅增多,体现了这些媒体及其报道以更为清醒和理性的态度对待孔子学院的相关争议,愿意为民众呈现更真实、客观的事件本质,而不是放任负面舆论的发酵。

总结来说,境内外媒体围绕孔子学院的分析评价类报道不管是从数量还是深度,均较往年有了显著提升。报道在客观性、互动性等方面具有共同之处,但也存在诸多差异,折射出境内外不同的政治体制和文化价值观念对新闻报道的影响。

二、学者研究及其观点

境内外媒体的相关报道体现了社会舆论对孔子学院的聚焦与关注,专家学者基于媒体报道对孔子学院进行的舆情与话语研究,体现了学界对孔子学院舆论环境塑造、中国形象构建及媒体传播策略等方面的分析与思考。本报告第一章已就2018年孔子学院舆情研究态势进行了整体介绍与分析,在此基础上,我们将对部分与孔子学院密切相关并具有广泛影响的学术文献进行重点摘录,以求清晰、全面地展现舆情研究的较新研究成果与学者的学术贡献。

周亭等在《"他塑"视角下涉华国际舆情的困境与应对》一文中,对孔子学院以及新形势下中国面临的国际舆情困境和解困之策进行了深入分析。文章通过对2017年9月1日至2018年2月26日美国媒体和三大社交平台的分析发现,这一期间美国媒体涉孔子学院报道舆情规模扩大,并且以负面报道为主;参与报道的媒体数量虽然很多,但单个媒体新闻报道量很小,议程设置较为分散;负面报道的信源的政治级别也开始提高,干预孔子学院日常运作的活动方式也不断升级,表现出从媒体舆论设困,到网络民众请愿,再到政客呼吁立法监控的转变。作者指出,美国媒体近来对孔子学院的诸多指责,背后是中美关系的变化和博弈。从"自塑"的视角,作者提出了提升对外传播能力的相关策略,包括要转变对外传播思路,培育民间传播力量;要打造多维传播格局,设置国际媒介议程;要加强涉华舆情监测,把握舆情应对时机等。在回应涉华舆情热点时,应该讲究"时、度、效"三个方面的传播策略:首先要选择好发声的时机,有的事件需要涉外部门及时回应,有的事件则需要等待一段时间再行处理,时机的选择离不开对舆情的全面监测与准确判断;拿捏好回应尺度,发声微弱不能产生影响,用力过猛容易造成二次发酵;重视对传播效果的评估,通过效果评估改进传播策略,加强国际舆论对话能力和舆论引导力,针对热点、疑点讲好中国故事。[①]

---

① 周亭,温怡芳,贾文斌.“他塑”视角下涉华国际舆情的困境与应对——以美国媒体涉孔子学院报道为例[J].对外传播,2018(04):19-21.

阎啸在《孔子学院发展的舆论环境变迁》一文中,以2005年至2014年这10年间中外报纸对孔子学院的相关报道为基础,从年度热点主题、文献数量、报道内容、报道主体和报道态度等方面进行了对比总结。作者认为,对孔子学院的关注与评价不应只从其事业发展的维度进行考量,还应该考虑到孔子学院的存在所依托的舆论语境。这种舆论语境的构成包括政府舆论、学术舆论、媒体舆论等各个方面。对孔子学院进行外文报道的新华社、《光明日报》等官方主流媒体,形成了我国孔子学院报道的政府舆论语境,起到的更多是一种正面宣传作用。但是出于宣传效果的考虑,一些反映孔子学院发展过程中的问题和困难的事件有可能被政府舆论有意识地回避掉,这反而会降低公信力,丧失舆论主导权,甚至会出现对报道的对抗性解读。外媒对孔子学院的报道中引述的部分校长、学者、专家等专业学术人士的观点,一定程度上体现了孔子学院的学术舆论环境。对这一部分报道进行解读时应该充分考虑这些观点出现的具体时空条件和发出者、报道者的相关背景,以避免产生片面性或者歪曲性的理解。文章中分析的报纸新闻文献材料都可以视为形成孔子学院媒体舆论环境的重要推手。媒体舆论最主要的功能体现在可以形成一种大众舆论或者社会舆论。但是社会舆论容易形成集体意识或者集体无意识,这也就导致了在舆论中针对一个事件常常出现非理智状态下的"狂热"或者麻木状态下的"失声"状况。因此,如何引导民众在复杂的语境中对关于孔子学院的报道形成一种均衡客观的认识,进而进行清醒的判断和理解,是政府、媒体机构和孔子学院自身都应该思考和解决的重大课题。①

袁赛男的文章《当前国际涉华舆论存在的问题及对策》,则以新一轮"中国威胁论"的境外舆情为切入点,探讨了当前国际涉华舆论存在的问题表现、基本特点及内在实质。作者认为,新一轮"中国威胁论"西方媒体的主要表现一是宣扬"非市场行为论",抨击中国经济政策,称中国"正在以非市场方式选择投资,这抑制了全球增长";二是宣扬"新帝国主义论",抹黑"一带一路"倡议,指责中国以新的方式塑造着国际霸权;三是宣扬"打桩者论",称

---

① 阎啸. 孔子学院发展的舆论环境变迁——基于2005—2014年中外报纸对孔子学院报道的分析 [J]. 中华文化海外传播研究,2018(02):219-226.

中国正在依托"一带一路"倡议,着力构建一个区别于自由、民主等西方价值的国际秩序,中国正在填补美国逐渐衰退的"权力真空";四是宣扬"锐实力论",称中国严重威胁西方价值观。新一轮"中国威胁论"的基本特点首先是炒作主体更加多元,炒作内容更加复杂,炒作方式更加直白。这些炒作的内在实质主要体现在面对中国从富起来到强起来的转变,西方国家非常不适应,"深层自我焦虑"成为西方社会的集体征候。其根本目的,则是"遏制中国腾飞","威胁"中国和平崛起。作者对此提出了三点建议:首先中国要在战略定力上保持高度清醒,培育与大国地位相适应的从容心态;其次,在战略部署上强调聚同化异,推动对外作为更加精细化,对不同国家要有不同的策略;最后,在战略举措上要注重开拓创新,营造于中国和平崛起有利的舆论环境。①

王少茗的硕士学位论文《基于框架理论的新闻话语分析》从传播学视角对2005年至2017年美国本土报纸对孔子学院的相关报道进行了探析。作者采用量化的内容分析法发现:报道数量的变化与在美孔子学院的新增情况有关;美国报纸最关注的主题是汉语教育;报道类型上,总体多为一般性报道,国家级报纸多为综合性报道;报道倾向总体上以积极为主,但国家级报纸热衷于负面的讨论;风格框架上,报道多采用合作框架,较少采用人情味框架,风格客观冷静。而通过质化的话语分析法,作者发现:宏观层面,孔子学院报道多采用经典的倒金字塔式的语义结构,标题即是主题;中观层面,孔子学院报道的新闻图式相对固定,呈现出较为模式化的特点;广义修辞层面,语篇的认知建构方式体现出中美不同的民族心理和意识形态。此外,作者还从"垂直"向度和"水平"向度两个角度验证了孔子学院报道的互文性。最后,作者对孔子学院报道中出现的概念隐喻进行了分析,发现孔子学院的隐喻脚本多与运动/旅行有关。②

---

① 袁赛男.当前国际涉华舆论存在的问题及对策——以新一轮"中国威胁论"为例[J].对外传播,2018(07):21-23.

② 王少茗.基于框架理论的新闻话语分析——以美国报纸孔子学院报道为例(2005—2017)[D].山东大学,2018.

另外，李瑞阳[①]的硕士论文从符号学的视角对国家汉办新闻中孔子学院报道中隐喻的表现以及英译技巧等进行了研究，发现相关报道中的隐喻具有交际性和政治性。陈程[②]从评价理论视角入手，探究了孔子学院在西方主流媒体中的形象。刘芳[③]和周丹[④]的硕士论文则运用话语分析的方法，分别对加拿大、英国等西方主流媒体的孔子学院新闻报道进行了研究，发现两国在孔子学院相关问题上的报道倾向。

与2017年相比，2018年关于孔子学院舆情的相关研究在广度和深度均有所提升，切入视角更为多元。从研究对象上来看，主要还是聚焦于对不同时期、不同地区孔子学院相关报道进行量化研究与话语分析，与往年比变化不大。总的来说，学术文献主要呈现出如下特点：

研究视角上，受国际局势的影响，期刊文章更多从政治、经济、外交等方面对孔子学院的舆论环境进行考量，突显孔子学院在国际关系中的重要地位；学位论文则尝试采用多种理论视角，拓展了相关研究思路。

研究内容上，期刊文章发现，围绕孔子学院的较为积极的国际舆情话题主要涉及孔子学院的教育功能，包括一系列文化活动、教学场景、揭牌开幕等方面的案例；而较为负面的话题则集中在美国等西方国家以"软实力""中国威胁""审查制度""学术自由"等为借口对孔子学院及中国的抹黑。研究者对舆情态势背后的根源进行了探析，认为孔子学院国际舆论环境的变迁与世界政治、经济、军事发展以及大国博弈息息相关。而孔子学院舆情的相关研究，离不开对中国国情以及国际政治经济背景的思考。由此，研究者也提出相关建议，认为中国应该转变对外传播思路，加强舆情监测，积极发声和应对，从战略上和战术上进行多方面的改进，促进对中国和平崛起有利的舆论环境的营造。与之相比，学位论文因其学术分析和探究的使命则着力通过事实和文本分析，勾

[①] 李瑞阳.符号学视角下国家汉办新闻孔子学院报道中隐喻英译实践报告[D].西安外国语大学，2018.
[②] 陈程.评价理论视角下新闻语篇批评话语分析[D].山东师范大学，2018.
[③] 刘芳.加拿大主流媒体孔子学院报道批评话语分析[D].华南理工大学，2018.
[④] 周丹.英国媒体孔子学院报道话语分析[D].华南理工大学，2018.

勒出孔子学院乃至中国在国际社会的形象，揭示新闻报道背后的意识形态和权力的关系，探索其话语构成的社会和文化因素。

　　关于孔子学院舆情研究的期刊文章和学位论文在如何改善孔子学院舆论环境、塑造媒体形象、加强国家传播能力建设等方面提供了一定的理论探索及事实依据。结合本节前半部分对境内媒体报道的分析可以发现，以参考消息网、环球网和中国日报网为代表的境内媒体在应对孔子学院的不利舆论时更为积极主动，且能够传达多方观点，在转变对外传播思路等方面与专家学者的建议趋同。也应看到，这一领域的相关研究还有提升空间，特别是在国际环境复杂多变、大数据分析技术日益成熟等多重背景下，亟待有更多的研究者，以更为敏锐独特的视角发出深刻的见解，在解决孔子学院相关舆情传播问题的同时，加强理论和方法创新，进一步拓展孔子学院舆情研究的学术视野和思路，为构建和完善孔子学院舆情的预警和防范机制、促进孔子学院提质增效做出贡献。

| 第六章 |

案例研究：非洲孔子学院

经过十余年的发展，非洲孔子学院在推动汉语纳入当地国民教育体系，开展本土汉语师资培养培训，促进院企合作，以及推动"汉语+职业教育"发展等方面成效显著。本章在概述非洲孔子学院总貌的基础上，重点围绕特色领域进行分节论述，内容分为五个部分：非洲孔子学院概况、孔子学院与国民教育、孔子学院与本土师资教育、孔子学院与当地企业合作，以及孔子学院与职业教育。

"非洲孔子学院概况"简要总结介绍了非洲孔子学院的建设与发展状况，尤其是非洲孔子学院所呈现的地区特色，面临的挑战与问题，以及未来的发展目标、对策与保障。"孔子学院与国民教育"通过分析喀麦隆、肯尼亚、坦桑尼亚、赞比亚的五所孔子学院积极融入当地国民教育的代表性案例，呈现其在教学大纲制定、专业及课程设置、纳入外语统一考试、教材教辅资料、教学质量评估等方面所做出的努力和尝试，以及面对机遇与挑战所采取的应对方案。"孔子学院与本土师资教育"从学历教育和在职培训两方面阐述中非双方在扩大师资规模、提高师资质量、培育优质师资上所采取的举措。"孔子学院与当地企业合作"结合案例阐述当前非洲孔子学院采取的三种院企合作模式（共建孔子学院模式、战略合作模式、奖学金模式），分析其带来的社会影响、存在的风险和强化机制。"孔子学院与职业教育"借助埃塞俄比亚亚的斯亚贝巴孔子学院的个案分析了职业教育的主要类型，发展职业教育所需的支撑资源与整合力量；同时，通过分析孔子学院开展职业教育对非洲文化、经济、外交等领域所产生的影响，呈现和总结非洲孔子学院作为综合文化交流平台的特色及其在职业教育发展中的经验和不足，并对未来发展提出相关建议。

本章甄选的非洲孔子学院案例具有一定的典型性和社会影响力，这些案例各有侧重点，既综合呈现了多领域、全方位的探索，也有对某个特定问题的深入挖掘。将这些案例与历年非洲孔子学院研究的相关成果相结合，可以分析探索普遍规律、凝练非洲孔子学院的特色和功能。这一方面可以为非洲孔子学院的建设实践提供参考与借鉴，另一方面也希望从中提炼出区域孔子学院研究中的某些焦点和关键问题，为理论研究提供实践样本，为读者认知非洲孔子学院提供可靠的线索和直观的参考。

第一节　非洲孔子学院概况

2005年12月19日，非洲第一家孔子学院——肯尼亚内罗毕大学孔子学院开课，引发当地民众的热烈反响。[①]2006年中非合作论坛北京峰会之后，非洲国家纷纷提出在本国创建孔子学院的愿望。截至2019年6月，非洲有44个国家创办了59所孔子学院/课堂[②]，其中一个国家只建有孔子课堂，未设立孔子学院。其分布情况如表6-1：

表6-1　非洲孔子学院地理分布情况

地理位置	所在国家	孔子学院/课堂数量（所）
北非	埃及、苏丹、摩洛哥、突尼斯	7
东非	埃塞俄比亚、肯尼亚、坦桑尼亚、卢旺达、布隆迪、厄立特里亚、马拉维、塞舌尔、乌干达、毛里求斯、科摩罗	16
西非	塞内加尔、马里、利比里亚、多哥、贝宁、尼日利亚、塞拉利昂、加纳、安哥拉、佛得角、科特迪瓦、几内亚、冈比亚、毛里塔尼亚、布基纳法索	17

---

① 非洲第一所孔子学院在肯尼亚揭牌[N]. 人民日报海外版，2005-12-21.
② 数据来源：国家汉办官方网站，关于孔子学院/课堂[EB/OL]. http://www.hanban.org/confuciousinstitutes/node_10961.htm. 检索于2019年8月5日。

（续表）

地理位置	所在国家	孔子学院/课堂数量（所）
中非	喀麦隆、赤道几内亚、刚果（布）、刚果（金）、加蓬、圣多美和普林西比	6
南非	博茨瓦纳、赞比亚、津巴布韦、马达加斯加、莫桑比克、南非、纳米比亚	13

"非洲注册学员2017年达15万人，一年（2017年）举办的各类文化、学术活动近2 500场，吸引了超过84万人次参加，在当地形成非常大的影响。这41所孔子学院平均注册学员数达到3 000人以上，其中有3所学院的注册学员数超过了1万人，规模大、体量大。"[1] 由此可见，孔子学院的建立符合当地的发展需求，既满足了非洲民众在本国学习汉语、了解中国的愿望，也有力促进了中非在政治、经济、教育、科技、文化各领域的合作交流。

一、地区特色

非洲孔子学院为非洲各国汉语教学和中华文化对外交流做出了重要贡献。其融入当地程度高，发展之初就注重本土化建设。随后，逐渐从宣传推广、扩大影响过渡到树立品牌、融入当地社区、不断提高质量的阶段，语言文化传播与解决当地贫困和就业问题密切结合成为非洲孔子学院的突出特点。[2]

（一）本土化

本土化体现在多个方面，其中最为重要的是人才本土化。孔子学院总部/国家汉办党委书记、副总干事马箭飞在2018年非洲孔子学院联席会议期间特别强调了非洲孔子学院的人才本土化问题，"一个是教师的本土化，我们积极支持非洲各孔院培养本土人才。比如2017年，非洲孔院为当地培养师资大概1 500多人次，聘用本土师资也有近百人，为孔子学院本土化，也就是可持续

---

[1] 国家汉办负责人：本土化程度高是非洲孔子学院快速发展的重要原因 [EB/OL]. http://news.cri.cn/20180516/a588a9b9-f952-93ba-5183-19fca1762d7b.html. 检索于2019年8月10日。

[2] 杨薇，翟风杰，郭红，苏娟.非洲孔子学院的语言文化传播效果研究 [J]. 西亚非洲，2018（03）：140-160.

发展奠定了很好的基础；第二就是紧密结合当地实际需求。中资机构越来越多地来到非洲，对本土人才的需求是非常广泛的。孔子学院在这方面能够发挥特殊的作用和贡献，可以根据企业的个性化需求提供点对点的服务，使本土人才的培养能适应企业的直接需要。"①

与当地企业合作也是孔子学院本土化发展的一种表现形式。非洲孔子学院十分注重与当地企业开展合作，形成了共建孔院、战略合作等多种合作模式，实现了"语言文化＋职业教育"的特色化发展。

此外，有学者还关注到教学资源本土化，指出非洲孔子学院积极组织中外教师共同编写适合本地学生的教材。"博茨瓦纳大学孔子学院编写出版了《友好汉语》，喀麦隆雅温得第二大学孔子学院、埃及开罗大学孔子学院、肯尼亚内罗毕大学孔子学院等都在相继编写本土化的汉语教材。"②

（二）特色化

非洲孔子学院的发展与其所处的独特外部环境密不可分。有学者认为"与欧美国家的孔子学院相比，非洲孔子学院虽然不具备优越的社会环境和发达的教学软硬件资源，但非洲孔子学院的推广和发展搭上了非洲经济迅速发展和社会进步的'便车'，面临着难得的历史机遇；而中非全方位友好合作关系的日益提升，以及中国在新时期对非发展战略的深入推进，也为孔子学院在非洲的传播与发展提供了宝贵资源和强劲动力"。③

在2018年9月的中非合作论坛上，习近平主席提出了建立中非全面战略合作的"八大行动"，"人文交流"名列其中。孔子学院作为实施人文交流行动中的一项重要内容，符合非洲当地实际情况和发展需要。倘若孔子学院能利用好双边合作资源，对外加强合作，其在非洲的建设与发展值得期待。

---

① 本土化程度高是非洲孔子学院快速发展的重要原因 [EB/OL]. http://www.hanban.org/article/ 2018-05/17/content_732273.htm. 检索于2019年8月5日。
② 徐丽华. 非洲孔子学院：检视、问题与对策 [J]. 浙江师范大学学报（社会科学版），2012，37（06）：52-56.
③ 李红霞. 新时期非洲孔子学院的建设与发展 [J]. 对外传播，2016（10）：52-54.

在中非良好的合作环境下,有学者关注到了中资机构在推动非洲汉语文化市场中发挥的特殊作用。"由于中国经济的快速发展,到非洲的中资机构和民营企业成倍递增,强大的经济市场促使汉语文化需求越来越旺盛。""如果他们学好了汉语,不但可以找到好的工作,而且中资机构的待遇比当地工资高得多。正是由于汉语文化可以改变非洲学生的人生命运,找到好的就业机会,所以才有越来越多的非洲人想要学习汉语,通过汉语来改变命运和生活。"①

非洲孔子学院根据当地社会发展需求,开辟了一条"汉语+"的特色办学模式,培训语言文化与职业技能兼备的人才,在充分发挥汉语作用的同时,提高金融、会计、计算机、农业、机电等各领域的专业技能,例如,埃塞俄比亚职业技术教育孔子学院开设了机电一体化、车身材料与技术、重型汽车技术等培训,利比里亚大学孔子学院开设了竹藤编制的技能培训。

(三)协同化

在 2018 年 9 月召开的中非合作论坛北京峰会开幕式上的主旨演讲中,习近平主席深刻阐述了构建中非命运共同体的六大内涵。② 非洲孔子学院除了积极配合打造文化共兴的命运共同体外,在责任共担、合作共赢、幸福共享、发展共赢、安全共筑等方面均做出了突出贡献,实现了孔子学院与所在国国民教育、当地政府、驻外使领馆、中外方企业、新闻媒体和社会组织的全方位协作。

积极促进汉语融入所在国国民教育。截至 2018 年 5 月,"有 14 个非洲国家将汉语列入本国国民教育体系的语言课程;54 所孔子学院中的 36 所开设了汉语学分课程,21 所孔子学院所在的大学开设了中文专业,汉语教育融入了当地的高等教育体系。"③ 此外,孔子学院推动了中非承办院校的协同发展,

---

① 李红秀. 非洲孔子学院建设与汉语文化传播 [J]. 中华文化论坛,2015(01):111-117.

② 习近平主席深刻阐述了构建中非命运共同体的六大内涵的具体内容:一是携手打造责任共担的中非命运共同体,即使命上的责任共担;二是携手打造合作共赢的中非命运共同体,即发展共赢和发展战略上的合作对接;三是打造幸福共享的中非命运共同体;四是携手打造文化共兴的中非命运共同体;五是携手打造安全共筑的中非命运共同体;六是携手打造和谐共生的中非命运共同体。

③ 本土化程度高是非洲孔子学院快速发展的重要原因 [EB/OL]. http://www.hanban.org/article/ 2018-05/17/content_732273.htm. 检索于 2019 年 8 月 5 日。

通过每年定期召开孔子学院理事会、各类互访和学术研究项目,为双方提供更多交流互鉴的机会。合作双方以非洲汉语教学为起点,兼顾非洲领域的学术研究、人才培养、交流合作,有效推动了学校国际化发展。"除语言教学外,孔子学院还开设武术、职业教育、中医等不同种类的课程,开展'汉语桥'等形式多样的文化活动、学术讲座,让走进孔子学院的非洲民众,在学习汉语、改变自身命运的同时,也了解到了一个更加真实、立体、全面的中国;以孔子学院为窗口,中方也在非洲有了一个具有感召力、公信力的平台来讲好中国故事。"①

协同发展的形式多样,孔子学院与在非企业开展多种形式的合作,实现了与企业的协同发展。由非洲孔子学院组织的人才招聘会累计为非洲各国青年提供数千个就业岗位,通过为中资企业提供点对点服务,孔子学院培养的本土汉语人才满足了中资企业对本土人才日益增长的需求。

(四)影响力

全国人大常委会委员长栗战书在 2018 年非洲孔子学院联席会议开幕式致辞中指出,非洲有 41 个国家设立了 54 所孔子学院和 30 个孔子课堂,累计培养各类学员达 140 多万人,是全球孔子学院办学成效最好的地区,每一所孔子学院都独具特色。特别是很多孔子学院积极帮助所在大学设立中文系,推动汉语教学进入所在国家国民教育体系,开设了大量汉语教学和职业技能培训课程,全方位参与"一带一路"建设,服务中非友好合作大局,在中非人民之间架起了亮丽的文化之桥、友谊之桥和心灵之桥,为践行"真实亲诚"理念,巩固中非世代友好关系做出了不可磨灭的重要贡献。② 这种影响在相关成果中也得到了证实,对非孔子学院相关报道的数量呈逐年递增之势,其中,持积极评价的报道(占比 30%)或中立报道(占比 60%)的比例,要远高于

---

① 包亮,徐丽华. 孔子学院:用教育助力中非命运共同体建设 [EB/OL]. http://www.china.com.cn/opinion/theory/2018-09/13/content_63406229.htm. 检索于 2019 年 8 月 11 日。
② 2018 年非洲孔子学院联席会议在蒙大孔子学院召开 栗战书出席并致辞 [EB/OL]. http://www.zjnu.edu.cn/2018/0518/c4063a244600/page.htm. 检索于 2019 年 8 月 5 日。

持消极评价（占比10%）的报道比例。这在一定程度上反映了孔子学院在非洲的正面形象。①非洲孔子学院的影响力在文化交流、经贸往来和外交中均有体现。

与欧洲和北美的许多大学有着悠久而成熟的汉学、中国研究或汉语教学基础不同，非洲大学在这方面基础相对薄弱。非洲学生或普通民众以往大多是通过西方媒体了解中国，而孔子学院的设立则给当地民众提供了一个由中方直接参与建设的中国语言与文化活动场域和交流平台，其意义不言而喻。随着中非各方面交往日趋紧密，孔子学院已成为众多非洲民众了解中国、感知中国最重要的渠道之一；同时，中非经贸合作也促使更多人开始对中文感兴趣并希望学习中文。从外交层面来说，中国在几乎所有的全球性多边国际机构中都占有一席之地，越来越多的国家希望与中国建立稳定的外交关系。汉语拥有全球第一大母语使用人口，以汉语语言文化交流为切入点的伙伴关系，具有坚实的民间基础。正如一篇非洲报道所提及的，尽管中国的孔子学院不完美，但它给非洲提供了认识中国与促进中非合作的机会和资源，因此非常有价值。②

二、问题与不足

随着提质增效、融合发展目标和要求的进一步明晰，非洲成为孔子学院整体发展中办学效果显著和发展速度较快的地区。非洲孔子学院无论在规模建构还是在质量发展上都成为影响孔子学院区域发展的重要组成部分，但其发展过程中也面临着一系列挑战，既有内部管理体制机制问题，也包括外部的发展环境问题。总体而言，主要问题包括：

（一）教学管理和组织管理

个别孔子学院存在教学层级的多样化发展和教学点布局分散等问题，在一定程度上影响了教学的有效性，也给师资配置和教学过程的有效管理带来一定困难。此外，开展文化活动的主动性、创新性不够，没能满足学习者的多层

---

①② 孔子学院在非洲 [EB/OL]. https://www.nfcmag.com/article/7270.html.2019-6-25. 检索于2019年8月5日。

次、深层次需求，造成了目标群体和当地媒体的"审美疲劳"。在组织机构管理方面，存在机制健全但工作效率较低的问题。非洲孔子学院采用理事会领导下的院长负责制，具有较为完善的管理机制。但由于个别孔子学院中非双方工作节奏的差别，以及对对方语言、国情缺乏了解，使得管理效率得不到保障。此外，面对非洲地区突发的安全危机、健康问题等对在非志愿者和公派教师的消极影响和潜在风险，均没有建立良好的危机应对机制。内部管理人员缺乏专业性，也给后续工作带来不良影响。

（二）教学场地与教学资源

教学场地问题在一定程度上得到缓解，但仍缺乏相应的教学设备和教学资源。近年来，"中国商务部援建的孔子学院大楼、孔子学院总部资助的示范孔子学院大楼在埃及、多哥、加纳、肯尼亚、喀麦隆、塞内加尔、赞比亚等国陆续建成，极大地提升了孔子学院的硬件条件"。[①] 但用于汉语教学和文化活动的设施仍捉襟见肘，所能获取的教学资源有限，只能勉强维持已有的教学需求。从20世纪80年代开始，中国政府曾陆续向一些非洲国家赠送了语音实验室，但由于年久失修，许多设备已经不能正常运行。尽管孔子学院总部加大力度对非洲孔子学院进行援助，为一些孔子学院提供了多媒体教室设备和中国文化体验中心。但随着汉语教学规模的不断扩大，教学场地和教学资源的不足将会日渐突显。

（三）本土化教师数量和质量

与2005年孔子学院刚落户非洲时相比，如今孔子学院的教师队伍已得到很大扩充，许多本土教师开始承担部分教学工作，但仍不能满足学生日益增多的需求。与中国汉语教师相比，孔子学院现有本土教师的汉语听说能力相对不足，缺乏系统的汉语理论知识和必要的教学技能。在当地聘用的部分华人教师同样面临专业训练和教学经验上的短板，难以胜任教学工作。个别中国公派教

---

① 孔子学院：用教育助力中非命运共同体建设 [EB/OL]. http://www.china.com.cn/opinion/theory/ 2018-09/13/content_63406229.htm. 检索于2019年8月11日。

师则因外语水平和跨文化交流等方面的原因,影响了汉语的教学质量。此外,公派教师和志愿者的基本任教时间大多是1至2年,这种缺乏长期规划、不断流动的师资队伍也影响了汉语教学的长足发展。

(四)教学大纲和适用性汉语教材

非洲孔子学院无论是学历教育还是非学历培训,至今仍然没有统一的教学大纲和统一的教学质量评估体系,教学内容和教学进度往往会因教师的更迭而发生变化,教学质量也因此无法得到有效保障。非洲地区所反映的教材问题主要有:中国国内编写的教材,有的内容不符合当地的文化和风俗习惯;有的教学内容过多,不符合当地的学制;有的难度太大,脱离了当地学生的学习水平。

此外,非洲孔子学院所处的外部环境也在一定程度上影响着孔子学院的发展。"基于一种长期的'天下观'及受欧美种族主义思想的影响,一部分在非洲的汉语教师多多少少会有一些'文化中心主义',并在汉语教学中有意无意地让人有先入为主的'刻板印象'形成。其中,既有教师对于非洲黑人学生的歧视和偏见,也有个别西方国家对于非洲孔子学院教学问题的复杂化和政治化在起作用。"[1]"西方主流媒体大肆宣扬中国'新殖民主义''文化入侵'"[2]不仅在一定程度上影响到孔子学院在非洲的发展,也对中非关系产生了不良影响。

三、方向与路径

(一)目标与方向

通过分析2012年至2018年非洲孔子学院联席会的会议内容可以看出,每届联席会都会就非洲孔子学院的下一步发展方向给予建议和指导。随着非洲孔子学院的不断发展,在方向指引上呈现出三个特点:一是紧跟时代步伐,比如2018年非洲孔子学院联席会开始关注数字化发展,提出"聚焦网络孔院,

---

[1][2] 孔子学院在非洲 [EB/OL]. https://www.nfcmag.com/article/7270.html. 检索于2019年8月5日。

数字孔院,智慧孔院,拥抱新技术,创造新平台"[1];二是紧密联系"一带一路"倡议,2017年非洲孔子学院联席会上提出要"参与'一带一路'建设,为增进中非友谊做出更大贡献";三是紧随当地社会的实际需求和接受程度,从师资选派、办学质量、办学特色和合作机制等方面对非洲孔子学院发展提出更有针对性的要求。

(二)路径与对策

根据非洲孔子学院当前的发展现状,很多学者从不同的角度为非洲孔子学院未来的可持续发展提供了思路:

在人才培养方面,孔子学院应加大对高层次汉语文化人才资源的培训力度,积极推动汉语学历教育,重点培养本土师资。在人才培养机制上,孔子学院应该将人才输出、人才培养和保障力量三个方面联系起来,让输出轴为培养轴提供受众,培养轴为输出轴上人才产品的产出提供特色化加工平台,保障轴为以输出轴为受众的培养轴提供支持,最大化发挥人才培养的整体效应,从根本上提高孔子学院人才培养对接当地经济社会发展和改善民生的能力,同时促进孔子学院与当地社会的互利包容。[2]

在教学质量方面,学者们普遍意识到非洲孔子学院要实现从重数量到重质量的转型。要"扩大面向社会各阶层的普及型、开放性的非学历教育规模,力争在基础教育阶段将汉语纳入教学大纲,在高等教育阶段设立汉语言专业"[3]。围绕高等教育阶段的问题,提出孔子学院与当地合作建立汉语本硕博专业,加大孔子学院奖学金资助力度,统筹考虑孔子学院奖学金、地方政府奖学金和高等学校奖学金结合配套等问题。[4] 同时,汉语教学应该与非洲的职业教育紧密

---

[1] 辛勤耕耘培养汉语人才 真诚务实收获非洲人心——记2018年非洲孔子学院联席会议在马普托召开[EB/OL]. http://www.hanban.org/article/2018-05/16/content_732011.htm. 检索于2019年8月5日。

[2] 高莉莉. 非洲孔子学院的现状与可持续发展的思考[A]. 中国非洲研究评论·北京论坛专辑(2017)总第7辑[C]. 北京大学非洲研究中心, 2018: 14.

[3] 徐丽华. 非洲孔子学院: 检视、问题与对策[J]. 浙江师范大学学报(社会科学版), 2012, 37(06): 52-56.

[4] 李红秀. 非洲孔子学院建设与汉语文化传播[J]. 中华文化论坛, 2015(01): 111-117.

联系在一起，与中资企业或当地企业展开合作，致力于培养职业汉语能力与素养兼优的员工。此外，有些学者还关注到了教学规范化、有序化和科学化的问题，认为应该根据不同类别和级别的教学对象及其特点，制订相应的教学大纲和切实可行的教学目标、培养计划及开课计划，如制订汉语师范专业等专业性教学培养计划、各科目大纲、中小学汉语教学大纲、大学公共汉语教学大纲以及语言培训生教学大纲等。①

在学术研究方面，"孔子学院在大力推动中国语言文化传播的同时，须注重研究非洲本土的语言、文化、宗教、教育、社会结构、价值观念、经济模式的发展特点及趋势，在充分了解、尊重非洲本土语言文化和思维方式的基础上，制定孔子学院发展的长期战略目标。"②

在发展布局方面，非洲孔子学院的空间布局并不均衡，亟须根据各国官方语言、民间习俗、经济状况的具体情况，分片树立典范孔子学院。比如南部非洲可以考虑在南非或马达加斯加的孔子学院中选拔，北部非洲可以考虑埃及，东北部非洲可以考虑埃塞俄比亚，东部非洲可以考虑肯尼亚或坦桑尼亚，中部非洲可以考虑喀麦隆，西部非洲可以考虑尼日利亚。③

在融入"一带一路"建设方面，孔子学院作为中外语言和文化交流的重要纽带以及促进民心相通的重要平台，应该立足于自身平台优势，积极主动寻找能发挥自身作用的环节和领域。"未来非洲地区孔子学院的发展，应该结合和服务于中国政府的'一带一路'建设、中国产能'走出去'及其他对非援助计划，向项目所涉区域扩展。"④基于此，有学者提出五点发展建议：以多层次文化活动为纽带，加强交流、促进理解；充分利用自身平台，推动和促进中非学术交流；加强与在非中资企业合作，为其培养输送汉语人才并提供人才招聘服务；以"语言文化＋职业技术教育"为特色，培养各类"一带一路"建设者；

---

① 徐永亮，徐丽华．非洲孔子学院管理面临的问题及对策研究[J]．管理观察，2019（02）：155-159．
② 杨薇，翟风杰，郭红，苏娟．非洲孔子学院的语言文化传播效果研究[J]．西亚非洲，2018（03）：140-160．
③ 徐丽华．非洲孔子学院：检视、问题与对策[J]．浙江师范大学学报（社会科学版），2012，37（06）：52-56．
④ 孔子学院在非洲[EB/OL]．https://www.nfcmag.com/article/7270.html．检索于2019年8月5日。

强化调研咨询功能，为"一带一路"提供信息咨询服务。①

（三）支撑与保障

在管理方面，应进一步理顺管理体制，明确中非双方的权利与义务，建立健全管理制度，建立固定的交流平台，促进孔子学院之间的联系和交流。有学者针对非洲孔子学院管理方面所面临的问题，从五个方面提出应对策略和建议：加强孔子学院战略人力资源体系建设，完善监督、评价及激励措施；明确培养目标，制定培养计划和教学大纲，完善教学评估机制；拓宽渠道，创新形式，结合受众需求提高跨文化传播力和影响力；加强制度建设，营造民主氛围，践行"和为贵""和而不同"理念；加强安全健康教育，制定安全条例和应急保障预案，安全高于发展。②

孔子学院共建双方还应在合作联动方面予以强化，推动协同发展，加强中非双方的合作与交流，增进相互的友谊与了解。有学者从利用双边资源的角度提出"五个结合"：与官方友好交往相结合、与对非援助相结合、与赴华留学生招收工作相结合、与使馆公共外交相结合、与企业"走出去"相结合。③还有学者关注到了孔子学院与文化产业的协同发展问题，"在文化创意产业蓬勃兴起的今天，孔子学院既需要文化创意的产品作为精神文化的基础，又能为文化创意产业提供开拓和发展的平台，具有最佳的契合点。图书音像出版、电影电视剧版权、语言测试、翻译服务、留学及经济贸易信息咨询、艺术展览、文艺演出、创意文化产品、旅游纪念品等等，都可以在语言文化传播的同时带来巨大的商业价值，而学习者愿意通过支付学费的方式获得文化学习体验，这本身就是对语言文化价值肯定的具体表现。"④

通过对非洲地区孔子学院发展的历时性观察可以看出，非洲孔子学院正

---

① 曾云."一带一路"背景下非洲孔子学院发展的再思考——以塞拉利昂大学孔子学院为例[J].新余学院学报，2019，24（01）：128-132.
② 徐永亮，徐丽华.非洲孔子学院管理面临的问题及对策研究[J].管理观察，2019（02）：155-159.
③ 李红霞.新时期非洲孔子学院的建设与发展[J].对外传播，2016（10）：52-54.
④ 杨薇，翟风杰，郭红，苏娟.非洲孔子学院的语言文化传播效果研究[J].西亚非洲，2018（03）：140-160.

沿着质量发展和纵深发展的目标努力,不仅办出了成效,改变了部分非洲学习者的命运,还实实在在地满足了当地社会的实际需求,呈现出与其他地区孔子学院不同的特色。非洲孔子学院在汉语教学和学术研究领域起步虽晚,但存在很大的提升空间和发展机遇。

第二节 孔子学院与国民教育

《孔子学院发展规划(2012—2020)》明确提出要"促进孔子学院(课堂)办学与所在国的国民教育体系相结合"。为此,孔子学院主要围绕着制定教学大纲、专业及课程设置、纳入外语统一考试、教材教辅资料编撰、教学质量评估等方面展开,这客观上加快了汉语在海外的多层次推广,促进了海外汉语教育多元发展;也增强了海外友好人士对中华文化的认同感,提升了中华文化在海外的传承力。① 在孔子学院的推动下,越来越多的非洲国家把汉语作为所在国国民教育的重要内容。本节所选的四组案例,有的侧重对专业和课程设置的研究,有的关注教学质量评估体系的建构,有的则致力于推动汉语纳入所在国的外语统一考试,这些案例从不同侧面反映了非洲孔子学院在与所在国国民教育体系接轨上所做的努力和尝试。

一、喀麦隆雅温得第二大学孔子学院

喀麦隆雅温得第二大学孔子学院(以下简称雅二大孔院)是浙江师范大学在1996年承办喀麦隆汉语培训中心②的基础上,于2007年11月在喀麦隆建立的第一所孔子学院。雅二大孔院注册学员人数1万余人。③ 基于喀麦隆国

---

① 汉语纳入多国国民教育体系之后 [EB/OL]. http://www.sohu.com/a/288391061_162758. 检索于2019年8月5日。

② 在孔子学院成立之前,喀麦隆汉语培训中心为汉语进入大学外语考试体系做出了许多努力。该中心自2001年开始面向社会招收学生开设校外班,促使汉语课纳入喀麦隆国际关系学院的校内课,成为继西班牙语、阿拉伯语之外的第三外语选修课,经过历届教师的不懈努力,选修汉语的学生越来越多,汉语成为学生的首选,汉语课也由选修一学期改为选修一年。

③ 数据来源:浙江师范大学孔子学院非洲研修中心。

内实际汉语教学需求，雅二大孔院已经发展了 17 个教学点，拥有涵盖基础教育和高等教育的完整汉语人才培养体系；同时，该国已于 2014 年将汉语纳入中学毕业会考科目，80 多所中小学聘任了由孔子学院培养的汉语教师，形成了本土汉语教学及人才培养良性的循环机制。

2008 年，雅二大孔院与马鲁阿大学高等师范学院展开深度合作，开设了三年制汉语师范本科专业。2014 年，雅二大孔院在马鲁阿大学开设了汉语言文学本科专业，首批招生 48 名，培养汉语专业应用型人才，学生完成学业可获得汉语言文学学士学位。同时，雅二大孔院也致力于促进汉语成为中学外语考试的重要组成部分。2012 年 3 月，马鲁阿大学汉语言专业首批 14 位毕业生被分配到喀麦隆各省会城市的中小学教授汉语，这意味着汉语正式纳入喀麦隆国民教育体系。汉语科目经喀麦隆中教部同意开设至广大公立中学，2014 年成为喀麦隆中学初中会考科目，当年就有 300 名初中毕业生参加了喀麦隆中教部组织的首次汉语统考。2017 年，公立中学中选择把汉语作为外语的学生人数超过 6 000 人。[①]

根据喀麦隆国民教育体系实际情况编写适用于当地汉语教学的本土教材也是雅二大孔院工作的重要内容。喀麦隆汉语教学曾长期使用国家汉办赠送的一些教材，2012 年主要使用的汉语教材有《新实用汉语课本》《长城汉语》《世界少儿汉语》《快乐汉语》和《汉语会话 301 句》五种。其中《新实用汉语课本》使用的人最多，其次为《世界少儿汉语》和《快乐汉语》，使用最少的是《汉语会话 301 句》。[②] 个别教师尝试自编教材，通过选择中国国内教材的某些内容，利用网络资源，结合学生特点和教学实际，设计和编写汉语教材，如雅温得第二大学高等商学院的本土教师张宝林就曾经编写过适合喀麦隆本地人的教材。2012 年，雅二大孔院的中方教师和志愿者们在汉语正式纳入喀麦隆国民教育体系的大背景下，实验性地编写了喀麦隆第一本适用于当地中小学生的本土汉语教材，这标志着喀麦隆汉语教材的本土化正在不断

---

① 徐永亮. 汉语教育受欢迎 [J]. 中国投资，2017（20）：49-51.
② 陈连香. 喀麦隆雅温得第二大学孔子学院现状调研 [J]. 非洲研究，2013，4（01）：295-313.

摸索着前进。①同年，雅二大孔院成功举办喀麦隆首届本土汉语教师教材培训，中方教师系统地向首届本土汉语教师培训了有关备课、上课和课后训练等内容，帮助他们掌握循序渐进、把握重点、突破难点等汉语教学规律，以提高本土教师的课堂和文化活动组织能力。②

2015年，首部由喀麦隆本土教师主导编写的教材《你好，喀麦隆》第一册正式出版印刷，并在公立中学试用，此后该书成为中教部指定教材。③2018年，《你好，喀麦隆》系列教材出齐，中法双语，共五册，分别对应喀麦隆中学初三、初四、高一、高二、高三各年级的汉语必修课。该教材是根据喀麦隆中教部汉语教学大纲编订，由雅二大孔院本土教师杜迪、徐丝兰和中国教师吴修奎等人合作完成，经浙江教育出版社和喀麦隆D&L出版社合作出版。④此外，根据当地汉语教学需要，孔子学院还与喀麦隆中教部合作改编了法语版《跟我学汉语》，成为当地公立中学统一教材；志愿者教师与本土教师合作编写教材《法汉翻译》，孔子学院与当地武术协会合作出版《中国武术——体育运动还是宗教》等。⑤

尽管如此，喀麦隆对汉语教材的需求仍旧没有得到满足。汉语专业类（针对师范专业和汉语言文学专业）、汉语通识类（针对大学学分课程、必修课及选修课）、社会培训类（针对社会培训班）和中小学汉语教材需求繁多，各类课程使用的教材以中方教材和自编教材为主，无论在内容、难度还是知识体系上，与培养目标还有相当距离。例如，面向汉语师范专业的课程教材从横向和纵向上都很难形成相互贯通的语言知识体系。另外，虽然喀麦隆是双语国家，但其10个大区中只有2个大区是英语区，其余为法语区。而汉语教材却以英

---

① 袁法森.喀麦隆汉语国际教育研究[D].浙江师范大学，2013.

② 雅温得第二大学孔子学院成功举办喀麦隆首届本土汉语教师教材培训[EB/OL]. http://www.hanban.org/article/2012-09/28/content_462643.htm. 检索于2019年8月5日。

③ 孔福泽（Feuba Hermann）.《新实用汉语课本》（一）与《你好，喀麦隆》的编写比较分析[D].北京外国语大学，2016.

④ Chi Derek Asaba.对外汉语教材翻译中的转换策略——以《你好，喀麦隆》为例[D].上海外国语大学，2018.

⑤ 小花（Ketchiemen Tayi Michelle Vanessa）.喀麦隆雅温得第二大学孔子学院（Douala部门）的汉语教学情况调查[D].广东外语外贸大学，2018.

语注释为主,法语注释的教材凤毛麟角。教材问题不仅给教师造成压力,对于不同口径的汉语教学也造成了一定的障碍。[①]

随着汉语逐渐成为喀麦隆外语考试的重要部分,汉语将会更好地融入其国民教育体系,在其外语教育中展现出越来越重要的作用。同时,喀麦隆的汉语教学和教育资源也将越来越规范化、体系化,进入可持续发展的良性轨道。

二、肯尼亚内罗毕大学孔子学院

肯尼亚内罗毕大学孔子学院是非洲首家孔子学院,曾连续6次获得"全球先进孔子学院"荣誉或"示范孔子学院"称号,成为中国与非洲教育合作交流的范例以及"讲好中国故事""中华文化走出去"的重要窗口。中、肯双方承办院校密切合作,经过13年的努力,成功推动汉语进入大学正式专业课程,建立了本硕博汉语专业人才培养体系,形成了规范完善的教学管理体系,成为首个通过"ISO9001"国际质量认证的孔子学院。

孔子学院起初只提供各类汉语培训课程,学习成绩不计入学分。经过不懈努力,内罗毕大学于2009年开设汉语本科专业,拥有本科学位授予权,其他专业学生选修汉语课的学分也计入总学分之中。这使汉语获得了学位课程的地位,不仅在肯尼亚,在整个非洲乃至全球范围内都属于较早推动汉语进入当地国民教育体系的标志性成果。与法语、阿拉伯语专业每年招生规模仅在10人以内的情况相比,内罗毕大学的汉语专业每年平均招生25人,已达到了非常稳定而成熟的培养规模。2015年,肯尼亚课程发展委员会(KICD)与内罗毕大学签订合作协议,规定由内罗毕大学孔子学院协助开发基础教育阶段4至7年级的汉语课程。此外,根据肯尼亚课程发展委员会2016年所公布的全国汉语教学需求调查报告,肯尼亚民众对汉语教学的需求超过预期。当年,委员会就规划从小学4年级开始将汉语设定为外语选修课程,并在全国选定16所中小学进行实验性教学。这意味着汉语将成为肯尼亚基础教育阶段的外语选修课,

---

[①] 徐永亮. 喀麦隆汉语推广的现状、问题及应对策略 [J]. 浙江师范大学学报(社会科学版),2016,41(02):97-100.

与法语、德语一样成为基础教育课程体系的一部分。[①]

三、赞比亚大学孔子学院

2010年7月26日,由中国河北经贸大学与赞比亚大学联合承办的赞比亚第一所孔子学院——赞比亚大学孔子学院(以下简称赞大孔院)正式成立。2010年9月,赞大孔院面向学校学生和教职工开始招收第一批汉语培训班学员。[②]截至2015年,以赞大孔院为中心,全国已经建立了18个汉语教学点,开设了各种类型的汉语课及中国文化课,学生总数已达7 200多人,教学成绩显著。

赞大孔院在推动汉语纳入国民教育体系中做出了重要贡献,一是推动汉语纳入公立大学和中学教育体系,二是促成汉语列入中学课程大纲考试体系。在中外合作院校和孔子学院的共同推动下,赞比亚大学学术委员会通过决议,从2013年新学期开始,将汉语正式纳入赞比亚大学教育体系。同时,赞大孔院也积极推动穆隆古希大学、铜带大学等其他高等院校汉语教学的发展,将汉语纳入赞比亚公立大学教育体系,实现了汉语教学稳步、规范发展。在孔子学院总部支持下,赞大孔院还与赞比亚教育部合作,在赞比亚全国10个省各遴选出1所中学作为试点,开展基础教育阶段公立学校的汉语教学项目。该项目从2014年1月开始正式授课,这意味着汉语被纳入了赞比亚公立中学教育体系。

在此影响下,赞比亚教育部2014年发文,要求全国所有公立学校都要开设外语课程,并将汉语、法语、葡萄牙语3种语言纳入必修课程体系。[③]2015年,赞比亚将全国汉语统一考试(ZNCT)列入中学课程大纲考试体系。[④]2017年9月22日,赞大孔院组织下设的11个中学教学点进行赞比亚全国九年级汉语

---

①④ 杨薇,翟风杰,郭红等.非洲孔子学院的语言文化传播效果研究[J].西亚非洲,2018(03):140-160.

② 陈方舟.赞比亚汉语教学研究[D].黑龙江大学,2011.

③ 潘雅,张金晓.用热爱与坚持铸就中赞友谊的桥梁——访赞比亚大学孔子学院中方院长何懿[J].世界教育信息,2015,28(18):52-56.

统一考试，共有414人参加了考试。① 期间，孔子学院总部对此项工作予以大力支持，先后派遣浙江师范大学、华东师范大学、北京师范大学专家前往赞比亚协助赞比亚大学、赞比亚教育部制定汉语教学大纲、修订汉语教材。

四、坦桑尼亚的孔子学院

坦桑尼亚建有达累斯萨拉姆大学孔子学院（以下简称达大孔院）和多多马大学孔子学院（以下简称马大孔院）两所孔子学院。达大孔院自2013年成立至今，已建有二十多个汉语教学点，分别在坦桑尼亚东部、西部、南部省的大学、中学和小学开设了汉语课。为严把教学质量关，达大孔院制定了小学1至7级，中学1至6级和大学初、中、高级的汉语教学大纲，所有教学点都统一依据孔子学院制定的教学大纲，使用孔子学院指定的教材，按规定完成相应级别的教学内容，并采用孔子学院专业人员编写的试题进行考试。相同级别的教师间有一个良性的互动和竞争机制，极大地提高了汉语教学质量。② 孔子学院向达累斯萨拉姆大学申请的汉语专业、汉语和英语教育专业、汉语和斯瓦希里语教育专业在2016年获得达累斯萨拉姆大学校务委员会、坦桑尼亚大学委员会审核通过，并于2018年下半年正式招生。这是坦桑尼亚首个汉语专业。

自2014年秋季马大孔院开设汉语专业以来，人文社会科学学院将汉语纳入其学分教学管理系统，标志着汉语课程正式获得多多马大学认可。在商学院的部分专业中，汉语已取代法语成为专业必修课之一。该大学下设的莫罗戈罗穆斯林大学汉语教学点还设有语言翻译本科专业，汉语是唯一的专业方向，每学期开设3门汉语课程；其教育专业的学生可选择汉语作为辅修方向，每学期可选择两门汉语课程。在立足汉语教学长远发展的目标下，马大孔院积极辐射周边院校和社区，目前已在2所大学、3所中学、坦桑尼亚武术协会和服务社会大众的坦中促进中心建立了教学点。学院开设的课程分为学分课程和非学分

---

① 赞比亚大学孔子学院组织赞比亚全国九年级汉语考试[EB/OL]. http://www.hanban.org/article/2017-10/09/content_700585.htm. 检索于2019年8月5日。
② 张笑贞，吴强. 非洲汉语教学问题探讨——以坦桑尼亚达累斯萨拉姆大学孔子学院为例[J]. 浙江师范大学学报（社会科学版），2018，43（06）：83-88.

课程两类。学分课程即学历教育必修课，主要针对多多马大学在校生，毕业后可获得多多马大学颁发的学位。学分课程又分为专业必修课和专业选修课。专业必修课面向汉语专业的学生，这些学生需要学习孔子学院开设的所有汉语课程，毕业后即可拿到汉语学士学位；专业选修课指的是选择一两门汉语课作为自己的选修课程，学习结束可获得学分。非学历课程主要包括 HSK 辅导、短期班、中学班等，完成课程后会获得由孔子学院和多多马大学共同颁发的课程学习证明书。①

2015 年，孔子学院总部与坦桑尼亚教育部合作开展中学汉语教学大纲编写工作，同年坦桑尼亚教育部宣布将汉语纳入坦桑尼亚国民教育体系中，并将多多马中学、KIWANJA 中学等六所中学作为试点开展汉语教学。② 目前，坦桑尼亚已经有部分中学开展全国统一的汉语考试，其命题工作由达大孔院教师与坦方专家负责。

【小结与思考】

非洲国家的汉语教学起步比较晚，基础相对薄弱，孔子学院发挥了引领作用。2013 年以来，在孔子学院推动下，喀麦隆、南非、乌干达、赞比亚、坦桑尼亚、马达加斯加、毛里求斯等国先后制定并颁布了中小学汉语教学大纲。各国孔子学院均深度参与全国统一的汉语考试命题，以及开发和编写符合该国学历教育体系特点的教材。非洲各个大学汉语专业教学大纲的制定，多数由孔子学院主导。非洲孔子学院努力推动汉语进入非洲当地国民教育体系且成为独立专业和学分课程，通过政策和法规形成了从学前教育、基础教育、职业教育到高等教育的完整汉语教学体系。很多非洲孔子学院协助所在大学开设了汉语本科专业、汉语师范专业或汉语硕士专业及相关课程。在部分非洲国家，孔子学院的汉语教学延伸到了中小学。整体上看，非洲孔子学院在推动汉语融入所

---

① 任艺. 坦桑尼亚多多马大学孔子学院汉语推广情况调研报告 [D]. 广西师范大学，2015.
② 王文宇. 坦桑尼亚学生汉语学习动机调查研究 [D]. 郑州大学，2017.

在国国民教育体系的过程中涉及的教育层次日益全面，拥有一定的教学大纲和标准的制定权，开设课程类型日趋多样。

随着越来越多的非洲国家把汉语纳入其国民教育体系，汉语国际推广与中华文化的海外传播迎来了新的发展契机，但同时也面临着新一轮的挑战：一是相关课程标准需要进一步统一。就入门的基础汉语培训课程而言，仅喀麦隆、尼日利亚、科特迪瓦、塞拉利昂四国孔子学院就采用了《新实用汉语课本》《跟我学汉语》《汉语入门》和《汉语会话301句》四种不同的教材，培训课程遵循的标准更不明确；其他非学分课程、文化课程的教材使用情况则更为复杂多样。二是教学质量控制体系需要进一步完善。撒哈拉以南非洲国家多数孔子学院的教学质量控制、评价正处于起步阶段，该区域很多孔子学院具有"一院多点"的布局基础，但教学类型多样、教材繁多[1]，并未形成比较完善的教学质量控制和评价体系。以浙江师范大学在非洲运营的三所孔子学院为例，除坦桑尼亚达大学孔院明确提出"统一大纲、统一教材、统一进度、统一命题"[2]，并在此基础上进行教学质量评价之外，其他孔子学院尚未有类似举措。三是汉语师资队伍、教学大纲等建设需要进一步加强。如加纳大学、喀麦隆马鲁阿大学两校中文系均于2010年前后创办，之后虽然招生人数一直稳步增加，规模在校内语言系中名列前茅，但目前两校课程大纲也已多年未修订，教材均是中方教师根据其需求在中国国内现有教材中选定的；根据笔者调研，加纳大学中文系2018年入学新生达200余人，但全系仅有两位由国家汉办派遣的中方教师和两位加方教师，他们均已超负荷承担了教学工作，平均教学量已达每周25课时。[3]

在继续发挥汉语国际教育与中华文化推广作用的同时，非洲孔子学院应适当调整，逐步完善与所在地国民教育体系中的汉语教学和汉语考试的专业对

---

[1] 根据孔子学院总部官方微信2018年8月31日的报道，非洲孔子学院（课堂）开发适应当地教学大纲和考试标准的本土化教材193种，如加上原有中国国内开发的各类教材，品类更为繁多。

[2] 张笑贞，吴强.非洲汉语教学问题探讨——以坦桑尼亚达累斯萨拉姆大学孔子学院为例[J].浙江师范大学学报（社会科学版），2018，43（06）：83-88.

[3] 包亮.撒哈拉以南非洲孔子学院课程体系现状分析及建议[J].国际汉语教育（中英文）.待刊发。

接，进一步融合发展，健全汉语国际教育的规范和标准，提升汉语教学质量。具体而言，须逐步完善课程的标准化和规范化，根据不同国家汉语学习者的特点和当地学校教育的不同情况，协助当地教育系统编写符合汉语学习规律的教材，协助将汉语纳入统一考试科目的国家制定汉语统一考试标准。积极探索与海外汉语教育机构、学校系统合作的新模式，解决各国汉语师资不足问题。大力招募由我国培养的汉语师资储备人才，同时加大汉语国际教育专业博士等培养力度培养专业本土人才，形成汉语本土师资的领军队伍。

总之，汉语被纳入多国国民教育体系，有利于汉语在海外的推广和中华文化的进一步传播。在新形势下，汉语国际教育工作也面临着机遇与挑战，只有适应新形势、新发展、新要求，才能继续扩大中华文化在异域差异性的文化语境中的传播面与影响力。①

第三节 孔子学院与本土师资教育

师资本土化是孔子学院本土化、融入所在国的重要内容，加强汉语师资本土化建设是汉语国际传播事业发展的必然选择。目前非洲汉语师资主要由中国公派教师、本土教师和志愿者汉语教师组成，三者比例约1∶1∶2。其中，本土师资十分紧缺，且以兼职教师为主，这在一定程度上影响了非洲汉语教学的发展。因此，加强本土汉语师资培养已经成为非洲汉语教学的重要工作。该项工作主要可分为学历教育和在职培训两类。

一、学历教育

培养本土汉语师资是保障非洲汉语教学可持续发展的重要内容。本土汉语师资是指能够适应非洲地区汉语教学需求并能长期从事汉语教学及相关工作的当地汉语教学人才。学历教育是师资培养的主要手段，可以通过在高校开设汉语专业或者汉语师范专业进行针对性培养，分为本科、硕士、博士三个学历

---

① 黄彩玉.汉语纳入多国国民教育体系之后[N].光明日报，2019-01-12（12）.

层次。目前来看，这种培养方式主要以中国高校培养为主，辅之以非洲高校独立培养和中非联合培养。

（一）在华培养

在华培养是非洲本土师资教育的主要模式，在政策和教育资源支撑上具有强大优势。2009年，孔子学院总部/国家汉办设立孔子学院奖学金，资助来自世界各国的孔子学院（课堂）学员、本土汉语教师和大学中文专业学生等来中国有关高校攻读汉语国际教育专业学位。2018年，国内110所高校面向全球招收1 183名留学生来华攻读汉语国际教育专业硕士[①]，其中很大一部分来自非洲，有力地促进了非洲本土师资的发展。据相关学者调研，非洲孔子学院奖学金生相比其他地区的学生对留学中国的机会更为珍惜，态度更为积极认真，也取得了更为优良的成绩。[②]

中国高校师资培养具有统一的专业支撑、配套的学科体系和专业人才培养队伍。截至2018年，已经有384所高校开设汉语国际教育本科专业[③]，147所高校开设汉语国际教育硕士专业[④]，形成了较为强大完备的学科体系。在面向非洲留学生的汉语国际教育上，北京语言大学、浙江师范大学、华南师范大学等高校具有一定的代表性，它们在长期发展中积累了较为丰富的经验，建立了比较完善的培养体系，凝聚了相对雄厚的培养实力。同时，中国高校培养得到了国家汉办的大力支持，建立了专门面向非洲地区汉语教育事业的专业化、系统化的高层次智库和研修中心。

浙江师范大学自2009年起培养汉语国际教育硕士，其中招收的非洲国家学生占一半以上，成为培养非洲本土汉语教师的重镇和典范。该校提出了涉非汉语国际教育硕士培养的三大核心问题：一是学什么、掌握什么，即培养的基本规格和目标要求；二是如何帮助学生取得学习成果，即实现目标要求的过程

---

① 数据来源：孔子学院总部/国家汉办。
② 郑崧.孔子学院奖学金项目非洲地区评估报告[J].汉语国际教育研究，2018（01）：217 227.
③ 宁继鸣.汉语国际教育："事业"与"学科"双重属性的反思[J].语言战略研究，2018，3（06）：6-16.
④ 孔子学院年度发展报告（2016）[M].孔子学院总部/国家汉办，2016.

及评价方式;三是如何保障高层次本土师资培养提质增量并获得可持续发展,即有效持续和改进问题。建构了"容·和(即:包容理解,和而不同)"理念引领下的6C和五通人才培养模式,以及中非联动的汉语国际教育硕士可持续发展机制。为了寻求多样性与同一性的平衡,培养高质量、高层次的汉语师资,该校将"容·和"作为人才培养的理念,既尝试中国学生和非洲学生之间的趋同化培养,又保持多元文化的独特魅力、面向不同语言文化进行差异化培养,探索出了"容·和"理念引领下的6C中国汉硕培养模式、五通本土汉硕培养模式。"6C"即"Chinese(汉语积累)、Culture(文化沉淀)、Communication(沟通交流)、Comparison(比较融合)、Compassion(非洲情怀)、Community(非洲责任)"六项综合素养,"五通"即语言畅通、文化会通、情感相通、专业精通、领域贯通五项毕业要求。为了使非洲本土汉语师资提质增量、实现可持续发展,探索了"学历直通+职后培训+中非联动"的可持续良性机制,即中非联合开展"本土/在华师范本科""在华汉语国际教育硕士""在华相关专业博士"的学历直通教育,中、非学生在非任教联合推动本土师资培养。该校为非洲喀麦隆、埃及、莫桑比克、坦桑尼亚、加纳、贝宁、苏丹、毛里塔尼亚、塞拉利昂、尼日利亚、索马里、多哥等十余国培养了一批卓越的非洲本土汉语教师、非洲国家汉语教育规划者和杰出的非洲研究者,例如为喀麦隆教育部培养了汉语总督学、中等教育部督导,为非洲研究院培养了三名来自索马里、尼日利亚、喀麦隆的外籍研究员,其中一人身兼索马里总统顾问之职,这些学生都为汉语文化传播做出了重要贡献。

(二)非洲高校独立培养

随着孔子学院在非洲不断发展,非洲高校也在通过设置汉语专业或汉语师范专业开展本科和研究生学历教育,培养本土汉语教师。在中国国家汉办和相关高校的合作支持下,非洲高校独立培养本土汉语教师的机构在不断增加,涌现出了一批汉语师范专业,在一定程度上缓解了本土教师短缺的压力,为培养合格优秀的本土汉语教师贡献了重要力量。

喀麦隆雅温得第二大学孔子学院(以下简称雅二大孔院)于 2008 年与马

鲁阿大学高等师范学院（以下简称马鲁阿高师）正式签订合作协议，以该学院为依托单位，共同设置三年制汉语言文学师范专业（DIPES I，即第一阶段，相当于本科），并且于 2009 年正式招收第一届学生。2012 年，喀麦隆中等教育部把汉语纳入国民教育体系，从马鲁阿高师毕业的首批 14 位本土汉语教师被分配到全国各省会城市的中学教授初中阶段的汉语。2014 年，马鲁阿高师增设 2 年制汉语言文学师范专业硕士（DIPES II，即第二阶段）。同年，马鲁阿高师和高教部合作，开始招收 5 年制硕士生。2015 年，在孔子学院与中方合作院校共同努力下，马鲁阿高师汉语师范专业成为首批所在国合作院校与孔子学院总部共建的师范专业，2016 年 6 月首批 14 名汉语师范专业硕士学位毕业生举行论文答辩并均顺利通过。①

雅二大孔院汉语言文学师范专业的建设是一个相当成功的案例，在喀麦隆汉语教学本土化进程中，起着不可或缺的承前启后的作用。马鲁阿高师是中西非地区唯一一个汉语师范专业教学点，也是喀麦隆中学汉语师资培养的重要基地，经过 10 年的发展，一共培养了 300 多名本土汉语教师。该专业的设置离不开雅二大孔院的支持和推进，在充分整合雅二大孔院和马鲁阿高师优势资源的基础上，致力于培养本土汉语教师，为喀麦隆汉语教学事业提供优质师资支持。在喀麦隆政府政策的支持下，汉语师范专业的毕业生享受国家公务员的待遇，由政府分配到全国各地的中学任教。该专业还注重本土师资的可持续发展，为喀麦隆汉语教育事业培养和储备高层次汉语人才，其成功经验可供其他师范院校开设汉语专业提供参考借鉴。

（三）中非联合培养

为扩大本土师资培养规模，孔子学院总部/国家汉办还采取了与孔子学院所在大学合作设立汉语师范专业的方式，并提出具体的资助办法。②

中非联合培养以"非洲本土培养+来华培养"为主要模式，汉语专业或

---

① 徐永亮. 汉语教育受欢迎 [J]. 中国投资，2017（20）：49-51.
② 与外国高校合作设立汉语师范专业资助办法 [EB/OL]. http://www.hanban.org/teachers/sfzz.htm. 检索于 2019 年 8 月 5 日.

者汉语师范专业的学生在非洲学习几年之后，再来中国学习几年，根据中非两国的协议，取得非洲大学的单文凭或中非两所大学的双文凭。

在博茨瓦纳大学孔子学院（以下简称博大孔院）的支持下，博茨瓦纳大学尝试与中国高校合作培养本土汉语教师。博大孔院自2009年7月正式运作之初，就积极推动博茨瓦纳大学设立中文本科专业。2010年3月，该校成立中文专业筹备委员会，孔子学院教师受邀参加，具体负责设计该专业汉语课程的教学大纲，并参与讨论整套培养方案。2011年8月，博茨瓦纳大学正式开设中文专业并开班上课，首届20名学生开始了他们为期4至5年的专业学习，截至2015年，共招收200名学生。[①] 按照专业培养计划，学生在本国进行3年中文课程学习之后，一般会去中国实习1年，以加强对中国历史文化的了解，提高跨文化交际能力。博茨瓦纳大学中文系的毕业生要求修满122个学分，其中去中国实习占30个学分。但由于资金缺乏，该项目目前处于停顿状态。

从本土化建设来看，中非联合培养应该成为本土汉语教师培养的重要途径之一，其培养的师资既了解本土汉语教学的实际情况，又具有留学中国的切身体验，这些优势都是其他两种模式所不具备的。然而，从现实情况看，该培养模式推进情况不甚理想，如何克服合作双方在经济、文化等方面的阻碍，以延续这种模式或者促成更多合作项目，值得我们进一步思考和讨论。

二、在职培训

在职培训是面向在职汉语教师开展的短期岗位培训，是一种非学历教育，包括当地培训和来华培训两种。

（一）当地培训

当地培训是在非洲当地对汉语教师进行的培训，可分为孔子学院自组织、孔子学院与当地政府合作、孔子学院与总部合作等形式。其中，双方或三方合作是最常见和最有效的方式。与来华培训相比，当地培训针对性更强，往往针

[①] 马奕男. 博茨瓦纳大学中文专业课程设置调查与分析 [D]. 上海师范大学，2016.

对教学过程中普遍存在的问题进行培训，组织方式比较灵活分散，内容侧重汉语知识和汉语教学技能方面。

在乌干达教育与体育部的支持下，经孔子学院总部批准，麦克雷雷大学孔子学院于 2018 年 3 月启动了成规模、集中封闭式的"乌干达本土汉语教师培训项目"，即"母鸡工程"。由乌干达教育与体育部从在职中学教师中选拔 100 名愿意从事汉语教学的教师（分三期培训，第一期 35 名，第二期和第三期各 30 名），到指定地点进行全日制封闭式培训 9 个月，最终达到 HSK 三级或四级水平，掌握基础汉语知识，具有中级汉语听、说、读、写能力和一定的汉语教学技能，并具备在乌干达中学从事汉语教学的能力。培训结束后，这些教师会回到各自学校从事 3 年以上的汉语教学。该项目第一期于 2018 年 3 月 24 日启动，12 月 20 日结束，共计 270 天。从第一期培训结果来看，该项目计划进展顺利，圆满达到了培训目标，并得到中乌双方的积极肯定。该项目课程包括汉语综合课、听力课、口语课、汉字书写课和中国文化课五大部分，培训教材选用了北京语言大学出版的《新实用汉语课本》，培训分为基础汉语语言知识学习阶段，系统汉语语言知识学习和课外实践阶段，汉语知识巩固、理论和实践相结合阶段，模拟授课、课堂教学管理培训等四个阶段。中国驻乌干达大使馆、孔子学院总部、乌干达国家课程开发中心（NCDC）、麦克雷雷大学孔子学院和鲁杨子中学作为本项目的参与主体进行合理分工，充分发挥了自身的专长优势，为项目的成功举办提供了保障。中国驻乌干达大使馆从项目策划开始就给予有力支持，曾特地致函孔子学院总部要求支持开办本土汉语教师培训项目，驻乌大使郑竹强亲临第一期培训班的结业仪式并发表讲话，强调本土汉语教师为减少中乌交流的语言障碍发挥了有效作用。麦克雷雷大学孔子学院和乌干达国家课程发展中心熟悉当地汉语师资情况，具有全程在场的地理优势和调动当地教育资源的优势，负责制定了详细的培训计划和管理制度，对受训学员进行严格选拔和管理，并对项目进行全程管控。国家汉办专家团队具有丰富的专业知识和合理的评审机制，负责项目教学培训大纲的制订、中期检查和项目总结，并派遣四位培训教师进行具体课程培训。鲁杨子中学在麦克雷雷大学孔子学院场地无法满足培训要求的情况下，承办了培训项目，并为项目提供了安全、稳定、可靠的后勤支持。

参训学员在经过 11 周的汉语学习后，全体通过 HSK 二级考试；21 周后，全体通过 HSK 三级考试；33 周后参加了 HSK 四级考试，其中 29 名学员通过考试，通过率达 87.8%。参加培训后的学员纷纷表示对该项目的认可，有的学员认为"中文难学的是汉字书写、声调以及量词的使用。在掌握一些规律后，我发现中文变得越来越有意思了"。有的学员表示"虽然学中文不容易，但经过 9 个月的不懈努力，我们的汉字写得越来越好，中文也说得越来越流利了"。在结业式上更是壮志雄心地发言道"我们已经做好了回各自学校教中文的准备。相信不久，中文教学将在乌干达全国各地的中学铺展开来"。乌干达国家课程开发中心主任巴谷玛女士表示，"预计 4 年后，将有 6 万多名乌干达学生会说中文"。乌干达议长卡达加通过其特别代表、总统事务部长姆巴约在结业仪式中高度评价了乌干达本土汉语教师培训项目的积极意义，认为在乌普及汉语教学对于推动乌中合作全面深入发展具有重要意义，可以增进乌中了解和友谊，特别是在贸易投资、社会交往等方面获得更好的机遇。

埃及开罗大学孔子学院是由开罗大学与北京大学合作创办的汉语教学与中国文化推广的机构，是埃及乃至北非地区建立的第一所孔子学院，也是阿拉伯地区办学规模最大的孔子学院。作为汉语本土师资培养培训的重镇，该院多次召集本土汉语教师开展培训会议，邀请来自北京大学、北京外国语大学以及当地院校知名教师从教法、教材等多方面对本土教师开展系统培训。埃及汉语教学法研讨会是该院自创办以来就积极推行的活动，旨在提升埃及地区本土汉语教师的汉语教学水平，促进中国汉语教师和当地汉语教师的交流互动，目前已经举办过 9 届。来自开罗大学、艾因夏姆斯大学、爱兹哈尔大学、苏伊士运河大学、法鲁斯大学、哈勒旺大学等高校中文系和孔子学院的几百名教师曾参加研讨会，会议涉及汉语教学理论、文化教学、汉字教学、高级阶段汉语课堂教学、商务汉语教学、HSK 辅导课的课堂教学设计、阿拉伯语母语者汉语习得研究等多方面内容[①]，研讨形式既注重内容讨论又强调实际操作。其中，

---

① 开罗大学孔子学院举办第五届埃及汉语教学法研讨会 [EB/OL]. http://www.hanban.org/article/ 2014-12/24/content_567884.htm. 检索于 2019 年 8 月 5 日。

2015年第六届埃及汉语教师教学法研讨会在形式上进行了重大调整,从内容讨论转向更多的实际演练和具体教学法的操练与探讨。会场再现真实课堂教学,对此进行小组讨论、点评,最后大组汇报,展示成果,总结经验。① 这种形式有效提升了研讨会成效,切实提高了本土汉语教师的教学水平。除了对埃及本土汉语教师进行培养培训之外,开罗大学孔子学院还努力促进阿拉伯地区和非洲本土汉语教师的培养培训。2015年9月,该院在总部"专家组赴国外培训本土汉语教师项目"的支持下,成功举办了"阿拉伯地区本土汉语教师培训会",第一次将师资培训的范围从埃及扩大到整个阿拉伯地区,向着将自身打造为"阿拉伯及非洲地区本土汉语师资培训中心"的目标迈出了实质性的一步。② 目前,地区培训会已经举办过4届。

此外,开罗大学孔子学院还先后举办了一系列会议:首届埃及本土汉语教师教材培训班、埃及本土汉语教师培训会、首届中埃沉浸式教学法和网络课程制作工作坊、开罗大学汉语教学经验暨开罗大学孔子学院5—10年发展设想研讨会、首届埃及汉语教材使用及编写研讨会、中阿文明对话——语言文化国际研讨会等,进一步提升了该院在本土师资培养培训中的地位和作用。此外,孔子学院还曾深入当地中文学校,帮助本土教师提高汉语教学水平。2012年3月,埃及开罗大学孔子学院派出了两位经验丰富的汉语教师来到埃及中埃友好示范学校,就具体的课堂教学方法和教学策略对该校本土教师进行了两天的培训,受到教师们热烈的欢迎。③

(二)来华培训

来华培训是指在中国对非洲本土教师开展的针对性培训,是提高本土师资教学水平的重要方式之一。来华培训具有目的语环境的天然优势,有较为强

---

① 开罗大学孔子学院举办第六届埃及汉语教师教学法研讨会 [EB/OL]. http://www.hanban.org/article/2015-12/24/content_628175.htm. 检索于2019年8月5日。
② 周啸生. 埃及开罗大学孔子学院汉语教学本土化研究 [J]. 海外英语,2018(02):152-153.
③ 开罗大学孔子学院赴中埃友好示范学校培训本土教师 [EB/OL]. http://www.hanban.org/article/ 2012-03/23/content_421169.htm. 检索于2019年8月5日。

大的师资培训团队和系统的配套教学资源做支撑，培训内容更加强调来华非洲教师对当代中国的体验和感知。

浙江师范大学孔子学院非洲研修中心连续4年承担非洲国家本土汉语教师来华研修班培训工作，是目前孔子学院总部/国家汉办设立的唯一一个专门针对非洲国家本土汉语教师的汉语国际推广基地。该中心立足本校对非研究特长及对非汉语推广优势，结合非洲本土汉语教师的自身特点，对非洲国家本土教师的汉语教学能力、课堂管理能力等进行全方位培训，同时加强其对中国的了解与认识。主要特点如下：

在培训体系方面，培训前调查情况——培训中针对性解决问题——培训后跟踪服务，不仅围绕非洲国家汉语教学的共性问题进行针对性培训，还根据不同国家的特性问题组织专项的国别化培训，兼顾普遍性和特殊性。同时，中心具有专业的培训师资，研修班的管理团队和带班培训师均具有丰富的对非在非汉语教学及非洲孔子学院工作经验。例如2018年邀请了非洲喀麦隆马鲁阿大学汉语师范专业主任、获得"全球孔子学院先进个人"称号的专职教师担任该班实训导师，邀请汉语教学、非洲研究、国内语言政策、跨文化交际等领域知名专家开设名师讲座。

在培训内容方面，安排学员参观了解非洲博物馆、非洲研究院，使用非洲特色数据库等开展常规的语言和文化教学，还开设了中非教育合作、中非合作专题、中非影视对比等特色课程，以增强非洲本土汉语教师对新时代中非合作、中非关系的正面认识。专门邀请即将赴非的公派汉语教师与非洲来华的本土汉语教师进行专场交流，搭建中非双方汉语教师沟通交流的平台，帮助双方在共同学习中互通有无、互相促进并建立感情。

本土培训和来华培训具有不同的优势和特征。本土培训能够有效整合海内外汉语资源，增强海内外汉语教学机构协调发展的联动性，提高师资培训的针对性和精准性，推动区域师资建设，促进区域汉语教学的整体发展，引起所在国家对汉语师资培养的关注和重视，同时也能在一定程度上减少培训经费。本土培训具有更大的灵活性，能够更迅速方便地聚集师资进行集中培训，其规模可大可小，形式多样，可以形成一个周期稳固且相对比较完整的师资培训生态系统。而囿于距离等原因，来华师资培训通常是一次性的，规模较大，模式较为固定。与本土培训相比，来华汉语师资培训能帮助教师融入真实的汉语环境，提高汉语学习的效率，并有机会感知中国的人文环境。

【小结与思考】

与中方教师相比，本土汉语教师在教育内容的熟悉和驾驭、教育资源的占有和支配上更具优势。有恒业者有恒心，本土教师队伍的长久与稳定是教学水平不断提升，文化种子扎根于本土、结果于未来的重要基础。[①]

随着孔子学院在非洲的发展，非洲汉语教学水平得到迅速提高。通过与所在高校合作建立中文专业、培育本土汉语教师、制度化组织培训等举措，孔子学院有效提升了本土汉语教师的专业水平和职业能力。目前来看，非洲本土汉语教师的培养培训虽然取得了一定成果，但还存在以下问题：

一是本土教师的培养培训主要以中国为主导，非洲本土尚未形成较为完善的培养培训体系和配套资源，不能实现自给自足，也尚未形成自己的特色。

二是本土汉语教师存在数量不足、质量不佳、布局不平衡等问题，中非经贸往来的不断发展激发了旺盛的汉语需求，但教师短缺尚不能对需求做出回应。随着非洲汉语学习者增多，师资缺口还比较大。教师数量不足，质量也不容乐观，听说读写技能和理论知识都有欠缺。优秀的教师也通常聚集在大都市和繁华的城市，经济欠发达地区的汉语教学通常因为师资缺乏而无法展开。

三是本土汉语教师培养多以非定向培养为主，容易出现专业和职业不统一的问题。受经济利益的影响，很多学生毕业后偏向于选择工资水平更高的外贸、翻译等工作，毕业后真正从事或长期从事汉语教育的人并不多，这在一定程度上影响了本土汉语教师队伍建设的可持续发展。另外，现有培养培训模式花费大量的时间学习理论，到毕业前夕甚至是毕业后才有机会实习。由于实战经验太少，这些学生毕业后的岗位胜任力欠佳，面对实际教学中的复杂问题往

---

① 赵屹青.非洲汉语教学师资本土化培养的思考——以埃塞俄比亚职业教育孔子学院为例[J].吉林广播电视大学学报，2018（05）：77-79.

往束手无策。

随着中非合作的进一步深化和拓展，对优秀汉语人才的需求量会逐渐增多，汉语学习需求将会进一步扩大，本土汉语教师的培养培训问题将会成为影响非洲汉语教学乃至经济繁荣发展的重要因素。鉴于此，我们认为应该"密切联系非洲国家，做好非洲本土汉语师资的中长期规划，加大非洲本土汉语师资队伍的建设，帮助非洲国家开设汉语专业或汉语师范专业，扎实开展本科学历教育和研究生学历教育；依托各国孔子学院开展本土汉语教师的职业培训，进一步提高本土汉语教师的汉语水平和汉语教学能力；建议孔子学院总部在非洲地区建立4至5个汉语教师教育基地"。① 在教师培养培训中，应该采取"反思渐进"的师资培养新模式，由理论到实践，再由实践到理论，周而复始，螺旋上升，不断反思回顾，以提升储备师资的实践能力。②

第四节　孔子学院与当地企业合作

鼓励孔子学院与企业合作是近年来孔子学院总部积极推动的一项重要工作，是孔子学院实现可持续发展的路径之一，也是孔子学院与企业之间实现互利共赢的一种办学模式。近几年，一些社会资本、中资企业等也进入了孔子学院公共文化服务体系建设的行列。2018年第十三届孔子学院大会期间，17家企业与孔子学院总部/国家汉办签订战略合作协议，成为全国首批孔子学院合作伙伴。对院企合作模式的总结分析有利于孔子学院可持续发展，这也引发了众多研究者的关注，其中郑崧在《孔子学院发展中的院企合作：模式、动机与基础》一文中对院企合作模式进行了较为科学的总结概括，本节以此为鉴，将院企合作分为共建孔子学院模式、战略合作模式和奖学金模式三种类型，在此基础上对相关案例展开分析。

---

① 徐丽华. 论非洲本土汉语教师培养模式[J]. 汉语应用语言学研究, 2014 (01): 176-184.
② 赵屹青. 非洲汉语教学师资本土化培养的思考——以埃塞俄比亚职业教育孔子学院为例[J]. 吉林广播电视大学学报, 2018 (05): 77-79.

一、共建孔子学院模式

《孔子学院发展规划 2012—2020》中提到"对于聘用当地员工较多、具备办学条件的大型企业，支持其开办孔子学院"。与中外院校共建孔子学院不同的是，院企共建孔子学院具有以下特征：一是合作主体多元，除了孔子学院总部、教育院校之外，中外企业等积极参与其中；二是共建双方参与度高，企业能最大程度参与孔子学院办学，孔子学院的课程设置、人才培养等可以对口服务企业需求，突出以职业目标为中心的特点；三是办学职业目标明显，以企业直接需求为导向，孔子学院培养的学员能有更好的实践基地和就业空间。

2015年2月，由中资企业参与共建的安哥拉内图大学孔子学院成立，这是安哥拉第一所孔子学院，也是全球第一家由中资企业捐建的孔子学院，由孔子学院总部/国家汉办、安哥拉内图大学、中信建设有限责任公司、哈尔滨师范大学共同创办，开辟了企业深度参与孔子学院建设的先例。

中信建设有限公司作为直接参与者与孔子学院总部签署为期10年的《国际汉语推广战略合作协议》，提供总额达150万美元的资金用于修建500平方米的孔子学院专用校舍，教学楼总建筑面积600余平方米，内含当地语言研究室、图书室及大型多功能厅等，是集教学、会议、活动为一体的多功能教学场所。内图大学孔子学院教学楼于2015年2月奠基，2016年9月顺利落成，为孔子学院开展教学、文化活动和职业培训等提供了良好的基础。同时，内图大学孔子学院的教学与活动也处处折射出院企合作的特色，比如孔子学院设有校外企业培训班。2018年在中信建设有限公司的赞助下，中信建设有限公司的职工和孔子学院学员一起参加了端午节游园及美食品尝活动等。孔子学院在开展汉语教学和文化交流活动之外，还与中资企业合作设立定向培训班，为中信安哥拉百年职校提供专业汉语教学。不仅如此，这一模式还带动了其他在安中资企业和社会团体参与到孔子学院的各项活动和建设中来。安哥拉和平统一促进会、中国铁建、海山集团、广进集团等团体和企业都对孔子学院的建设和发展给予了大力支持和帮助，多方正共同努力将内图大学孔子学院打造成为中安文化交流的桥梁与纽带。

二、战略合作模式

战略合作模式是基于共同利益，充分利用现有教育资源，优化资源配置而进行的一种深度合作，这种合作形式可以获得"1+1>2"的协同效应，进而实现组织间的信息资源共享，节省成本费用。目前，合作主要集中在人才培养和项目两个方面。

（一）人才培养合作模式

人才培养合作模式是指孔子学院以市场需求为导向，以提高学生的职业素养及理论知识理解为目的，以促进学生就业和岗位胜任能力为目标，与人才需求单位合作培养汉语人才的模式。借此，孔子学院向中资企业推介自己培养的人才或者中资企业优先录用孔子学院培养的人才。向中资企业直接推介毕业生，可以扩大毕业生的就业机会，也有助于增强孔子学院的吸引力和影响力。下面以坦桑尼亚和喀麦隆两所孔子学院的案例来呈现该合作模式的特征。

坦桑尼亚达累斯萨拉姆大学孔子学院（以下简称达大孔院）成立于2013年，一共有22个教学点，曾被中国驻坦桑尼亚大使馆评为"2017年度公共外交先进集体"，并荣获"2017年全球先进孔院"和"2017年汉语考试优秀奖"。达大孔院汉语专业于2017年获坦桑尼亚教育部正式批准，并于2018年10月招收了汉语专业学生，首批共99人。与此同时，达大孔院还在人文学院开设了本科英语—汉语师范专业班和汉语大专班。之后，每年将会有一批本土汉语人才持续进入市场，这将有助于缓解中资企业汉语人才短缺的状况。

随着中坦经济往来的日益密切，同时精通汉语和斯瓦希里语的人才供不应求，在坦中资企业更是将孔子学院视为人才库，孔子学院也尝试同企业对接，使其培养的人才适应市场需求。2015年3月，达大孔院与金大地集团开展了本土人才培养合作项目。达大孔院选拔推荐优秀的汉语学员到金大地集团实习。金大地集团为学员提供实习岗位和经费，并为表现优异者提供工作机会。2015年8月，该集团出资18 000美元支持达大孔院的12位优秀学员到中国南京金大地集团进行为期两个月的实习，此后，有8位学员正式成为了金大地集团的员工。

2017年11月,达大孔院与坦桑尼亚中华总商会[①]举行了合作签约仪式,标志着双方建立了正式的深度合作关系。自2013年达大孔院成立以来,中华总商会一直和达大孔院保持密切合作,积极支持孔子学院建设,与孔子学院共同举办过多次大型活动,如中坦人才交流招聘会、中坦足球友谊赛、坦桑尼亚圣诞"华人之夜"大型文艺演出等。

确立正式的合作关系意味着双方将更加精诚合作,利用各方资源。双方的战略合作内容广泛、时间较长,且实现了整体效益的最大化。通过合作,孔子学院得以拓宽资金渠道,提高办学和活动组织的能力,同时也能更好地为企业输送合格人才,实现孔子学院服务中外经贸合作往来的目标。同时,商会能提升其在当地的知名度和影响力,树立良好的社会形象,成为企业获取所需人才的有效渠道。

与达大孔院类似,喀麦隆雅温得第二大学孔子学院(以下简称雅二大孔院)也一直与驻喀中资企业保持着良好的合作关系,实现优势互补。为加强院企合作,雅二大孔院专门建立了汉语人才就业信息发布平台。一是为了更好地服务中资企业,二是为孔子学院学生创造实习及就业机会。2014年雅二大孔院在中化国际、中机、华为、山西建工、华山国际等中资企业建立汉语培训及实习基地,并努力推动与中化国际合作开通"优秀汉语考生就业直通车"。随着企业对汉语人才需求的不断增长,孔子学院在2014年底建立了就业信息平台,定期发布就业信息,每年为当地及中资企业推荐100多人次紧缺汉语人才,得到了用人单位的高度好评。

(二)项目合作模式

项目合作模式秉承项目式、任务式、订单式的合作理念,合作内容明确、时间较短。在这种合作模式下,孔子学院派汉语教师到企业,为企业员工进行

[①] 坦桑尼亚中华总商会成立于2006年,是坦桑尼亚规模最大、影响最深的华人商会之一,一直致力于推动华人企业与坦桑尼亚的官方与民间交往,对坦桑尼亚的企业发展、教育事业、民生事业等都做出了积极贡献。

汉语培训。培训计划、培训时间以及培训内容都根据企业的需要来确定。

2019年4月，赤道几内亚国立大学孔子学院（以下简称赤几孔院）举办了吉布洛水电站首期汉语培训班，是赤几孔院响应孔子学院总部"汉语+"的号召，在赤道几内亚当地中资企业开设的首个培训班，共有30余人参加了培训。吉布洛水电站被誉为赤道几内亚的"三峡工程"，由中国电力建设集团有限公司（简称中国电建）承建。举办汉语培训班旨在有效地提高吉布洛水电站当地工作人员的汉语水平，帮助他们更好地掌握水电站运行知识，为促进赤道几内亚经济社会发展提供强劲动力。孔子学院希望能不断满足企业对汉语人才的需求，增进中赤几员工沟通交流，为推进中非合作"八大行动"添砖加瓦。

2018年10月22日至27日，坦桑尼亚农业技术培训班在莫罗戈罗省（Morogoro）达卡瓦镇（Dakawa）的中国援坦农业技术示范中心举行。培训班以达大孔院为主导，依托中国援坦农业技术示范中心展开，取得了良好的反响。在达大孔院的积极推动下，经过一个多月的宣传准备，来自坦桑尼亚各地的农业领域官员、农业专家、农业技术推广员等25名学员参加了为期一周的农业培训。坦桑尼亚是一个农业大国，全国70%的人都在从事农业生产相关活动，然而其农业技术比较落后，水稻产量较低。中国援坦农业专家具有丰富的技术和经验，但是由于经费不足和语言障碍，推广农业技术有一定困难。为了打破这一障碍，达大孔院和示范中心合作开展农业培训班。孔子学院的中方汉语教师和本土汉语教师为学员们开设农业汉语相关课程、提供翻译服务，帮助学员和专家克服语言障碍，搭建了良好的沟通平台。课程采用理论授课和田间实践相结合的形式，围绕水稻生产的全过程展开，包括中国水稻育种对非洲的贡献、观摩示范中心试验田、水稻高产栽培技术经验交流、机械化生产技术经验交流及实训、水稻病虫害发生特点及防旱技术、水稻存储与加工技术等内容。培训的另一大亮点是农业汉语课程，孔子学院的汉语教师教学员们学习用汉语打招呼，并用汉语说各类农作物、蔬菜瓜果、家禽家畜等名称，使学员们对汉语有了初步的认识，并产生了浓厚的兴趣。培训间隙，达大孔院武术教师带领学员们学习中国武术，感受中国文化魅力。通过为期一周的培训，学员们不仅了解了水稻生产技术，也学习了汉语，体验了中国武术，收获颇丰。达大孔院已与农业示范中心就未来的长期合作达成共识，双方将继续合作开展更为丰富多样的培训，合作出版一系列斯瓦希里语版农业技术教材，将中国农业技术传授给更多的当地人。此外，达大孔院还计划开设线上农业汉语课程，让更多的人有机会、有途径学习农业汉语。此次培训是达大孔院利用"汉语+"模式服务当地社会的又一次成功实践。这种合作模式比较灵活，孔子学院可以随时根据企业需求调整教学内容、教学时间等。

三、奖学金模式

近几年，通过在孔子学院设立奖学金的方式激励海外汉语学习者，成为院企合作的一种重要手段。总体来看，奖学金模式具有以下特征：一是捐资主体主要是在非中资企业；二是合作方式单一，仅限于设立奖学金；三是公益性突出，合作动机和内容都较为简单。

2018年6月，通达集团董事长伦永坤先生以通达集团的名义设立了"孔院 TOMETAL 通达集团励志奖学金"，计划每年向马达加斯加塔那那利佛大学孔子学院（以下简称塔大孔院）捐赠500万阿里亚里，奖励品学兼优、家庭贫困的学生，支持他们完成学业。同时他们也承诺，随着事业的壮大，还会提高捐赠额度。通达集团在塔大孔院建院之初就与之有着良好的合作关系，是塔大孔院新教学楼的主要捐赠者，为改善孔子学院的办学条件做出了重要贡献。设立励志奖学金，目的是要鼓励更多的孔子学院学子学好汉语，成为中马友好交往的使者，发挥中马合作的桥梁作用。①

2018年10月，中非万隆商贸有限公司在达大孔院设立了"万隆奖学金"，每学期评选一次，旨在支持热爱汉语的学生追求他们的"汉语梦"，鼓励优秀学子深入学习汉语和中华文化，推动中坦两国的社会和人文交流。2018至2019学年第一学期，根据学生在汉语考试、文化活动等各方面的综合表现，达大孔院评选出9名优秀学生，这些学生分别获得了18万坦先令至30万坦先

---

① 【华文教育】塔大孔院举办孔院通达集团励志奖学金交接仪式[EB/OL]. http://www.sohu.com/a/240770862_100008363. 检索于2019年8月5日。

令的奖学金。①

【小结与思考】

院企合作办学既能激发企业活力,促进企业发展,也是办好职业教育、培养专门职业人才的重要途径,能有效解决社会、高校及学生发展面临的实际问题。非洲孔子学院注重和当地中资企业开展合作,构建双向共赢的合作机制,产生了积极影响:一方面,院企合作能有效缓解孔子学院建设发展的资金压力,提高孔子学院办学的硬件水平,也使孔子学院容易和国外的教学条件接轨。同时,这种模式也为学院带来了比较稳定的生源。校企双方都有经济投入,因而更加关注办学的经济效益和社会效益。另一方面,非洲孔院为企业提供点对点服务,为企业培育和输送人才,能更好地满足企业的直接需要。

院企合作模式仍有进一步完善的空间,主要集中在以下三个方面:第一,孔子学院与企业的合作需要进一步深化。孔子学院与企业之间的合作互动有待加强。出于安全考虑,孔子学院教师与当地中资机构交往很少。一些中资机构虽然知道孔子学院的存在,但对孔子学院的功能知之甚少。因此,如何在安全范围内扩大宣传、突出课程优势,如何整合多方资源、加强与中资企业和机构的合作,如何加强与非方部门的联系及时了解人才和就业信息,这需要孔子学院认真谋划并积极组织实施。目前,双方合作模式单一,尚未形成较为稳固的合作机制,缺乏经费保障和法律法规的约束。孔子学院和企业的合作多以讲座、参观,中资企业为孔子学院提供实习场所和招聘时优先选择孔子学院培养的学生,中资企业委托孔子学院对其优秀员工进行汉语培训和中国文化宣讲等形式为主,全方位深层次的合作机制尚未形成。②第二,院企利益指向不一致,使得双方合作还处于一种有"合"无"作"的状态。孔子学院与企业的合作还需

---

① 达累斯萨拉姆大学孔子学院"万隆奖学金"签字仪式顺利举行 [EB/OL]. http://www.jinciwei.cn/j486224.html. 检索于 2019 年 8 月 5 日。

② 高莉莉. 非洲孔子学院职业技术特色办学探究——以亚的斯亚贝巴孔子学院为例 [J]. 西亚非洲,2014(06):144-157.

要进一步找准契合点，避免合作诉求不同所带来的运行风险。"企业以追求利润为目的，这种合作模式赢利性会相对浓厚，其投资建校在很大程度上是由于看好当前汉语学习热这一巨大的潜在市场，基于市场竞争以及获取更多利益考虑，所以在未来发展过程中易被市场经济运作操控，使文化过度商业化，从而造成中国本土文化认同的薄弱和流失。同时也使得办学动机比较复杂，双方责权利的界定也增加了难度。"[1] 第三，在合作动力方面，合作通常是由孔子学院主动牵头促成，去努力适应企业的需求，而企业在合作中还处于较为被动的局面，往往只求提升员工的汉语水平或者将学生看作生产线上的一环，缺乏内在办学的合作动力和真正意义上的合作。这使得非洲孔子学院所能使用的企业优势资源力量非常有限，个别企业在资金使用上受到限制，远无法满足非洲孔子学院的发展要求。

在院企合作中，模式的不同决定了孔子学院总部、中方合作院校、当地企业等利益相关者关系的不同。要真正在院企合作中实现合作各方"双赢"或者"共赢"，还需要理顺合作关系，加强校企合作机制建设，建立校企合作的激励和约束机制，摸索出一套有效的治理模式。[2] 同时，要从孔子学院总部和孔子学院两个层面加强和完善院企合作机制规避风险，避免文化过度商业化，或者企业仅从市场竞争的角度谋取利益。孔子学院总部应加强顶层设计，推动更多企业参与孔子学院建设，鼓励院企协同发展；完善院企合作的制度建设，规范合作行为，在共同目标和发展战略引导下开展合作。应推动孔子学院积极与当地企业或其他社会机构接洽，根据其需求有针对性地提供服务，开展长期有效的合作。

第五节 孔子学院与职业教育

特色化办学是孔子学院可持续发展的重要形式，"语言文化＋职业教育"

---

[1] 周志刚，乔章凤. 海外孔子学院合作办学模式探析 [J]. 江苏高教，2008（05）：32-35.
[2] 郑崧，郑薇. 孔子学院发展中的院企合作：模式、动机与基础 [J]. 浙江师范大学学报（社会科学版），2016，41（02）：91-96.

体现了非洲孔子学院的特色化办学思路。这既符合非洲经济发展对当地技术技能型人才培养的要求，符合中非经贸合作"提质升级"的要求，也有利于孔子学院自身的可持续发展。随着中资企业在非洲规模的扩大，孔子学院与职业教育的合作空间也得到进一步扩展。

一、职业教育的类型

根据联合国教科文组织给出的一般性定义，技术与职业教育及培训（Technical and Vocational Education and Training，TVET）包含技术教育（Technical Education，TE）、职业教育（Vocational Education，VE）和职业培训（Training，T）三大类。其中，"技术教育"相当于中国的高职和应用（技术）本科，在英国和南非等国家一般将其称为"多科技术学院（大学）"，"职业教育"相当中国的"中职"，"职业培训"指的是各类以就业为导向的技能培训。本节所关注的非洲孔子学院"职业教育"属于广义的"职业教育"范畴，它具有"职业性"和"技能性"的特征，有着明显的孔子学院特色，主要包含三种类型：第一种是"普通学历教育+职业技能培训"，它不同于现行的职业教育体系；第二种是"语言培训+职业技能培训"，属于"职业培训"的范畴，但与现行职业培训相比，又有其语言特色；第三种是与"职业教育"接轨的专业证书班。

亚的斯亚贝巴大学孔子学院（以下简称亚大孔院）是埃塞俄比亚首家孔子学院，成立于2009年10月。该孔子学院从成立之初就一直重视语言教学、文化传播与职业培训的统一，在办学实践中体现出鲜明的职业技术特色。

1.将职业技术培训融入常规汉语课程。从开设课程的性质上看，可以分为汉语本科专业课、汉语公共必修课和汉语证书课三大类；从层次级别上看，涵盖初、中、高级别汉语课程；从课程类别上看，既有汉语听说、汉语阅读等常规语言技能型课程，也有如"电子电气实验设备中文标识读写""机械专业基础词汇认读"等体现职业技术特色的专门用途汉语课程。教材以孔子学院总部赠书为主。此外，2013年中埃两国职业技术专家还合作编写了汉语、英语和阿姆哈拉语（当地官方语言）三语种的职业技术词汇系列丛书，以满足特色化教学的需要。教学方法上采用汉语课堂教学和专业实验室实地认读相结合的方法，在帮助学生掌握语言基本技能的同时，增进他们与职业技术专业相关的汉语语言知识和能力。

2. 与中资企业的互动成为常规教学与文化活动的内容。该学院在设计和组织的文化活动中积极与在埃中资机构合作，把与企业的互动作为发展学生职业技术能力，展现中国当代经济发展和现代企业文化的有效途径。校企合作的主要形式有：定期邀请在埃的中资机构负责人为学生做相关行业企业发展以及中国经济发展、中埃经贸合作等方面的主题报告，组织孔子学院学生到中资企业实地参观，推荐优秀学员到中资机构实习等。这些活动的目的旨在拓宽学生视野，帮助学生更好地了解在埃中资企业情况、了解中国经济发展、行业现状和企业文化，为学生学以致用，在实践中使用汉语、锻炼职业技能提供机会。

3. 开展中方专家短期实地培训项目，将孔子学院的特色办学与职业技术领域的对口援助相结合。在孔子学院总部和天津职业技术师范大学的支持下，亚大孔院于2013年启动了中方职教专家赴埃短期实地培训的特色项目。由埃塞俄比亚职业技术学院根据教学实际情况提出培训需求，在中埃双方充分沟通的基础上，共同制定了有针对性的短期培训方案，由天津职业技术师范大学派出相关领域的职教专家赴亚大孔院进行职业技术方面的短期讲学和实地培训，帮助埃方解决相关领域最迫切的需求，实现对口援助。该项目启动后，已派遣两批次机械、电子和汽车工程专业的知名专家，为埃塞俄比亚职业技术学院学生提供相关专业讲座和实践技能培训，为该校实验室工作人员进行了实验室设备维护和操作培训等方面的专业指导和专题报告。项目实施后取得积极反响，受到埃方极大欢迎。

4. 充分发挥奖学金的作用，帮助优秀学员获得来华接受高级别职业技术培训的机会。亚大孔院在办学实践中注重发挥孔子学院奖学金的作用，与学生的职业技术能力的发展有机结合。获得奖学金的学员会到天津职业技术师范大学进行半年或一年的汉语进修，其中，语言程度好的学生可以继续获得天津职业技术师范大学提供的专业奖学金，继续在自己的专业技术领域进行学士或硕士阶段的学习。截至2014年，已有十多名孔子学院奖学金生获益。[①]

5. 编写职业化的实用汉语教材。亚大孔院还编写了实用汉语教材《日常汉语入门——机场篇》，该教材是面向埃塞俄比亚首都保利国际机场的客服人员、地勤人员和海关人员等的短期培训教材。贝宁阿波美卡拉维大学孔子学院和纳米比亚大学孔子学院还专门针对工程人员和银行人士分别编写了《工程汉语口语》和《银行汉语》，这些教材都具有一定职业特色，受到当地汉语学习者的肯定和欢迎。

此外，开设职业教育专业证书班也是孔子学院的特色之一，例如阿斯大学孔子课堂的旅游管理专业证书班、巴哈达尔教学点的纺织专业证书班等。

二、职业教育的合作伙伴

在2018年中非合作论坛北京峰会开幕式上，习近平主席提出中非合作"八大行动"，其中就包括"在非洲设立10个鲁班工坊，向非洲青年提供职业技能培训"。2019年6月24日，坦桑尼亚达累斯萨拉姆大学孔子学院、重庆工程职业技术学院和坦桑尼亚联合建设国际有限公司合作成立鲁班工坊（以下简称达大鲁班工坊），成为全球第一个以孔子学院为依托的鲁班工坊，是"鲁班工坊"与"孔子学院"的首次联袂。该工坊不仅是落实习近平主席八大行动的具体实践，也是非洲孔子学院促进中非各领域交流、服务当地社会的又一有益尝试。

达大鲁班工坊以职业技能培训为起点，为企业量身定做教学计划、培训方案，提供委托培养、定向培训等服务，致力形成人才培养促技术合作，技术合作促产业合作，产业合作促人才培养的良性循环，为中坦两国的合作发展做出务实积极的贡献。鲁班工坊的成立将掀开中坦职业教育合作与交流的新篇章，为培养坦桑尼亚本土工业人才、推动坦桑尼亚工业发展做出中国贡献。

鲁班工坊的合作方既有职业高校，也有当地的华人企业。重庆工程职业技术学院是唯一一所在坦桑尼亚开展项目合作的职业院校，高度重视鲁班工坊的建设，积极将该事项列入学校未来发展纲要中。作为一家扎根坦桑尼亚市场

[①] 高莉莉. 非洲孔子学院职业技术特色办学探究——以亚的斯亚贝巴孔子学院为例[J]. 西亚非洲, 2014（06）: 144-157.

的华人企业，联合建设国际有限公司对非洲孔子学院在职业技能教育方面的发展同样发挥了重要的促进作用。

随着越来越多的中国企业进入非洲，孔子学院与在非中资企业的联系日益密切，为企业设置专门课程、培养输送人才、提供文化交流等服务已成为非洲孔子学院的重要内容。在"一带一路"教育开放发展政策的指引下，2015年底，经中国教育部同意由中国有色金属工业协会牵头在有色行业开展职业教育"走出去"试点，并以中国有色集团作为试点企业在赞比亚启动运行。[①] 中国有色集团、北京职业技术学院和中国赞比亚职业技术学院三方合作申请在赞比亚成立孔子课堂，并计划将工业汉语作为基础课程，提升中国有色集团在赞比亚企业当地雇员的汉语水平，以降低企业境外经营管理成本；为当地经济发展培养急需的技术技能人才，助力中国企业在海外深度发展；在赞比亚打造中国职业教育品牌，推进职业教育"走出去"常态化发展，促进中赞双方共生共荣。

在孔子学院进行职业技能教育的活动中，合作院校作为一个重要支撑提供了丰富的教育、人力、技术等资源。肯尼亚埃格顿大学孔子学院（以下简称埃格顿孔院）的中方合作高校是南京农业大学，南京农业大学与埃格顿大学的合作由来已久，在农学领域的人才培养、专业建设、农业技术合作等方面都进行过很好的合作和交流。南京农业大学还为那库鲁郡政府开设资源环境信息化青年创业培训班以及农业技术培训班。该培训班始于2013年，每年约4期，每期约50人，已有近900多位来自肯尼亚、苏丹、卢旺达、坦桑尼亚等国家的学员受训，其中，既有农业部官员、农业生产企业（例如花卉农场、茶场等）高级管理人员，也包括许多农业技术推广人员和示范农户等。在人才培养和技术合作方面，埃格顿孔院会通过考试选拔优秀学生推荐到中国留学，南京农业大学也会不定期派出农学专家到埃格顿大学讲学，开展校际交流与合作。在埃格顿孔院，有两位不得不提的人物，一位是来自南京农业大学的刘高琼教授，他在埃格顿大学教书时经常深入农村，把农业种植技术传授给农户，帮助农民增产增收，他教出来的毕业生很多都在肯尼亚政府的农业部门工作。另一位专

[①] "一带一路"案例：职业教育走出去 主动培养"一带一路"建设者 [EB/OL]. http://www.sohu.com/a/164164788_808891. 检索于2019年8月5日。

家是南京一所高职院校的黄海教授，在肯尼亚期间他致力于甜叶菊的种植试验工作，以帮助肯尼亚形成新的农业产业，为当地民众提供更多就业机会，目前甜叶菊高产栽培实验已取得阶段性成果。此外，中方援建的专业实验室和教学仪器设备也发挥了人才培养的巨大作用。埃格顿孔院不仅在农业人才的培养、农业技术培训、农业适用技术推广等方面取得重大进展，在帮助当地农民减贫脱贫、促进当地经济的发展方面也做出了重大贡献。

埃塞俄比亚亚大孔院的承办双方都是各自国家职业技术教育领域的龙头单位，在职业技术人才培养上具有显著优势。其中，天津职业技术师范大学是我国最早建立的以培养职业教育师资为主要任务的普通高等师范院校，以在全国首创"实行'双证书'制，培养'一体化'职教师资"的办学特色闻名全国，被誉为"中国培养职教师资的摇篮"。埃塞俄比亚职业技术学院是埃塞俄比亚教育部直属的本科院校，也是埃塞俄比亚职业技术教育领域唯一具有本科学位授予权的单位。正是由于中、埃双方承办单位在职业技术教育领域的优势，形成了"汉语+职业教育"的特色，2013年该孔子学院被孔子学院总部评为"全球先进孔子学院"。

综上所述，要办好孔子学院职业技能项目，须具备以下条件：第一，要有明确的服务对象和目标，在所有职业教育和技能培训的服务对象中，面向非洲青少年开展教育和培训具有十分重要的现实意义，既能促进当地就业，提升职业竞争力，也能更好地促进非洲经济增长和中非合作往来；第二，要能发挥中外承办院校的职业教育优势，专业院校在职业技术上具有强大的人力、技术和教育等资源，能更好地实现职业技术人才培养的目标；第三，要有当地社会的理解和支持，当地社会组织的积极参与，如面向所在国企业、海关、机场、商务部门的职员开展汉语培训，能为职业技能项目的开展提供更广泛的实践基础和发展空间。

三、职业教育的社会影响

非洲孔子学院的职业教育培训范围涵盖了国民经济和社会发展的各个领域，包括贸易、农业、环保、交通等。通过为当地企业提供汉语教育服务、输送语言人才和信息咨询服务,在促进中非经贸往来、人文交流、民心相通等方面发挥了重要作用。特别是随着"一带一路"建设的深入,探索和研究孔子学院与职业教育的结合发展,成为非洲孔子学院主动参与和服务"一带一路"建设的重要途径。

埃及苏伊士运河大学孔子学院与中埃苏伊士经贸合作区共同成立了联合培训中心,专门为当地企业提供汉语服务。2010年,来自中埃苏伊士经贸合作区中纺机(埃及)无纺布公司、国际钻井材料制造公司和志高电器工业(埃及)公司的24名埃及员工参加了首次为期8周的基础汉语学习,埃及员工迸发了极大的汉语学习热情,提升了汉语水平及应用能力。培训得到了中埃苏伊士经贸合作区中资企业的一致好评。2011年,中埃苏伊士经贸合作区已有25家中埃企业入驻,员工1 000多名,这为联合培训中心汉语服务的多样化发展提供了更大空间。[1] 为满足当地企业的多元化需求,一些孔子学院开设了不同类型的汉语培训班:2011年赞大孔院为赞比亚投资信托银行开设了商务汉语班[2];2015年,中国文化和国际教育交流中心孔子课堂与华为公司签订协议,为华为公司所有南非员工进行60至240小时的专业汉语培训[3];2017年,加纳海岸角大学孔子学院为特福(加纳)陶瓷有限公司培养当地员工,以提高其汉语水平[4];2017年,利比里亚大学孔子学院与河南省地质矿产勘查开发局第二地质矿产调查院在利比里亚大学国会山校区联合为30余名学员开展汉语培训,培训后,利比里亚大学孔子学院与河南地矿还签署了相关合作协议,以拓宽孔子学院学生的就业途径,受到了孔子学院学生的欢迎。[5]

---

[1] 埃及苏伊士运河大学孔子学院与中埃苏伊士经贸合作区联合培训中心正式开课[EB/OL]. http://www.hanban.org/article/2011-01/07/content_214778.htm. 检索于2019年8月5日。

[2] 赞比亚大学孔院第一个商务汉语班开班[EB/OL]. http://www.hanban.org/article/2011-02/01/content_222875.htm. 检索于2019年8月5日。

[3] 华为公司组织南非员工开展中文和中国文化系列课程培训[EB/OL]. http://www.hanban.org/article/2015-06/05/content_602139.htm. 检索于2019年8月5日。

[4] 加纳海岸角大学孔子学院特福(加纳)陶瓷有限公司汉语教学点开课[EB/OL]. http://www.hanban.org/article/2017-11/08/content_706527.htm. 检索于2019年8月5日。

[5] 利比里亚大学孔子学院与当地中资企业合作开展汉语技术培训[EB/OL]. http://www.hanban.org/article/2017-07/24/content_694305.htm. 检索于2019年8月5日。

在非洲，旅游业是支撑经济的重要行业之一，也是很多国家的支柱产业。中国是世界第二大旅游输出国，非洲各国纷纷将中国视为其旅游经济增长的目标国和核心市场。南非旅游部针对中国提出了"1%计划"，力争吸引中国出境游客数量的1%。中国文化和国际教育交流中心孔子课堂应南非旅游部要求，计划在3个月内为20名导游和旅游从业人员讲授420课时的汉语课。培训班除了听说读写等语言教学外，还开设有中国传统及现代文化、民族艺术等文化特色课程，商务礼仪、旅游业现状等专业课程。旅游汉语、酒店汉语、航空汉语等与旅游业相关的特色课程成为非洲各孔子学院的热门课程。①

中国东华大学的特色专业是纺织服装，与其合作的肯尼亚莫伊大学孔子学院（以下简称莫伊孔院）也形成了较为鲜明的纺织特色，与肯尼亚一家著名的纺织企业开展了广泛的职业教育合作。在中方合作院校的支持下，莫伊孔院成功举办了几期中国纺织服饰赏析与制作培训班，在上海时装周期间，邀请非方师生到上海举办非洲纺织服饰展，实现了中非服饰文化的互动。东华大学外派教授到孔子学院讲学期间，举办专场中非服装秀，专家现场设计剪裁，产生了很好的反响。

【小结与思考】

随着"一带一路"建设的发展，非洲孔子学院与"一带一路"的融合不断深化，语言教学与职业教育相结合将成为新的增长点，探索并研究这一问题具有特殊意义和价值。为适应非洲国家经济发展的特点和需求，非洲孔子学院积极融入当地社会，充分发挥语言教育优势，开设了电气、机械等职业汉语课程，为当地民众就业创业提供帮助。孔子学院开展的职业教育与培训工作，"符合非洲经济发展对当地技术技能人才培养的要求，符合中非经贸合作提质升级

---

① 马丽杰. 非洲地区孔子学院与职业教育结合的探索与实践[J]. 职业技术教育，2016，37（35）：78-80.

的要求，符合孔子学院自身可持续发展能力提升的要求"①，在产生了良好社会影响的同时，也面临几个问题：

一是对孔子学院与职业教育的互动关系认知不足，非洲孔子学院发展的顶层设计和谋划有待进一步完善。与其他地区相比，孔子学院在非洲的发展具有重要的经济价值，尤其是随着"一带一路"建设在非洲的发展，孔子学院在助力职业教育方面应该发挥更大的作用。但目前来看仍存在以下不足：首先是孔子学院与职业教育的合作不够深入，处于浅层合作的语言培训居多；其次以职业教育为主要内容和目标的孔子学院尚且不多，与当前非洲经济发展急需职业技能型人才的局面尚不匹配。因此，需要进一步深化思想和认识，以便更好地加强孔子学院在非洲职业教育中的功能，发挥孔子学院在助力和服务"一带一路"建设与非洲经济发展中的作用。

二是职业教育类课程与语言文化类课程的有效融合与对接有待进一步研究与关注。非洲孔子学院学习者来源广泛，他们的目标基本一致，即通过学习汉语找到一份好工作，但其具体的学业目标指向不同，包括到中国留学深造、到中资企业就业、与中国开展经贸往来活动等。不同的学习者对课程和知识的渴求是不一样的。如何更好地满足不同学习者的需求，使课程更具针对性和特色，以实现职业教育和语言文化有机融合的目标，这是孔子学院职业教育需要进一步完善的地方。

三是职业技能培训的师资、教学设备、课程等资源欠缺。"非洲经济快速发展和中非经贸合作的日益加强都对当地技术技能人才培养的数量和质量提出了较高的要求。但目前孔子学院职业技术特色化平台建设可依托的优势资源力量仍非常有限，仅靠承办院校来支撑孔子学院特色办学平台的建设，远无法满足社会对人才培养的要求。"②适合孔子学院职业技能培训的"双师型"教师是个短板。此外，职业教育的教学设备不同于语言教学，投入要比较多，这也是孔子学院难以开展有针对性的技能培训的主要瓶颈。同时，技能培训方面的课程资源比较少，尤其是能够促进就业的职业性课程缺乏，现有课程多半围

---

①② 高莉莉. 非洲孔子学院职业技术特色办学探究——以亚的斯亚贝巴孔子学院为例[J]. 西亚非洲，2014（06）：144-157.

绕中国文化来展开，不足以吸引以就业为主要目的的学习者。

四是国内相关政策有待优化和调整。"孔子学院总部统一的外派教师和志愿者选拔制度和较为单一的奖学金资助政策，在一定程度上制约了孔子学院特色化办学的发展。"但"鉴于大多数孔子学院教师和志愿者在境外的工作以进行汉语教学和中国文化传播为主要任务，孔子学院总部对汉语教师和志愿者的遴选多在外语、中文、教育、心理、历史、文化、管理等文科专业中进行。工程技术类专业背景的教师短缺，明显制约着高级别的职业技术特色汉语课程的开设。"此外，"孔子学院奖学金无论是在资助对象的范围上还是影响力上，对孔子学院职业技术特色化办学的支持力度都明显不足。孔子学院奖学金生来华主要攻读汉语国际教育专业硕士学位，或学习汉语语言文学、中国历史、中国哲学等社会科学类专业。来华学习工程技术类专业目前还不在其资助范围。"①

如何利用非洲孔子学院的"桥头堡"地位，结合多年来中国援非方面的经验，把中国职业教育的发展模式和办学经验，中国工业化过程中的人力资源开发模式，中国传统技术，如针灸、陶瓷、编织、木雕等，以及现代生产技术，如汽车技术、电子技术、建筑技术、种植养殖技术等传播到非洲，帮助非洲发展，实现减贫目标，推动就业和发展，对于进一步推动中非关系的全面健康发展具有重要的战略意义。非洲孔子学院在开展职业技能方面应该朝着制度化、规范化、有序化、常态化方向发展，从以下几方面着手可能会带来新思考：

一是从中非合作战略的高度，充分认识拓展孔子学院办学模式的重要意义，提升孔子学院工作人员的认识和能力。随着"一带一路"建设的全面推进，中国教育与文化走出去是一个必然趋势。在中非合作战略框架下，职业教育已成为中国对非教育援助与中非教育合作的重要领域。2015年12月在南非召开的中非合作论坛上，中方承诺将支持非洲国家改造或新建更多的职业技术培训设施，为非洲培养更多的职业技术人才。在这个过程中，孔子学院将面临诸多发展机遇，应充分发挥其所拥有的教育资源和环境优势，助力中国教育文化走

---

① 高莉莉.非洲孔子学院职业技术特色办学探究——以亚的斯亚贝巴孔子学院为例[J].西亚非洲，2014（06）：144-157.

出去。此外，从制度上把职业教育作为一个常规指标纳入其中，在国内也有必要进行组织和宣传，帮助国内院校走出去。

二是通过发挥在非中资企业的资源优势，建设特色鲜明的职业技能型孔子学院。20世纪70年代以后非洲职业教育的失败，很大程度上是因为职业学校培养的学生很难找到工作，其根源是没有及时了解市场信息，开设的课程缺乏针对性。针对非洲孔子学院的发展现状，笔者认为，职业技能型孔子学院建设的模式可从三种类型进行设计：（1）学历教育为主型。致力于把中国的高等教育课程尤其是技术类专业的课程引进非洲。根据所在国产业和就业需求对课程进行详细规划，既要有宏观的目标和层级设置，也应该设置详细的课程安排。（2）学历教育+非学历培训型。非学历培训主要指的是依托专业开展的短期技能培训项目，可以在办好一两个特色专业（或专业群）的过程中开展一些短期的技能培训项目，如在建设纺织服装类专业或中医中药类专业过程中开展相关培训项目，以提升技能培训的专业化水准和社会认可度，促进技能培训的系统化稳定性发展。（3）技能培训型。这里的"技能"主要指一些需要投入较少的硬件且孔子学院教师稍加培训就可教学的"通用型"技能，如烹饪、编织、酿制、木工、种植养殖等中国传统工艺技术，或如卫生健康、宾馆服务、财务会计等现代服务业技术。

三是孔子学院应主动走出去，形成对非职业教育和培训的合力。非洲很多国家都处于工业化起步或初期阶段，加之人口增长较快、青少年人口比例大，失业率一直居高不下。随着越来越多的中国企业进入非洲，学好汉语到中资企业就业成为一个不错的选择。中资企业在招聘员工时，更希望招聘到既会说汉语，又具备一定的岗位技能和良好工作态度的本土员工，"技工荒"在中资企业是一个比较普遍的现象。孔子学院可主动走出去，了解中资企业的需求，联合企业的工程技术人员和专家共同开展以就业为目的的岗位技能培训。中资企业则可通过提供学徒岗位、招工信息、提供实习岗位等，支持孔子学院开展职业教育和培训。在这个过程当中，资源整合利用非常重要。中国在非洲已建立了50多所孔子学院、10多家农业示范中心，在非企业已达3 000多家，每年有上千人次的志愿者、技术专家等被派往非洲，这些都是非常宝贵的资源。以

2016年成立的鲁班工坊为例，孔子学院可以与非洲的鲁班工坊互帮共建，资源共享，形成合力，共同参与非洲职业技能标准的定制。

四是进一步加强多元化师资队伍建设、职业教学研究及"汉语+"课程开发。在教师选拔和聘用方面，可鼓励职业院校的优秀教师到孔子学院任教，也可从中资企业、中国援非项目工程技术人员中招聘兼职教师，与孔子学院教师形成互补优势；孔子学院教师的稳定性差、专业水平不高，希望从政策上给予关照和激励。孔子学院管理者和教师应成为教育教学研究者，既要知晓非洲国家的文化和教育情况，也要研究非洲国家教育发展规划、经济和产业状况，还需了解劳动力市场和就业情况等。在资源建设上，孔子学院应积极进行课程建设，开发职业教育课程以及基于职业教育的成体系的特色汉语课程，形成本土教材体系；大力发展"汉语+"项目，通过"汉语+技能"和"汉语+学位"等不同形式，探索如何把汉语教学与技能培训有机结合起来；积极创造条件开展更高层次的学历职业技术教育，培养汉语水平过硬，又精通相关职业技能的复合型人才。

五是注重孔子学院数字化建设，加强与新媒体、语音处理和语言翻译等高新企业的合作，借助人工智能、大数据等新技术手段实现多领域共赢的新局面。"以语言教育和文化传播为基本导向，将云计算、大数据、物联网、移动互联网、人工智能等新技术和孔子学院教育教学、运行管理等深度融合，构建感知型、智能化、泛在性的智慧教育环境，最终形成基于互联网思维和全球化背景，以孔子学院为核心平台，多主体参与的、开放、创新、可持续发展的教育新生态系统。"[①]借助孔子学院的数字化建设和互动直播技术，实现远程教学，突破汉语教学的时空局限，将汉语教学同步到全球多个国家直播，也可以运用人工智能技术，结合非洲学生的喜好进行内容筛选，推送其感兴趣的内容，还可以利用网络平台对非洲孔子学院进行推广和传播。

---

① 2018 孔子学院外方院长研修班座谈 1：数字孔院建设 [EB/OL]. http://ocia.xmu.edu.cn/training/20181014/news/6152.html. 检索于 2019 年 8 月 5 日.

| 附录 1|

编撰说明

《孔子学院研究年度报告》是以关涉孔子学院及其相关研究的文献为基础形成的年度系列成果。其定位是对孔子学院年度研究文献进行集成与梳理，对研究现状开展综合分析；其功能是对孔子学院研究发展脉络的呈现、规律要义的洞悉、动态导向的判断；其目标是使孔子学院这一新生事物在社会语境和学术语境中获得相应的定位和意义空间，获得功能与价值的确认与诠释。

对孔子学院研究文献的统计和分析，可以更好地了解孔子学院的建设与发展动态，以及社会对其存在的认知路径、基本态度与价值判断。对孔子学院研究文献的系统分析，既是对孔子学院内理、结构、概念、功能、意义等意识性存在的离析与挖掘，也是对政府决策、内部治理、行业发展、社会预期，以及舆情舆论的一种影响与策应。

《孔子学院研究年度报告》编撰的主体部分主要遵循以下三个步骤：

第一，研究和确定文本文献的来源数据库、网络文献来源站点，以及文献的检索方式。根据年度报告的写作要求，将文献按照专题研究和相关研究进行分类，并确定相应的检索条件。在选择和确定中外文文献数据库和网络站点的基础上，对文献资料进行检索、查重和汇总。与此同时，设在海外的文献采集点，按照外文文献数据库的检索条件进行相关资料的搜集。

第二，为了确保研究对象的系统全面与真实有效，在四个方面进行了人工干预：一是在数据库中对本领域学术研究较为活跃的专家学者进行专门检索；二是对本领域较为活跃但尚未收录到数据库中的辑刊文献进行补充检索；三是对外文期刊、报纸文献和网络报道进行针对性检索;四是在上述工作的基础上,基于文献事实及文献内容对所有文献进行重复筛查和无效文献的剔除。

第三,注重和坚持"学术研究"在成果价值与观点选择中的作用。根据年度报告的编纂目的以及年度文献状况,以学术规范作为文献分析和观点析出的原则,突显"学术研究"杠杆在谋篇布局、思想观点撷英中的作用。对待优秀研究成果,尽可能地呈现其要、其精、其彩;对待通篇虽平但不乏有点睛妙论的成果,在忠于原作的基础上,对其论点和论述择要摘录梳理,叙述出来;对待那些或选题立意好,或具有创新意义,或体现研究前沿动态,或涉及发展重要命题的文章,在尊重作者主张和文章主旨的基础上,择要摘录部分文字,以求见微知著。重点摘录的文献在文后直接标注其来源,语句援引或参考信息的文献以脚注方式注明。

基于以上三个编撰原则,《孔子学院研究年度报告》形成了一套较为完整的设计流程与撰写框架,其中包括预估、设计、汇总、编撰、审阅等环节。详见《孔子学院研究年度报告》编撰流程图。

同时,按照《孔子学院研究年度报告》的编写原则,每年撰写一篇原创主旨文章作为报告的序言。该文章力求体现开放、客观和理性原则,注重思想、话语和理论分析,具有"与时俱进"的学术思考与价值判断。

《孔子学院研究年度报告》将继续坚持以文本为研究本体的出发点,以观点要点析出为要,以类别分析为序,以数据统计为据,以大政方针为纲,以格局洞察为体,以实践的优化提升为用,以综合学术判断为旨归的基本原则。期望本报告以年度集成和动态聚焦的形式,持续清晰地呈现在读者面前,引发社会各界更多的关心和关注,为开展孔子学院跨学科研究提供参考,以利于挖掘孔子学院的功能和价值,探讨和解决其建设发展中的相关问题,更好地发挥学术研究对孔子学院社会实践活动的引导作用。我们坚信,在专家和读者,特别是孔子学院建设与发展中的直接参与者或相关人士的热情关注和坚定提携下,本报告一定会不断地改革、提升和完善,直至更加接近我们共同的预期!

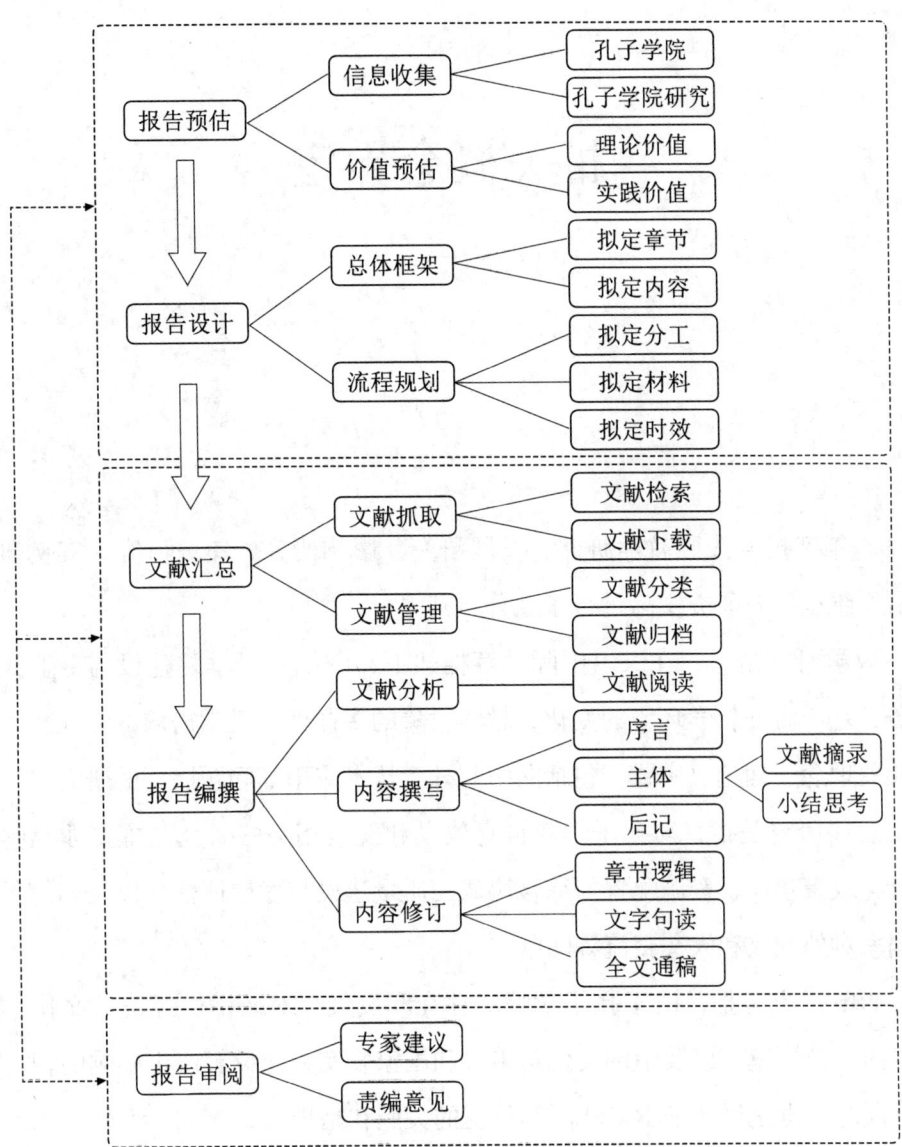

《孔子学院研究年度报告》编撰流程图

| 附录 2 |

相关概念界定

　　本年度报告按照教学研究、发展研究、影响研究、舆情研究、案例研究等五个维度，对研究文献进行了划分，其中：

　　教学研究是指，在汉语国际教育框架下，围绕孔子学院建设与专业人才培养，基于海外教学环境的变化，教学对象的多样性，教学需求的多元化，以及相关理念、理论、实践，包括网络与教育技术应用等问题展开的研究。

　　发展研究是指，与孔子学院自身建设和发展相关的研究，主要涉及制度设计与政策建议、资源配置与综合协调、质量建设与发展评估，以及如何服务于国家对外开放和人文交流等问题。

　　影响研究是指，由于孔子学院的存在和发展，对政治、经济、文化、外交等内外部环境，以及中国文化走出去和国家软实力建设等产生影响的相关研究，同时，也是对孔子学院功能和价值的关照和呈现。

　　舆情研究是指，对境内外媒体刊载或发布的关于孔子学院的报道与评论，以及专家学者对相关报道评述的分析和研究，旨在通过对相关舆情信息的综合分析，客观呈现孔子学院的年度舆情生态、媒体舆论中的孔子学院形象以及孔子学院媒体话语的生成机制与构建策略。

　　案例研究是指，对海外孔子学院建设与发展过程中的个案呈现与分析。案例分析沿着三条主线来展开，每年选取其中一条主线甄选案例进行分析：一是围绕孔子学院某个主题项目；二是围绕某个国家（地区）的孔子学院；三是围绕孔子学院的某个群体。

后 记

生活的仪式感是无所不在的，孔子学院研究年度报告编撰发布的常态化、持续化，赋予了光阴更丰富的内涵和纷繁的色彩。对研究文献的关注、搜集、阅读、分析、讨论和文稿的撰写，逐渐成了学习和生活中的一个重要组成部分，具有了仪式的敬畏感和责任感。每年的序言撰写也成为鞭策广泛阅读、激发深入思考、进一步开展学术探究的契机。借此，能够把一年来零散的、碎片化的对孔子学院建设发展的一些思考进行有针对性和目的性的整合与集成。从某种意义上讲，编撰年度报告是一种命题作文，也是一种学术他律，在发散思维与学术秩序、思想自由与意义生产之间进行协商，在一定层面上推进学术研究。社会学家将"仪式"定义为有规律、不断重复的社会行为，其形式被赋予了象征含义。这种象征意义和符号特征，不仅使笔者的价值观念和情感态度不断得到强化和洗礼，也使博士研究团队的凝聚力得到加强，促进了师生互动与各自的成长。而读者对年度报告的关心关注和意见建议，也拓宽、延展了这一象征符号的意义，为孔子学院研究学术生产及其再生产的逻辑链条强化和影响扩散创建了更加稳定和优质的外部环境。

这几年的报告都是在山东大学中心校区的知新楼上完成的，或许受到这栋楼"苟日新、日日新、又日新"精神的影响，年度报告一直在推进中不断完善和改进，每年都有些许变化。笔者及其研究团队希望把报告做成一个平台，而不仅仅是出版的文本，希望有更多志同道合的同人和有志之士都能参与到年度报告的编撰中，加大报告的开放力度和共享价值，打造孔子学院研究的公共产品和学术精品。今年，在案例研究部分迈出了创新合作的步伐。案例研究每年聚焦的地域不同，内容各异，本册的关注点是非洲的孔子学院。浙江师范大学

在非洲孔子学院的建设实践和非洲研究领域颇有影响。在研讨共识的基础上，徐丽华教授及其团队提供了诸多宝贵的资料。山东大学的孔梓副教授和徐丽华教授共同完成案例研究章节的编撰工作，浙江师范大学的包亮老师和山东大学的博士研究生谢娜做了大量的调研和文献爬梳等工作，对报告成稿做出了贡献。同时还要向浙江师范大学的陈明昆、郑崧、吴强、沈索超、钱明敏、陈连香、薛晓彬、杨思思等老师致以衷心的感谢。

学术承传不仅仅是著作的问世和文本成果的累加，研究团队的日渐成熟，特别是年轻博士生的成长是更令人欣慰的事情，他们已经开始承担报告的编撰工作。同时，年度报告所必需的中英文资料的文本检索、资料筛查、数据库整合，以及文稿校对等工作中，学生们的参与度越来越高、独立性越来越强。他们有时争辩，有时苦恼，有时欣喜，在共同学习甚至不断反复、推倒重来的过程中获得了对学术的敬畏感和探究的收获。这是笔者作为教师最为之动容之处。希望研究报告作为一种学术的传承，直挂云帆济沧海。

在年度报告2019掩卷付梓之际，2020年的相关工作已经陆续有序展开了，孔子学院研究已经融合在了光阴的故事里。伴随孔子学院的发展，特别是其体量之扩充、其内涵之深化、其特色之显著、其影响之扩散，孔子学院也与汉语国际教育事业相互融合，相互带动。时值新中国成立70周年，改革开放40周年，汉语教学事业可歌可泣，且歌且行，孜孜以求，在新时代背景下，汉语国际教育与孔子学院建设的壮丽篇章还要再续辉煌，其力量建设和发展空间有待同人们的自强不息与勠力协作。有学术担当的初心才会有勤勉付出的行动，多一些阅读，多一些思考，读万卷书，行万里路，实现孔子学院建设实践与理论探究的知行合一。

《孔子学院研究年度报告（2019）》的编撰团队如下：文献数据库检索统计及研究概述的主笔人是王琦，教学研究的主笔人是张云，发展研究的主笔人是王彦伟，影响研究的主笔人是马晓乐，舆情研究的主笔人是孟昀，案例研究的主笔人是孔梓和徐丽华。所有文献的汇总、筛选和甄别工作，在主编的带领下由大家共同完成。博士生王硕在舆情研究的翻译等方面做出了贡献，博士生徐媛媛、薛梦晨等在文稿校对等方面也发挥了积极作用，在此一并表示感谢。

最后要特别感谢商务印书馆的袁舫老师,她严谨认真、一丝不苟的工作态度和精益求精的精神令研究团队敬佩,为研究报告的不断完善与提升提出了很多宝贵的意见和建议,同时也再次感谢周洪波总编辑的大力支持,以及学界同人的关心和关注。

  十月的山大校园,秋意甚浓,赏心悦目,略带萧瑟,也色彩斑斓,纷繁间又积累了一层厚重。每每踏落叶而行,望着背着书包、戴着眼镜匆匆而行的学子们,都能被年青人们激发出一种青春不老的浪漫和斗志,当然更多的是为他们的成长再多尽一些绵薄之力的期许和愿望,也以此鞭策自己带着这个愿望执着而行。

宁继鸣

2019 年重阳于知新楼